I0110093

Recupera tu cerebro

KARA LOEWENTHEIL

Recupera tu cerebro

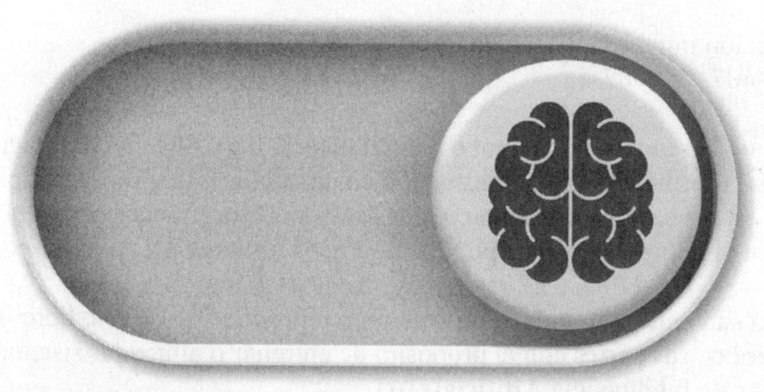

Que el sexismo no se apodere de tus ideas, recobra la confianza en ti misma

DIANA

Título original: *Take Back Your Brain: How a Sexist Society Gets in Your Head—and How to Get It Out*

Esta edición se publica por acuerdo con Viking, un sello de Penguin Publishing Group, una división de Penguin Random House LLC.

Traductor: Santiago Rosas
Formación: Liz Estrada
Diseño de portada: Planeta Arte & Diseño / Lisset Chavarria Jurado
Ilustración de portada: © Getty Images
Fotografía de la autora: © Teresa Earnest

Bajo el sello editorial DIANA M.R.
Avenida Presidente Masarik núm. 111,
Piso 2, Polanco V Sección, Miguel Hidalgo
C.P. 11560, Ciudad de México
www.planetadelibros.com.mx

Primera edición en formato epub: julio de 2025
ISBN: 978-607-39-3123-6

Primera edición impresa en México: julio de 2025
ISBN: 978-607-39-2987-5

Impreso en los talleres de Litográfica Ingramex, S.A. de C.V.
Centeno núm. 162-1, colonia Granjas Esmeralda, Ciudad de México
Impreso y hecho en México – *Printed and made in Mexico*

Este libro está dedicado a toda mujer que ha vivido su vida a su manera. Y fue escrito para cualquier mujer que quiera hacer lo mismo.

ÍNDICE

INTRODUCCIÓN

PATRIARCADO, FEMINISMO Y TU CEREBRO

El momento en que decidí que debía cambiar mi vida llegó en un susurro. No hubo un estruendo. Ninguna revelación explosiva. Ninguna ráfaga de motivación. Solo estaba yo, en el suelo debajo de mi escritorio, llorando para mis adentros.

Qué digno de mí, ¿no?

Acababa de cumplir 30 años y finalmente tenía el trabajo de mis sueños como abogada litigante, tras una década de planeación y preparación para asumirlo. Lo deseaba desde los 22. Tras graduarme de Yale, trabajé para una organización nacional de derechos reproductivos; inicié como redactora júnior y luego ascendí a redactora de medios de comunicación. Renuncié a ese empleo para ingresar a la Facultad de Derecho de Harvard, donde surfeé la turbulenta ola de mi procrastinación y ansiedad lo suficiente como para graduarme con honores. Sobreviví a mi empleo de secretaria en el famoso Tribunal de Apelación del Quinto Circuito de Estados Unidos, en Luisiana, donde la mayoría de los jueces (excepto el mío) tenían más en común con sus antepasados de la Guerra Civil que con los sistemas de creencias modernos. Por ello, pasé por un agotador proceso de entrevistas para obtener la única beca de investigación anual que se ofrecía en litigio en materia de derechos reproductivos.

Todo para terminar aquí, en el trabajo de mis sueños, llorando debajo de mi escritorio.

La verdad es que no estaba debajo de ese escritorio porque mi empleo fuera particularmente horrible. O porque mi vida fuera trágica en ese momento; de hecho, a simple vista, parecía bastante buena. Me gradué de dos universidades de la Ivy League.

Estaba en la cima de mi profesión para mi edad. Tenía valiosas amistades y vivía en un departamento más grande que el promedio en Manhattan. A la vez, como la mayoría de las mujeres que conocía, estaba obsesionada con bajar de peso, pero eso me parecía normal en aquel entonces (más al respecto en el capítulo 5). Iba de una relación a otra, pero, a pesar de eso, parecía que lo tenía todo.

El problema era que mi cerebro no parecía compartir esta idea. Mi vida parecía genial desde el exterior, pero por dentro me sentía como rehén de una voz semejante a la de un bravucón de la secundaria y una severa institutriz inglesa. La voz divagaba sin cesar, todo el día y a todas horas. No importaba el lugar ni lo que estuviera haciendo, la voz siempre tenía algo que decir.

No tienes idea de lo que haces y, cuando entregues este informe, tu supervisor se va a dar cuenta.

Hoy te ves gorda. ¡Aj!, tu vientre es asqueroso, ¿por qué te pusiste esa falda? No puedo creer que desayunaras un sándwich, así nunca vas a bajar de peso.

Ese tipo no te respondió porque fuiste insoportable durante tu cita. Eres muy intensa y nadie te amará nunca.

¿Por qué te llamaron tus padres anoche? ¿Ahora qué hiciste? Puede que estés en problemas otra vez.

Dijiste que irías al gimnasio esta mañana y no lo hiciste. Eres una floja, no tienes disciplina y nunca te comprometes con nada.

No tienes planes para este fin de semana, eres una perdedora. Los amigos de otras personas los invitan a salir; a los tuyos probablemente no les agradas tanto.

Y la voz podía seguir y seguir. Al final de cada día estaba exhausta, y normalmente lidiaba con ello dándome un atracón de carbohidratos, distrayéndome con Netflix o mordiéndome las uñas compulsivamente hasta dejarme los dedos con la carne viva.

En aquel entonces, estaba segura de que era la única que se sentía así, o que se sentía así justificadamente. Cuando mis amigas expresaban miedos similares acerca de sí mismas, acerca de ser intensas o sentirse insuficientes, estos me parecían infundados y absurdos. Pero los pensamientos de mi cerebro eran otra historia, porque, por supuesto, la voz me decía que estos problemas eran patéticos y que la gente normal nunca se sentía así. Estaba segura de que la voz era un espectador objetivo que proporcionaba un informe diario (basado en hechos) de mis defectos, fallas y errores en general.

Quizá te preguntes si solo estaba clínicamente deprimida o si me encontraba en una espiral de ansiedad. Lo raro era que no lo estaba. A pesar de la voz, me sentía bastante optimista respecto a mi futuro. Amaba algunas partes de mi vida: había trabajado duro para conseguir el trabajo de mis sueños; vivía en Manhattan, como siempre había querido, y tenía juventud y buena salud. Para mí, la voz era parte de estar viva; siempre había estado conmigo y probablemente siempre lo estaría, así que no tenía idea de lo mucho que estaba absorbiendo mi energía, mi tiempo y mi capacidad para cambiar.

Entonces, ¿qué sucedió el día de la lloradera bajo el escritorio? Cometí un error en el trabajo que obligó a mi abogado principal a reescribir un informe con urgencia, y mientras aún me sentía como una idiota humillada por ese error, mi chico en turno me envió un mensaje para terminar nuestro casi algo. Sentirme estúpida y sin amor fue más de lo que pude soportar antes del mediodía, así que me deslicé bajo mi escritorio para echarme una lloradita en posición fetal. Estaba emocionalmente exhausta. Me odiaba desde que podía acordarme. Pero ese día, al tiempo que yacía acurrucada en el suelo, algo dentro de mí azotó su mano en un escritorio metafórico y dijo: «Esto TIENE que parar. La vida tiene que ser más que esto. Tienes que encontrar otra manera de vivirla».

Me tardé años, pero sí encontré otra manera. Luego de preparar y guiar a miles de mujeres durante la última década, ahora sé que no era, ni de lejos, la única que necesitaba ayuda. Actualmente soy una *coach* de vida, con certificación magistral de la Escuela de *Coaches* de Vida, especializada en ayudar a las mujeres a recuperarse del daño que los mensajes sociales sexistas les hacen a sus cerebros. A través de mi pódcast *UnF*ck Your Brain: Feminist Self-Help for Everyone* (*Desj*dete el cerebro: autoayuda feminista para todas*), les he enseñado a millones de personas socializadas como mujeres a liberarse de la voz que las mantiene pequeñas. Hay evidencia científica de que funciona: mi enseñanza y *coaching* fueron parte de un estudio de revisión por pares de 2022 publicado en el *JAMA Network Open* (*JAMA* significa *Journal of the American Medical Association*; Periódico de la Asociación Médica Estadounidense) que demostró que el *coaching* reducía el síndrome del impostor, incrementaba la autocompasión y mejoraba el síndrome de *burnout* al reducir la fatiga emocional de los participantes.[1]

Las mujeres acuden a mí por distintas razones. Ya sea porque están estresadas y abrumadas en el trabajo, porque no pueden encontrar la relación romántica que quieren, porque la maternidad las enloquece, porque no pueden salir del ciclo atracón-dieta, o porque están atoradas en viejos patrones y no saben cómo cambiar. Se sienten ansiosas, inseguras e insuficientes en los diferentes aspectos de su vida. Pero, para todas ellas, la voz reproduce sin parar una banda sonora no consentida en sus cabezas, la cual secuestra su autoestima, mata su confianza y evita que persigan lo que quieren.

RECUPERANDO EL F****ISMO

Aquel día, hace años, en el que me encontraba llorando debajo de mi escritorio, yo era como muchas de mis futuras clientas. Pensaba que yo era el problema. Después de todo, la sociedad hizo un gran trabajo enseñándome que yo era la culpable de todas mis dificultades. En cada encabezado, las revistas para mujeres me gritaban cómo adelgazar ciertas zonas de mi cuerpo y cómo pronunciar otras; cómo hacer crecer el cabello de mi cabeza y quitármelo de cualquier otro lado; cómo ser lo adecuadamente coqueta. Las protagonistas de comedias románticas siempre se enamoraban de los tipos equivocados. Las mujeres que sufrían una agresión sexual eran interrogadas en las noticias sobre si lo habían provocado, si lo habían disfrutado o si lo estaban inventando.

A las mujeres trabajadoras y sin hijos les preguntaban constantemente cuándo planeaban tenerlos y, tras traerlos al mundo, eran criticadas por no comprometerse con su trabajo.

Cuando me certifiqué como *coach*, aprendí una serie de herramientas basadas en la psicología cognitivo-conductual y en la biología evolutiva. Fueron grandes fundamentos, que aún utilizo: aprenderás sobre ellos conforme avancemos en este libro. No obstante, tras varios años de entrenarme y ser entrenada por algunas de las mejores en el área, aún me eran complicados ciertos aspectos que también lo han sido para varias de mis clientas. Había patrones de pensamiento que ni la historia personal ni la biología evolutiva podían explicar del todo.

Por ejemplo, ¿por qué todas mis clientas, mujeres fuertes, graciosas e inteligentes, estaban convencidas de su profunda debilidad y vergüenza? ¿Por qué les costaba tanto creer en su propio ingenio, capacidad y potencial? ¿Por qué se devaluaban constantemente sin una buena razón? ¿Por qué siempre asumían que debían ser reparadas? Y, en ese sentido, ¿por qué yo también seguía lidiando con esos pensamientos?

Con el tiempo, me di cuenta de que carecíamos de algo tan obvio que nunca lo había considerado. Todas éramos mujeres y habíamos crecido en una sociedad construida para privilegiar y beneficiar a los hombres. En otras palabras, lo que faltaba era aquello que había estudiado toda mi vida antes de convertirme en *coach* de vida: el feminismo.

Descubrí que esta línea del pensamiento, la cual era tan transformadora en algunos aspectos y parecía no serlo en otros, tenía el potencial de cambiar incluso más vidas si la expandía para tomar en cuenta las experiencias y los cerebros socializados tanto de las mujeres como de personas socializadas como mujeres.* Es decir, el *coaching* no era suficiente. Lo que necesitábamos para en verdad cambiar nuestros cerebros —y, por ende, transformar al mundo— era un *coaching feminista.* Necesitábamos cambiar las ideas aprendidas por las mujeres sobre sí mismas en una sociedad dominada por los hombres; de otro modo, no solo seguirían sufriendo individualmente, sino que el cambio social también quedaría obstaculizado.

Para que veas a lo que me refiero, prueba el siguiente experimento mental. Imagina que, de un día para otro, una ley entra en vigor, la cual requiere que el 50% de todos los consejos empresariales estén compuestos por mujeres. Todas las empresas deben acatar la orden en una semana. ¿Crees que se alcanzó la igualdad? Superficialmente... tal vez... por el momento, ¿pero qué sigue? Las mujeres en los consejos todavía conservan sus viejos cerebros y aún son acechadas por la voz. Inmediatamente empiezan a devaluar sus contribuciones. Empiezan a ofrecerse para trabajos administrativos sin paga porque sienten que «deberían hacerlos», o porque los hombres les piden que los hagan

---

* Cuando menciono «personas socializadas como mujeres», me refiero a quienes la sociedad ha identificado y tratado como mujeres o a personas que se sabían mujeres, pero que la sociedad no identificó ni trató como tales, y por ende, fueron codificadas bajo los mismos mensajes sociales (en otras palabras, si se te asigna el género masculino al nacer, pero sabes que se equivocaron porque tú eres una niña o una mujer, probablemente escuchas e interiorizas lo que la sociedad dice acerca de las mujeres como si fuera aplicable a ti, aun cuando otras personas no se dan cuenta de ello). El punto es que prácticamente cualquiera que no sea un hombre cisgénero puede haber vivido un periodo durante el cual fue sujeto a la socialización de género dirigida hacia las niñas y mujeres.

y ellas aceptan por miedo a ser consideradas egoístas o de poca ayuda. Cuando se trata de negociar la compensación, no negocian su salario ni beneficios porque no quieren parecer codiciosas o enemistarse con los demás en la sala. De pronto, las desigualdades que creímos haber eliminado con una varita mágica reaparecen, no solo porque algunos hombres en la sala quieran que regresen, sino porque esas mismas mujeres replican los patrones de pensamiento que les enseñaron para mantener el *statu quo* de desigualdad de género y opresión (si bien los hombres en ese cuarto aún conservan su socialización y siguen siendo gran parte del problema, este libro se enfoca en qué puedes hacer tú para tener más control de tu vida incluso si las personas a tu alrededor no cambian).

Ya dije la palabra prohibida, así que aclaremos algo de una vez. El feminismo como filosofía y sistema de creencias simplemente significa que las mujeres deberían tener las mismas oportunidades, privilegios y derechos que los hombres. Si eres una mujer que compró y está leyendo este libro, el feminismo tuvo algo que ver. Incluso después de que la humanidad desarrollara sistemas de escritura hace 5000 años, a muchas mujeres no les enseñaban a leer ni escribir. Puedes deslizar tu tarjeta de crédito o darle clic a «realizar pedido» para comprar en línea gracias a una reforma legal que las feministas te dieron, y más recientemente de lo que crees. No fue hasta 1974, en Estados Unidos, cuando finalmente fue posible que las mujeres de todo el país adquirieran una tarjeta de crédito por su cuenta sin que un hombre la tuviera que avalar. Muchas otras cosas que valoras también existen gracias a las protestas feministas, como el voto, tener derecho a la propiedad, ser admitidas en universidades y escuelas de posgrado, y el derecho a poder usar pantalones en público.

En mi opinión, si no eres feminista, filosóficamente hablando, eres alguien sexista. No hay un punto medio entre esas dos cosas. Solamente hay tres opciones reales en este caso:

> Opción 1: Si crees que las mujeres tienen un valor igual al de los hombres y que las personas no deberían tener ventajas o desventajas en la sociedad basadas en su género, entonces eres feminista.
>
> Opción 2: Si crees que los hombres y las mujeres no son iguales y que los hombres deberían tener más derechos y oportunidades que las mujeres, entonces eres alguien sexista, específicamente una misógina, alguien que tiene un prejuicio en contra de las mujeres como grupo.
>
> Opción 3: También podrías ser sexista misándrica, por creer que los hombres son un grupo inferior y que las *mujeres* deberían tener más derechos y oportunidades que ellos.

El hecho de que resulte gracioso considerar la tercera opción —personas que dicen seriamente que las mujeres deberían tener más derechos y oportunidades que los hombres— demuestra qué tan profundamente arraigado está el sexismo en tu pensamiento.

Puedes o no estar de acuerdo con las decisiones y prioridades de la corriente actual del movimiento feminista estadounidense, o del movimiento feminista de tu región, pero es como si creyeras en alguna deidad y no estuvieras de acuerdo con lo que dicha religión hace o pregona. No quiere decir que no seas creyente y, en este caso, no significa que no seas feminista solo por no estar de acuerdo con cómo algunos argumentos o grupos políticos específicos interpretan el feminismo.

No cabe duda de que el movimiento feminista en Estados Unidos no siempre ha estado del lado correcto de la historia. Algunas de las primeras feministas estadounidenses, por ejemplo, constantemente utilizaron argumentos racistas para conseguir que las mujeres blancas votaran.[2] A menudo, la corriente principal del feminismo ha dejado fuera de la ecuación a las mujeres de color o ha esperado que se alineen con las metas del movimiento que no reflejaban sus experiencias o prioridades. Al mismo tiempo, numerosas mujeres de color se identifican como feministas. De hecho, muchas de las pensadoras feministas más destacadas —como Angela Davis y Audre Lorde— son mujeres de color.

Kimberlé Crenshaw, profesora por parte de la Facultad de Derecho de la UCLA (Universidad de California, Los Ángeles) y de la Facultad de Derechos de Columbia, acuñó el término *interseccionalidad*[3] para describir las formas en las que las diferentes identidades de las personas se entrecruzan para someterlas a distintas presiones en las estructuras jurídicas, políticas y sociales.[4] Por ejemplo, una mujer negra se enfrenta a sistemas de opresión distintos que una mujer blanca. No solo vive sexismo y racismo, sino que vive formas diferentes de racismo debido a su género, así como formas distintas de sexismo debido a su raza —las creencias que la gente tiene de ella como mujer negra son distintas de las que podrían tener de una mujer blanca—. Sus identidades se entrecruzan en formas que cambian los impactos de los sistemas de opresión.

La interseccionalidad nos permite ver la opresión y el privilegio con más matices. Esto aplica para todas las identidades, marginalizadas o privilegiadas, y para todas las características, estigmatizadas o privilegiadas. Por ejemplo, al ser una mujer gorda que estudió en Harvard y Yale, es posible que sufra discriminación en el mercado laboral debido a mi talla, pero eso puede verse mitigado, en cierta medida, por mi formación académica.

Desde mi punto de vista, la interseccionalidad también nos afecta en el ámbito de la socialización y el desarrollo de nuestros sistemas de creencias, pensamientos e identidad. La profesora Crenshaw ha tenido una influencia particularmente notable en mi trabajo, y te darás cuenta de que las herramientas de *coaching* que enseño en este libro pueden usarse de manera interseccional. En este libro me enfoco en la socialización de género. Pero cada identidad que experimentas y cada característica privilegiada o estigmatizada que tienes viene con su propio conjunto de mensajes sociales y condicionamientos que afectan tus pensamientos. Conforme avances en este libro, aprenderás mucho más acerca de ti si, además de examinar los mensajes dirigidos a las mujeres que absorbiste, eres capaz de explorar los que recibiste acerca de tu raza, etnia, clase, formación académica, religión, tamaño y forma de tu cuerpo, habilidades físicas o cognitivas, apariencia, nacionalidad, orientación sexual, identidad de género y cualquier otra identidad o característica que te parezca relevante.

El *coaching* feminista interseccional es tan relevante porque permite resolver una de las paradojas de la industria de la autoayuda. Muchas mujeres se apoyan en ella precisamente porque la sociedad les ha enseñado que necesitan repararse o cambiar casi por completo para llegar a ser dignas de algo. Así, la industria del autodesarrollo intenta enseñarles a las mujeres a resolver sus problemas de autoestima, «ayudándolas» a finalmente alcanzar la meta imposible de ser todo lo que la sociedad les ha dicho que deben ser. Prometen ayudarnos a engañar a nuestros cerebros para bajar de peso, volvernos más productivas, no gritarles a nuestros hijos y, por fin, tener la rutina matutina perfecta. Pero eso solo reafirma que debemos cumplir estándares imposibles para ser aceptadas. Desgraciadamente, al aprovecharse de la baja autoestima de las mujeres y de su deseo de «componerse», la corriente hegemónica de la industria de la autoayuda y el bienestar lucra a costa de participar en este sistema. Te promete que, si te «arreglas», te sentirás suficiente, perpetuando el mito de que hay algo mal en ti y que debes perseguir la perfección (siempre escurridiza) si quieres vivir feliz para siempre.

Los mensajes sociales sobre las mujeres afectan a cualquiera que haya sido identificada como mujer, tanto por la sociedad como por ellas mismas, por lo que cualquier solución psicológica que no tome en cuenta esta socialización no será realmente eficaz. Como comprobaré en este libro, considero que, cuando estos mensajes sociales dirigen nuestros cerebros, los reproducimos en nuestra vida. Asimismo, muchos *coaches* (y otros profesionales del sector) «ayudan» a sus clientes de maneras que solo refuerzan las expectativas irreales que las mujeres han interiorizado, porque a ellos también les han lavado el cerebro sin darse cuenta.

Ahora, una advertencia importante. Es cierto que las mujeres hemos interiorizado mensajes sexistas de la sociedad de formas que nos impulsan a replicarlos. Pero esto *no* quiere decir que las consecuencias sexistas son «por culpa de las mujeres». En general, nosotras no creamos los sistemas que nos perjudican hoy en día, aunque es importante recordar que, históricamente, las mujeres más privilegiadas, en general mujeres blancas de clase media-alta, han contribuido a la opresión de las mujeres con menos privilegios, a menudo mujeres de color o pobres.[5]

El hecho de que interioricemos los mensajes sociales sexistas y actuemos de maneras que los refuercen no resta importancia a las fuerzas sociales externas que influyen en la vida de las mujeres. Por supuesto que es importante que no exista una política nacional sobre el permiso de maternidad remunerado en los Estados Unidos;[6] que la tasa de mortalidad de mujeres negras no hispanas sea 3.55 veces más alta que la de las mujeres blancas no hispanas,[7] y que, en promedio, las mujeres latinas que trabajan tiempo completo ganan 54 centavos por cada dólar que gana un hombre blanco no latino en las mismas condiciones de empleo.[8] La desigualdad social y estructural puede limitar de formas muy concretas nuestra capacidad de sobrevivir y prosperar. Si hay discriminación en el sistema bancario, te será difícil conseguir el préstamo que necesitas para hacer crecer tu negocio. Si la policía puede matarte en un semáforo sin repercusiones,[9] hay tanto un riesgo potencial a tu integridad física cada vez que te subes a un auto como un impacto acumulativo del nivel de estrés y de miedo en tu sistema nervioso a lo largo del tiempo.[10] Necesitamos soluciones estructurales reales para estos problemas. No podemos hacer que se vayan con solo «vibrar alto».

En el capítulo 10 hablaremos más de cómo —y cómo no— utilizar las herramientas que enseño en este libro para lidiar con las fallas a gran escala del sistema. Pero antes de hablarte de lo que no puedes resolver por ti misma, quiero enseñarte que reprogramar tu cerebro puede cambiar tu vida en aquello que *sí* eres capaz de controlar. En mi *coaching*, siempre comienzo por los problemas más pequeños, porque empezar a esta escala te permite construir las habilidades que necesitas para resolver los más grandes. Es como participar en una carrera de cinco kilómetros antes de correr un maratón, o caminar la misma distancia antes de correrla.

A fin de cuentas, debemos liberar nuestras mentes si queremos tener la esperanza de cambiar el mundo. Incluso si imponemos un permiso de paternidad obligatorio, promovemos a las personas sin considerar su género, eliminamos mágicamente los estándares irreales de belleza, e igualamos la salud reproductiva, aún tendríamos mucho por hacer, ya que las repercusiones de todas estas cosas existirían en nuestras mentes. Si no cambiamos esos patrones de pensamiento, incluso si usamos una varita mágica para reestructurar las condiciones externas del mundo, la manera en la que nos han enseñado a pensar nos haría reproducir las jerarquías y desigualdades de las que queremos librarnos. No es suficiente recuperar el feminismo. Debemos recuperar nuestros cerebros (primera parte) para que podamos recuperar nuestra vida (segunda parte).

En otras palabras, para aprender a cambiar los patrones de pensamiento que la sociedad te enseñó, primero debes entender cómo funciona tu cerebro. Esto no es superficial ni egoísta. Cuando los hombres piensan acerca de la naturaleza de la realidad y en cómo vivir con intención y poder, le llamamos política o filosofía. Cuando las mujeres lo hacen, le llamamos autoayuda. Pero la buena autoayuda es una manifestación práctica de la filosofía. La autoayuda te liberará; la autoayuda cambiará al mundo. Las mujeres debemos aprender a salir del caos mental que el patriarcado construyó para nosotras. Nadie vendrá a salvarnos. Debemos hacerlo nosotras.

Escribí este libro para enseñarte cómo lograrlo. En la primera parte, aprenderás acerca de lo que llamo la «brecha mental». Defino brecha mental, dentro de un contexto de *coaching* feminista, como el espacio entre las creencias feministas sobre el valor que *queremos* tener como mujeres y el condicionamiento social y patriarcal que altera nuestros pensamientos y restringe nuestra vida. La brecha mental está basada en las distintas maneras en las que tanto hombres como mujeres pensamos sobre nosotros mismos. Los mensajes sociales que las mujeres recibimos se incrustan profundamente en nuestros in/subconscientes, aun cuando no queremos creerlos. Pensamientos como «Si nadie se quiere casar conmigo, hay algo mal en mí» o «Es imposible ser una buena madre si trabajas en un lugar muy exigente» nos afectan incluso cuando fingimos que no lo hacen. Es sencillo ver cuando algo o alguien ajeno a nosotras nos bloquea injustamente el paso; pero se nos dificulta notar cuando participamos en la propia opresión porque pensamos en aquello que el patriarcado nos enseñó y quiere que pensemos.*

---

* A lo largo de este libro, hablo principalmente sobre la socialización occidental, al ser el campo de batalla en el que me desempeño. Pero, así como puedes aplicar los conceptos de este libro para la socialización en torno a identidades no basadas en el

La brecha mental crea, a su vez, lo que llamo «ansiedad socialmente programada». Es la ansiedad que surge de querer cumplir las expectativas imposibles de la sociedad, de siempre criticarnos a nosotras mismas mientras intentamos complacer a todos los demás. Es la ansiedad causada por los pensamientos que la sociedad nos enseñó a tener de nosotras como mujeres o como personas socializadas como mujeres.

Para cerrar la brecha mental necesitas desprogramar toda la socialización sexista que ha afectado tu cerebro, un pensamiento a la vez. En la primera parte del libro, aprenderás cómo cambiar tus pensamientos intencionalmente para así crear emociones, acciones y resultados distintos que se alineen con la persona que quieres ser y no con lo que la sociedad dicta que *deberías* ser. Aprenderás a entrenarte a ti misma, lo que implica saber cómo tomar conciencia de tus pensamientos y emociones y cómo cambiarlos a propósito para tener mejores resultados en tu vida. A esto me refiero cuando digo «trabajo de reflexión» o «reprogramar tu cerebro». Como *coach* feminista, mi objetivo siempre ha sido empoderar a mis clientas —y ahora empoderarlas a ustedes, mis lectoras— para que se entrenen solas. En The Feminist Self-Help Society (La Sociedad Feminista de Autoayuda), le enseño a mis clientas cómo convertirse en sus propias *coaches* para que se empoderen y resuelvan sus problemas en cualquier momento, donde sea y contra cualquier desafío. Para eso está diseñado este

---

género o características (como raza, habilidad física, apariencia, edad, etc.), también puedes aplicar los conceptos con el fin de reflexionar, así como trabajar para cambiar cualquier socialización basada en el género que hayas recibido y que haya sido distinta a lo que discuto en este libro.

libro. No se trata de solo mejorar las partes de tu vida que no van bien. De hecho, se ha demostrado que algunas de las herramientas que enseño en este libro mejoran algo llamado «florecimiento», que básicamente significa que pasas de bien a grandioso.[11] Así que, ya sea que la vida te abrume en este momento o que te vaya bien y solo quieras llevarla al siguiente nivel, este libro te ayudará.

En la segunda parte, profundizaremos en los conflictos y las confusiones que las mujeres experimentan debido a los mensajes sociales sexistas, así como en la manera en la que interactúan con nuestros verdaderos yoes reprimidos. Te enseñaré prácticas específicas con las que podrás entrenarte para reconfigurar tu cerebro y resolver problemas como una mala imagen corporal, complacencia, inseguridad, preocupaciones financieras, problemas sexuales y románticos, así como a gestionar tu tiempo. En esta sección del libro veremos cómo la forma en la que nos socializan como mujeres afecta cada parte de nuestra vida:

Imagen corporal: aprenderás cómo desintoxicar a tu cerebro de los estándares irreales de belleza que te enfrentan a tu cuerpo.

Confianza en ti misma: el patriarcado se nutre de mujeres que se odian a sí mismas, así que cuando aprendas a amarte más en este capítulo, también mejorarás el mundo.

Amor y sexo: tu vida romántica y sexual no te definen, pero este capítulo te ayudará a convertirlas en una fuente de alegría y placer, no en una de esfuerzo y ansiedad.

Dinero: solo han pasado unas décadas desde que las mujeres obtuvimos derechos financieros en Estados Unidos, y aún no alcanzamos igualdad financiera... pero este capítulo te ayudará a cambiar eso.

Tiempo: es el único recurso que no podemos producir; el patriarcado causa que desperdicies tu valioso tiempo, así que lee este capítulo y aprende cómo aprovecharlo mejor.

En la conclusión del libro, en el capítulo 10, aprenderás cómo todo este autodesarrollo te ayudará a mejorar el mundo que te rodea, ya sea tu hogar o el orden político global.

Entrenarte a ti misma es una práctica importante que puede mejorar cualquier aspecto de tu vida. Pero es importante que sepas que no hay nada de malo en querer apoyo adicional, ya sea contratando un *coach* individual, trabajando conmigo en The Feminist Self-Help Society o incluso con un terapeuta. Nunca podremos desprogramarnos completamente del patriarcado. Es imposible regresar nuestros cerebros a un estado no socializado, y, si lo hiciéramos, ¡también olvidaríamos cómo conducir o sumar! Esta no es otra cosa que intentar hacer todo «perfectamente», para luego culparte porque sigues siendo un ser humano imperfecto. Estas son prácticas que te ayudarán a relacionarte mejor contigo, no prácticas con las cuales castigarte. Si lo único que aprendes de este libro es a tratarte mejor, será un cambio radical que yo considero una victoria.

Notas sobre el abuso, el *statu quo* y el uso de este libro

Una de las cosas más maliciosas de las relaciones abusivas es que los mensajes que recibes específicamente de ellas —que no eres capaz, que no puedes confiar en tu percepción, que no mereces amor o aceptación a menos que cambies— son los mismos mensajes que la sociedad les transmite a las mujeres. De un modo muy real, la socialización de una sociedad patriarcal es inherentemente abusiva hacia las mujeres, lo que implica que, si estás en una relación abusiva, ya sea profesional o personal, lo que te dicen sobre ti normalmente ya te lo enseñó la sociedad, lo cual complica desmentirlas.

En ocasiones, cuando alguien nos dice que no valemos nada, que no somos suficientes, o cuando nos critican hasta el cansancio o nos culpan por todos los problemas de una relación, nos lo creemos. En consecuencia, buscamos un *coaching* o alguna otra herramienta de autodesarrollo para intentar «arreglarnos» y, así, ser mejor tratadas, lo cual, obviamente, no funciona. Como la sociedad nos hace *gaslighting* respecto a lo que merecemos o debemos aguantar, a veces tomamos las herramientas que podemos alcanzar —como las herramientas que enseño en este libro— y las usamos para (1) hacer las paces con alguien que nos maltrata o (2) para tratar de repararnos, ser «suficientemente buenas», merecernos un trato distinto o sentirnos mejor con nosotras mismas.

El trabajo de reflexión que te enseñaré en este libro tiene la intención de que lo uses en situaciones no abusivas. Esto puede sentirse algo extraño porque las personas tienen conceptos muy distintos en torno al significado de «abuso». Sin embargo, solo porque no podamos trazar un límite perfecto e incuestionable no significa que no haya distinciones. La verdad es que a veces formamos parte de relaciones o situaciones que no son necesariamente abusivas, pero que tampoco son lindas, divertidas, de apoyo o lo que en verdad queremos. El mismo impulso de usar el trabajo de reflexión para hacer las paces con esas circunstancias puede surgir aun cuando estas no sean abusivas, debido a que somos socializadas para ser lindas, llevarnos bien con todos, culparnos por cualquier problema que enfrentemos, y creer que debemos estar agradecidas por todo lo que obtenemos (una pareja romántica, un salario, etc.) y nunca arriesgarnos a perderlo.

Las relaciones abusivas no son las únicas que nos obligan a usar el trabajo de reflexión para intentar vivir en un *statu quo* dañino. Por ejemplo, si fuiste socializada para creer que debes verte lo más joven posible para ser atractiva, quizás te sientas tentada a emplear el trabajo de reflexión para intentar superar tu miedo a las agujas para ser capaz de inyectarte bótox y lucir más joven. Sin embargo, eso no es utilizar el trabajo de reflexión para cambiar las creencias que destruyen tu autoestima, sino para intentar ser más obediente a las normas irracionales que la sociedad te obliga a adoptar.

Por eso es tan importante que te cuestiones por qué estás haciendo las paces con una situación. Tus razones te darán conocimiento sobre si estás usando el trabajo de reflexión contra ti —para reconciliarte con alguien que te trata abusivamente, con una relación que sencillamente no es lo que buscas, o con una expectativa irreal que la sociedad te impuso—. Generalmente, esa motivación surgirá de la inseguridad («no valgo lo suficiente») o la escasez («no hay suficientes opciones allá afuera»). Si bien no está tallado en piedra, es un buen lugar para empezar.

He aquí una lista no exhaustiva de los tipos de pensamientos con los que yo sería muy escéptica si es que te motivan a hacer un trabajo de reflexión para reconciliarte con algo:

- La manera en la que actúa esta persona es mi culpa y, si yo cambio mi actitud, me tratará mejor.
- Debería aceptar esto porque no merezco algo mejor.
- Tengo que hacer esto o aquello, de lo contrario, esta persona va a pensar mal de mí o no me va a querer.
- Debería aprender a amar este trabajo/pareja/lo que sea porque no encuentro algo o alguien mejor.
- Siento esto porque hay algo mal en mí, así que debería cambiarlo.
- Debo aceptar estas circunstancias que no quiero porque, si bien las puedo cambiar, alguien más (padres, hijos, compañeros, etc.) se molestará.
- Tengo que cambiar mis pensamientos y emociones respecto a esto para poder hacer mi trabajo de reflexión correctamente.
- Tengo miedo de las emociones que sentiré si cambio estas circunstancias o si no cumplo con las expectativas.

Si intentas usar el trabajo de reflexión «en tu contra» a partir de pensamientos así, deja de hacerlo sobre dicha situación o persona. En cambio, comienza por trabajar en los pensamientos que te motivan.

Por ejemplo, digamos que estás en una relación romántica en la que tu pareja te insulta todos los días, incluso si en el fondo sabes que preferirías estar en una relación con alguien que te llene de amor a diario, pero crees que no puedes encontrar otra pareja por cualquier motivo que tu cerebro se inventó y que te resulta muy convincente, o por razones que la sociedad o tu pareja te han afirmado. Cuando te des cuenta de que estás usando el trabajo de reflexión para conformarte con tu relación porque tienes miedo de irte, deja de aplicarlo sobre tu pareja y sus palabras. En cambio, comienza por enfocarte en el pensamiento de que no puedes encontrar otra pareja, así como en los motivos que lo causan. Podrás tomar una mejor decisión cuando creas que tienes opciones. Cualquier trabajo de reflexión que hagas antes de eso no tendrá una buena motivación.

El objetivo del trabajo de reflexión es ayudarte a ser valiente, no a limitarte. A lo largo de este libro, aprenderás ejercicios que podrás utilizar para recalibrar tu cerebro y liberarte desde tu interior. Empecemos por aquí, con un inventario de tus identidades y de la socialización que has recibido.

Ejercicio: Los mensajes que recibiste

En estas páginas aprenderás a identificar tus emociones y pensamientos, así como a cambiarlos. Surgirán distintos a medida que trabajes en los desafíos de tu vida que te llevaron a buscar este libro, pero te será de ayuda utilizar el siguiente ejercicio para hacerte consciente de tu socialización antes de que empecemos. Aunque este libro se enfocará en la socialización de género, las diferentes identidades que vives tuvieron su propia socialización que también te afecta, y las intersecciones de esas identidades moldearon cómo te comunicaron y cómo recibiste los mensajes sociales de género.

1. ¿Qué identidades tienes o vives?
   Ejemplo: las que más me vienen a la mente son que soy mujer, judía, blanca o percibida como blanca (algunas personas consideran blancos a los judíos de Europa del Este; otros, como los neonazis, no lo hacen), gorda, con alto nivel educativo, urbana y económicamente privilegiada.
2. Por cada una de las identidades que anotaste, escribe qué te enseñaron al respecto de las personas que las comparten. ¿Qué mensajes recuerdas haber escuchado o aprendido de cada identidad?
   Ejemplo: en mi caso, los mensajes que recibí acerca de las mujeres en general es que siempre deben ser sexis, aunque no excesivamente si quieren que las amen. Pero, luego, el mensaje que recibí sobre las mujeres gordas es que es imposible que seamos queridas y que debemos ser hipersexuales para ser dignas de atención.
3. Relee lo que escribiste. ¿Notas algún patrón? ¿Ves alguna conexión entre esas creencias y lo que piensas de ti misma actualmente?

PRIMERA PARTE
RECOBRA TU MENTE

CAPÍTULO 1

RECUPERA TU CEREBRO

Un día, a mis poco más de 30 años, fui a tomar un café con una amiga en una pequeña cafetería en el East Village. Nos conocimos en la universidad, y nos unimos dirigiendo el Yale Women's Center (Centro de Mujeres de Yale), apoyando en clínicas de salud reproductiva y pintando carteles de protesta en contra de las fraternidades sexistas. Ya éramos más viejas y sabias —o al menos eso creíamos— y, sin embargo, nuestra autoconfianza no parecía aumentar con la edad, el poder adquisitivo o el éxito. En cambio, estaba lamentando la última de una serie de rupturas pequeñas con hombres sin compromiso. Extrañamente, aunque una parte de mí estaba absorta por completo en esta «saga» (entiéndase como «salimos tres veces y luego desapareció»), otra parte de mí estaba muerta de aburrimiento. Sentía como si mi cerebro estuviera partido a la mitad. Una parte entendía que este tipo cualquiera, que había conocido en Tinder hace dos semanas, no sería alguien importante en mi vida, y tampoco debía ser la persona encargada de determinar si mi autoestima sería suficientemente buena para salir de casa esa semana. Pero otra parte de mi cerebro tenía la certeza de que no recibir un mensaje de este tipo inmaduro significaba que yo no era atractiva, que no merecía amor y que mi destino sería morir sola.

—Siento que estoy perdiendo la cabeza —grité por fin—. Sé que esta persona no me importa realmente. Y odio que la sociedad haya programado a las mujeres para creer que necesitan estar en una relación para sentirse bien consigo mismas. No quiero creer que necesito salir con alguien para probar que soy atractiva y suficiente. Y, sin embargo, no puedo dejar de obsesionarme con este ESTÚPIDO TIPO.

Mi amiga asintió con compasión.

—Me siento igual con mi trabajo —dijo—. O sea, racionalmente sé que no puedes controlar lo que otras personas piensan de ti, pero pienso con frecuencia en que no le agrado a mi compañero de trabajo, y en por qué no le agrado y en lo que podría hacer para cambiar su opinión. Es una pérdida de tiempo y energía en el trabajo, ¡pero no puedo dejar de pensar en eso!

Resulta que ella era víctima de la voz, así como yo, y también le estaba arruinando la vida.

¿QUÉ ES LA VOZ Y DE QUÉ MANERA TE AFECTA?

Puede que reconozcas a la voz en tu cerebro, pero ¿qué es exactamente y de dónde viene? La voz es la insistente banda sonora de pensamientos autocríticos en tu cerebro. Quizás eres muy consciente de las palabras que dice, o quizás experimentas más las emociones que produce, un flujo constante de ansiedad socialmente programada, culpa, vergüenza, estrés, tristeza e inseguridad. Es el resultado de los mensajes sociales dirigidos a las mujeres, los cuales absorbemos toda la vida y nos programan para creer que nuestro valor depende de cómo nos vemos, de la opinión de otros, de lo que logramos, de nuestro comportamiento y de la aprobación de todo el mundo.

Hay muchas pruebas de que estos mensajes afectan nuestra vida de manera negativa. Por ejemplo, la socialización les genera a las mujeres algo que llamo «autoestima condicional»: podemos querernos únicamente si cumplimos con todas las condiciones que la sociedad nos impone, lo que incluye vernos de 23 años toda la vida y asegurarnos de siempre tener la aprobación del mundo (no es tan difícil, ¿cierto?). No es de sorprender que, en 2022 en Estados Unidos, el 95% de todos los pacientes de cirugía estética fueran mujeres.[1] Como dice un estudio sobre comparación corporal, las mujeres son «autocríticas», mientras que los hombres son «autoalentadores».[2] Otro estudio reveló que los hombres son más autocompasivos que las mujeres.[3]

También nos enseñan a devaluarnos, incluso cuando somos objetivamente excelentes. Un estudio indicó que las mujeres califican su rendimiento por debajo del de los hombres, independientemente del resultado que obtengan en una prueba.[4] Las mujeres se describen de manera más negativa frente a posibles empleadores que los hombres.[5] También nos enseñan que las mujeres no debemos ocupar posiciones de poder. Muchas de nosotras creemos, *teóricamente*, que las mujeres somos tan capaces y competentes como los hombres, pero en la realidad constantemente hallamos cómo excluirnos de esta idea. El 75% de las mujeres ejecutivas identificaron haber sentido el síndrome del impostor en varios momentos de sus carreras profesionales.[*6]

Con razón mi estudiante Kelly me dijo alguna vez: «Acudí al *coaching* porque mi problema más grande era creer que todos me odiaban. Ahora me doy cuenta de que en realidad yo me odiaba muchísimo».

Quizás sientas que eres consciente de las expectativas tan injustas que la sociedad tiene hacia las mujeres. Pero reconocer cómo hemos interiorizado estos destructivos mensajes sobre nuestro valor no suele ser suficiente para detener los estragos que causan en nuestros pensamientos, confianza y toma de decisiones. Lo comprobé como litigante de derechos reproductivos una y otra vez. Había grandes problemas sociales que mis colegas y yo tratábamos de resolver: leyes opresoras, políticas discriminatorias, todo un régimen legal, social y político que trataba a las mujeres como ciudadanas de segunda clase. Literalmente éramos feministas profesionales, pero, sin importar cuánto creyéramos que rechazábamos las creencias sexistas, seguía presenciando reuniones en las que mujeres en la cima de su profesión empezaban sus comentarios brillantes, concisos y atinados con «Quizás esté mal, pero...», y los terminaban con «Perdón, estoy divagando, ¿lo que dije tiene sentido?». Esta es la

[*] Tras haber entrenado a tantas mujeres, estoy dispuesta a apostar que este número es más alto, pues sospecho que el 25% que no cree haber sufrido del síndrome del impostor estaría de acuerdo en haber experimentado pensamientos «acertados» o «críticos» sobre sus aptitudes, que en realidad estarían disfrazando el síndrome del impostor. Véase Christine L. Exley y Judd B. Kessler (agosto de 2022), «The Gender Gap in Self-Promotion», *Quarterly Journal of Economics 137*(3): 1345-1381.

brecha mental en acción, y hablaremos mucho más al respecto en este libro.

Mis esfuerzos por cerrar la brecha mental comenzaron cuando escuché por primera vez el episodio de un pódcast de la *coach* magistral Brooke Castillo, quien luego se volvería mi maestra, en el cual enseñó dos principios básicos que sacudieron mi mundo.

1. Solo porque pienses algo, no significa que sea verdad.
2. Puedes cambiar lo que piensas a propósito.

No es exageración cuando digo que este pódcast cambió mi vida. En aquel entonces, era la directora de un laboratorio de ideas en la Facultad de Derecho de Columbia, preparándome para obtener un empleo como profesora de Derecho. Al año siguiente, me inscribí en el programa de certificación de Brooke y viajé a una plaza comercial a las afueras de Sacramento, de todos los lugares que hay, a un entrenamiento de seis días que me volaría los sesos. Nunca pensé que tendría una experiencia del tipo «Aprende el secreto de la vida en un Holiday Inn Express», pero eso es exactamente lo que pasó.

Un año después, dejé mi carrera en Derecho y empecé mi práctica de *coaching* sin tener idea de lo que hacía. Tenía mi título en derecho, no una maestría en Administración de Empresas. Nunca había iniciado un negocio. De hecho, nunca había mantenido mis finanzas en orden (ni siquiera lo había intentado). No había desempeñado un trabajo corporativo antes, y mi limitada experiencia en oficina había sido en organizaciones no gubernamentales, las cuales dejé por la aún menos estructurada vida de académica. Tenía mucho que aprender sobre, bueno, todo.

Pero aprendí, entre tropiezos y caídas, y hoy, ocho años después de dejar mi último empleo como académica, sigo aprendiendo como directora ejecutiva de mi empresa, The School of New Feminist Thought (La Escuela de Nuevo Pensamiento Feminista). Actualmente tengo empleados en todo el país, y he generado más de 22 millones de dólares en ingresos hasta ahora. Soy presentadora de un pódcast con más de cincuenta millones de descargas, y he entrenado a miles de mujeres a través de mi grupo de *coaching* feminista, The Feminist Self-Help Society. En los últimos ocho años, también dejé las dietas e hice las paces con mi cuerpo, sané varias relaciones familiares complicadas, conocí y me casé con un hombre maravilloso que si bien no es perfecto, sí es perfecto para mí. Resolví mi ansiedad programada socialmente y cambié cualquier otro aspecto de mi vida que te puedas imaginar. Todo porque aprendí a entrenarme.

Tus pensamientos son como un GPS, que le dice a tu cerebro en qué concentrarse, cómo sentirse y qué hacer. Tienes que configurar ese GPS con el propósito de construir la vida que quieres. A lo largo de este libro, te enseñaré tres habilidades fundamentales para ayudarte a que tú también te entrenes y logres cambiar tu vida.

1. **Cómo identificar los pensamientos que te dominan.** Te enseñaré una poderosa práctica para acceder a tus pensamientos in/subconscientes. También te enseñaré cómo desarrollar la autocompasión y la autocuriosidad que necesitas para convencer a tu cerebro de sincerarse sobre lo que sucede en tu interior.

2. **Cómo evaluar si un pensamiento te sirve o no.** Tenemos un montón de pensamientos. Algunos de ellos son completamente útiles, otros son relativamente neutrales, y otros nos están jodiendo la vida. El problema es que no siempre es obvio cuál es cuál. Algunas veces tenemos creencias que *pensamos* que nos motivan positivamente y, sin embargo, cuando profundizamos en cómo nos hacen sentir y actuar con exactitud, resulta que nos están reprimiendo. Otras veces, algunos pensamientos a los que nos resistimos resultan ser muy útiles. Todo depende de qué sentimientos, acciones y resultados generan en nuestra vida. Aprenderás a evaluar tus pensamientos para que puedas elegir cuáles conservar y cuáles cambiar.
3. **Cómo cambiar tus pensamientos.** «Neuroplasticidad» es el término científico que se refiere a la habilidad del cerebro de cambiar a lo largo de nuestra vida. Es como un superpoder que todos tenemos, pero que la mayoría de nosotras nunca ha usado a propósito. Para cuando termines este libro, entenderás cómo beneficiarte de la neuroplasticidad al modificar los pensamientos que ya no quieres tener y al confiar en otros alucinantes que no imaginabas que podrían ser verdad. Aprenderás a idear pensamientos nuevos, pequeños y creíbles que practicarás y desarrollarás conforme avances. Aprenderás a elegir nuevos pensamientos para que realmente encajen y funcionen con tu cerebro y tus experiencias, preferencias y creencias específicas.

En el camino, construirás una mejor relación contigo y también con tus emociones, porque tu cerebro no está enfrascado. Si quieres cambiar cualquier aspecto en tu vida, es crucial que entiendas cómo tus pensamientos afectan tus emociones y tu estado físico, y cómo será más fácil cambiarlos si cooperas con tu cuerpo.

LA BRECHA MENTAL: CÓMO EL PATRIARCADO SE METE EN TU CABEZA

Uno de los principios fundamentales del desarrollo mental y emocional es que la consciencia precede al cambio.[7] Para cambiar cualquier cosa sobre tus emociones o acciones de forma duradera, tienes que familiarizarte con los pensamientos que las ocasionan.* Eso requiere un entendimiento básico del funcionamiento del cerebro.

Imagínate a tu cerebro como una página casi en blanco. Cuando naces, tu cerebro está listo para aprender, pero todavía no sabes gran cosa. Tienes reflejos instintivos —la habilidad de llorar cuando tienes hambre o frío, o la habilidad de alimentarte—, pero aún no tienes lo que consideramos «cognición consciente adulta». La mayor parte de la página está en blanco, lista y esperando a que la llenes de pensamientos.

Conforme creces, vas aprendiendo qué pensar de todo y todos los que te rodean. Tus padres conscientemente te enseñan qué

---

* Esta es una hipótesis científica, y muchas personas tienen otras maneras de explicar cómo interactúan los pensamientos y las emociones. Pero este modelo, que está basado en la psicología cognitivo-conductual y otras influencias, es el que considero más apegado a la realidad, así como el más útil. Por ello te aliento a que lo adoptes —al menos mientras dure este libro— y veas si te funciona.

pensar cuando te dicen que, si tomas un juguete, lo tienes que devolver a su lugar, o que es de mala educación hablar con la boca llena. También te enseñan qué pensar, sub/inconscientemente (incluso accidentalmente), con lo que dicen y hacen, como sus opiniones sobre política, finanzas, relaciones, paternidad, amor, sexo, drogas y *rock and roll.* Literalmente, todo lo que tus padres dicen o hacen tu hambriento cerebrito lo procesa como información sobre cómo se supone que funciona el mundo y lo que se supone que tú debes creer al respecto.

A tu cerebro también le afecta el resto de las otras influencias que recibes además de la de tus padres. Lo que otros miembros de tu familia o cuidadores dicen o hacen; la manera en la que se comportan los niños que conoces en la escuela o el parque; lo que ves en las caricaturas, lees en libros o escuchas en historias de los medios de comunicación; lo que ves cuando estás en la calle; lo que tus profesores te dicen y cómo los ves actuar… Todo lo que te encuentras tiene el potencial de sugerirle ideas a tu cerebro, y este proceso continúa hasta la adultez. Pero no siempre sabes lo que está sucediendo, incluso cuando tienes edad suficiente para ser consciente de tus pensamientos, porque tu cerebro absorbe los mensajes de manera consciente, inconsciente, y subconsciente.*

---

* Según la neurocientífica Maham Haq, «inconsciente» generalmente se refiere al proceso que ocurre en el cerebro fuera de nuestra conciencia actual, y puede ser utilizado cuando se discute sobre impulsos innatos, instintos o recuerdos profundos. El «subconsciente» a menudo implica pensamientos y procesos que yacen justo debajo de la conciencia, que pueden ser llevados fácilmente a la conciencia y afectar nuestro comportamiento. Maham Haq (neurocientífica) en discusión con el autor, 12 de octubre de 2023. Utilizo el término «in/subconsciente» a lo largo de este libro porque los

Los pensamientos conscientes son los que percibimos directamente, los que «escuchas» como oraciones en tu cabeza o, si eres una pensadora visual, quizás los percibes como imágenes. Sabes que están sucediendo. Los pensamientos in/subconscientes son aquellos que no percibes, y por eso son tan poderosos. Cuando aprendes cómo descubrir tus patrones de pensamiento, algunos serán obvios y recordarás haberlos aprendido directamente, mientras que otros serán más sutiles y tendrás que rastrear su origen sin que alguien te los dijera de primera mano. Puedes tener pensamientos conscientes o in/subconscientes sobre lo que sea. La única diferencia es si *reconoces* que los estás pensando (conscientes) o si no los percibes (in/subconsciente).

Creo que el hecho de que percibamos determinados mensajes sociales de forma consciente, inconsciente o subconsciente depende a menudo de si el mensaje es explícito o implícito. Muchas veces, los explícitos son aquellos que alguien literalmente te da. Por ejemplo, tu abuela podría decirte: «Es importante que siempre te veas bien cuando salgas de casa».

Por otro lado, los mensajes implícitos son aquellos que están codificados en lo que la gente dice (indirectamente) o en su comportamiento, pero no se expresan abiertamente. Así que puede que tu abuela no te diga que es importante verte bien antes de salir de casa, pero al observar que ella no sale sin peinarse ni ponerse maquillaje, deduces que es importante verte de

tipos de pensamiento que la sociedad nos enseña pueden pertenecer a cualquiera de las dos categorías. No te tienes que preocupar sobre sus diferencias al momento de hacer tu trabajo de reflexión; los ejercicios te ayudarán a descubrir ambos tipos de pensamiento.

cierto modo antes de salir de casa. Quizás tu abuela sí te lo diga, pero no a tu hermano. Probablemente ves que tu abuelo no se arregla antes de salir, por lo que empiezas a entender, sin pensarlo conscientemente, que las mujeres deben preocuparse por su apariencia en público mientras que los hombres no.

Muchos de estos mensajes, explícitos e implícitos, contienen instrucciones útiles para la vida. Saber cómo amarrarte las agujetas, no cruzar delante de un carro que va a toda velocidad y cómo preparar un sándwich son datos que hacen tu vida más segura, rica y mejor. Pero los mensajes sobre quiénes somos y los aspectos que importan sobre nosotras pueden hacernos daño activamente. Vivimos en una sociedad fundada y moldeada por muchas formas de desigualdad: sexismo, racismo, capacitismo, homofobia, xenofobia, etc., mensajes que también absorbemos.

A veces, las cosas que nos dicen explícita e implícitamente sobre el mundo que nos rodea coinciden y tienen sentido. Si creciste en una familia preocupada por el peso y por estar delgada, esto coincidió perfectamente con lo que la sociedad dice acerca de la importancia de estar delgada. Ninguno de estos mensajes fue útil o de ayuda, pero al menos fueron congruentes. Sin embargo, a menudo sucede que los mensajes que recibimos abiertamente y los mensajes implícitos de la sociedad se contradicen, lo que resulta en una disonancia cognitiva en nuestros cerebros. Esto puede manifestarse como ansiedad socialmente programada: aquella que las mujeres sienten por no ser capaces de encajar perfectamente con la persona que la sociedad les ha dicho que deben ser.

Mi clienta Kate sintió esta disonancia en torno a su carrera profesional y su vida amorosa: «Mientras crecía, mis padres me dijeron explícitamente que mi educación y mi carrera profesional eran esenciales y que no debía perder el tiempo enamorándome cuando debía estar estudiando», me dijo. «Pero luego los escuchaba hablar sobre lo triste que era que mi tía fuera una famosa profesora, pero que nunca se hubiera casado».

Así, Kate recibió un mensaje explícito: «Tu carrera profesional es lo que más importa». Pero luego recibió otro implícito y contradictorio: «Si no tienes una pareja, tu vida está vacía y las personas se compadecerán por ti, incluso si eres alguien exitosa profesionalmente».

A medida que Kate crecía, estos mensajes crearon emociones y motivaciones confusas. Intentaba ascender en su profesión como consultora y sentirse bien con su éxito profesional, porque conscientemente eso es lo que sabía que importaba; y también se juzgaba y castigaba por no encontrar una pareja, sin poderse explicar por qué se sentía tan sola y avergonzada solo por estar soltera. No fue hasta que trabajó conmigo, aprendió a entrenarse y empezó a cambiar sus pensamientos que finalmente pudo sentirse bien con su vida, ya fuera con o sin pareja.

Aclaremos algo: esto no se trata de enojarte con tus padres o culparlos por cómo te sientes (aunque puedes elegir pensar y sentir lo que quieras, sobre quien sea). No importa qué tan increíbles sean nuestros padres, todas vivimos la socialización y recibimos un montón de mensajes contradictorios.

Por ejemplo, ¿qué hubiera pasado si los padres de Kate le hubieran dicho que se concentrara en sus estudios y su profesión, sin nunca mencionar algo sobre su tía soltera? En las películas, vería que la tía soltera con un puesto alto siempre es un personaje secundario y que la protagonista termina casándose.

Kate de todos modos habría absorbido el mensaje social de que, para las mujeres, su situación sentimental es un factor principal que determina qué tan valiosas y felices son, y que su vida profesional, así como sus logros, son secundarios. Que sus padres le comunicaran estos mensajes para nada útiles... bueno, no es un defecto único, porque lo comparten todos y cada uno de los progenitores que han existido. Al fin y al cabo, todos los padres fueron socializados por sus familias y las creencias culturales de su época. Al nacer, sus cerebros eran páginas casi en blanco que el mundo a su alrededor fue llenando con pensamientos tanto útiles como sin sentido.

Así como Kate, todas recibimos ideas y creencias contradictorias a lo largo de nuestra vida. Es más fácil que absorbamos de forma in/subconsciente lo que aprendemos implícitamente, sobre todo cuando somos jóvenes. Es posible que después aprendamos o decidamos adoptar otros modos de pensar más alineados con nuestros valores de la adultez, pero estos no siempre borran mágicamente los sistemas de creencias anteriores que se incrustaron en nuestras mentes.

Por ejemplo, digamos que, de los 2 a los 20 años, te dijeron de mil maneras, tanto sutiles como obvias, que debes ser sumisa y recatada; te dijeron que debes ser linda con todos sin importar cómo te sientas y que no le agradarías a nadie si eras muy mandona y dirigías a todos. A los 20, vas a la universidad y tomas una clase donde aprendes sobre cómo la sociedad les enseña a los hombres a ser líderes y a las mujeres a ser seguidoras, y también sobre cómo las mujeres subestiman sus aptitudes, al postularse solo para empleos que saben con absoluta certeza que pueden ejecutar.[8] Desde un punto de vista intelectual, descubres que haber aprendido que era impropio hacerte valer o querer superarte fue una programación social sexista. No obstante, a los 29 años, tal vez te encuentres diciéndole a tu amiga o a tu terapeuta algo como «Esto suena tonto, pero sé que, aunque es momento de pedir un ascenso en mi trabajo, no me siento preparada y no quiero que los demás piensen que soy muy demandante».

Esto no es algo infundado. Por 27 años has pensado in/subconscientemente que debes ser educada y recatada, y que nunca debes pedir más de lo que te dan porque eso te haría ver codiciosa. Hace apenas diez años, le añadiste que está bien que una mujer sea ambiciosa y desee tener éxito. El nuevo pensamiento no reemplazó al anterior. Es más como si lo hubieras superpuesto, y todo este tiempo has pensado uno in/subconscientemente, y el otro, con consciencia. Ambos coexisten, pero el viejo te sigue pareciendo más fuerte y poderoso porque (1) lo has creído por más tiempo, (2) los mensajes sociales fundamentales sobre el género se repiten y refuerzan en todos lados y (3) tuvo un papel formativo en cómo se forjaron tus creencias no conscientes sobre tu valor. Esto explica la disonancia cognitiva que muchas de nosotras experimentamos; creemos una cosa desde nuestros valores y prioridades de la adultez, y aun así nos «sentimos» completamente distintas. Esta es la brecha mental en acción: debido a la forma en la que nos socializan como mujeres, puede haber una gran brecha entre lo que queremos pensar y lo que realmente creemos en nuestro interior.

Cuando empiezas a ser consciente de hasta qué punto la sociedad, tu familia o cualquier otra parte de tu educación han influido en tu cerebro, es normal y habitual sentir tristeza o enojo. Eso es válido. Puedes sentirte así por el tiempo que quieras, sin embargo, yo soy pragmática, por eso estoy escribiendo este libro. Quiero que aprendas a cambiar tu cerebro, incluso si te parece injusto hacerlo. El propósito del libro es entender el instructivo de tu cerebro para que puedas estar a cargo de cómo funciona, lo que piensa y cómo afecta tu vida.

Para lograr este cambio, primero tenemos que comprender el mecanismo del cerebro. ¿Cómo es que estos mensajes que aprendemos explícita o implícitamente a través de la socialización afectan nuestros pensamientos, emociones, acciones y, en última instancia, nuestra vida?

LA BRECHA MENTAL EN ACCIÓN: CÓMO EL PATRIARCADO MOLDEA TU VIDA DESDE ADENTRO

Cuando se trata de la experiencia humana, hemos tratado de entender qué hay detrás del telón, probablemente, ¡desde antes de la invención de los telones! En otras épocas, la ciencia, la filosofía y la religión fueron sistemas de conocimiento sobrepuestos que abordaron esta pregunta, y recientemente la psicología se sumó a esta conversación. En este libro, aprenderás un modelo que combina las mejores reflexiones sobre distintos modos de entender los pensamientos, emociones y comportamientos humanos, para que puedas empezar a cambiar los tuyos de inmediato.

Las mujeres son socializadas para hacerles creer que pasar tiempo pensando en sí mismas o en su vida es egoísta, frívolo o tonto. En realidad, las preguntas que te plantearás en este libro

(¿por qué actúo de esta manera?, ¿en qué debería creer?, ¿qué clase de vida quiero vivir y cómo la obtendré?) son grandes e importantes cuestiones. Cuando los hombres las discuten en contextos académicos, son consideradas filosóficas, y son igual de importantes cuando las mujeres las abordan en el contexto de su propia vida.

Todos queremos creer que somos personas racionales que se comportan racionalmente y toman decisiones racionales basadas en sus pensamientos racionales. O al menos eso es lo que los pensadores de la Ilustración (hombres blancos), que moldearon la filosofía occidental, creyeron que *ellos* hacían[9] (no incluyeron a las mujeres en aquel entonces).[10] Sin embargo, lo racional rara vez tiene que ver con nuestro comportamiento. El modelo de terapia cognitivo-conductual (TCC) muestra que, más bien, nuestro comportamiento (acciones e inacciones) está impulsado por nuestras emociones, y estas son creadas por nuestros pensamientos. Funciona así: pensamiento ⟶ emoción ⟶ comportamiento (acción/inacción).[11]

Pero ahí no acaba el problema. Nuestras acciones se proyectan en el mundo e impactan a otras personas y circunstancias de formas complejas. Si piensas que quieres ir a una tienda, y te sientes motivada para salir, quizás solo vayas, regreses y no suceda nada más. O quizás se te ponche una llanta en un cruce y retrases a la persona detrás de ti, quien perderá su transporte y conocerá al amor de su vida mientras espera el siguiente. No siempre controlamos los resultados de nuestras acciones, especialmente cuando repercuten en el mundo de maneras infinitas. Pero, como aprendí de mi maestra Brooke, podemos controlar los *retornos* que obtenemos en nuestra vida de la energía que invertimos en nuestros pensamientos.* Porque esos pensamientos nos crean emociones, las cuales impulsan nuestras acciones, y estas producen retornos en nuestra vida.

Pensamientos ⟶ Emociones ⟶ Comportamiento ⟶ Retorno

Déjame darte un ejemplo para explicar a qué me refiero con «retornos». Digamos que tienes el pensamiento recurrente de que no le agradas a nadie, que no tienes tantos amigos como otros y que los que tienes no te quieren tanto. Este pensamiento te hace sentir insegura sobre tus amistades, así que no inviertes en ellas. Pasas mucho tiempo viendo las redes sociales de tus amigos para ver si salen con otras personas. Haces berrinche o te enfureces si te das cuenta de que se reunieron sin ti. No les hablas para organizar un plan porque estás esperando que ellos lo hagan y, así, te «demuestren» que te quieren, o porque no quieres «importunarlos» con tu compañía. No conversas con nuevas personas ni le das seguimiento a tus conocidos para volverlos amigos, porque sientes que, como no le agradas a nadie, no funcionará.

Así que, ¿cuál es el *retorno* por invertir tu capacidad cerebral en este pensamiento? No nutres las amistades que tienes ni creas nuevas. Las tratas como si solo importaras tú, así que no piensas realmente en tus amigos como individuos, y no te concentras en cuidarlos como amiga, lo que debilita aún más tus amistades.

---

* Brooke imparte un curso en The Life Coach School (Escuela de *coaches* de vida) en el que enseña que tus pensamientos crean tus «resultados». A medida que he ido desarrollando mi forma de entender y enseñar estos conceptos, he adaptado y cambiado algunos de ellos, y ahora enseño la idea de «retornos» en su lugar. Aprenderás más al respecto en el capítulo 4.

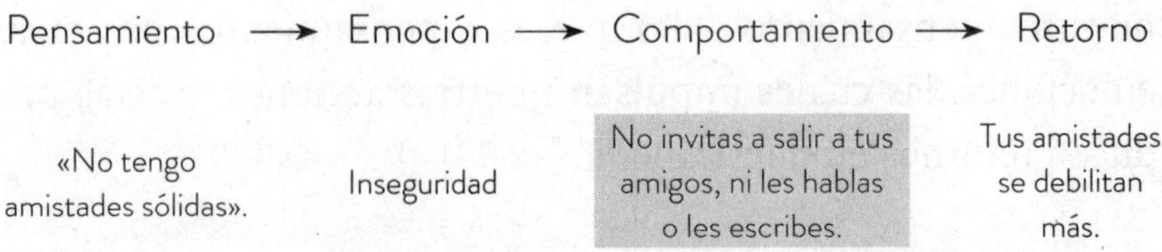
Pensamiento → Emoción → Comportamiento → Retorno
«No tengo amistades sólidas».
Inseguridad
No invitas a salir a tus amigos, ni les hablas o les escribes.
Tus amistades se debilitan más.

Y gracias a que obtenemos más evidencia de nuestros pensamientos, seguimos en lo mismo, ¡utilizando los retornos que creamos como pruebas de que es verdad! Así que, en vez de funcionar en línea recta, puedes ver que pensamientos como este en realidad son cíclicos. Cuanto más te desconectes de tus amigos debido a ello, más observarás la desconexión y te convencerás de que no tienes amistades sólidas, y perpetuarás el ciclo.

PENSAMIENTO
«No tengo amistades sólidas».
EMOCIÓN
«Inseguridad».
COMPORTAMIENTO
«No invitas a tus amigos a salir ni les hablas o les escribes».
RETORNO
«Tus amistades se debilitan más».

Quizás no tengas este patrón de pensamiento específico, pero siempre invertimos energía pensando en *algo*, y a menudo no somos conscientes de su contenido ni de la frecuencia con que lo hacemos. Significa, entonces, que nuestras creencias in/subconscientes llevan la batuta. Dado que la sociedad nos enseña conceptos con los que no estamos de acuerdo —por ejemplo, que el valor de una mujer se determina por su apariencia y por lo que otros piensen de ella, que debe ser linda y fluir con todo, que es mala para las matemáticas y las finanzas, o cualquier otro de los millones de mensajes sociales—, en realidad, configura los pensamientos del GPS de tu cerebro, y esas indicaciones no te llevarán al destino al que quieres llegar.

REESCRIBIR EL CÓDIGO: CÓMO CAMBIAR LA PROGRAMACIÓN

El punto es que si quieres dejar de anteponer a los demás y menospreciarte, liberarte de la inseguridad y la duda, transformar cómo te hablas y empezar a vivir tu vida en torno a lo que *tú* quieres..., entonces debes empezar por cambiar los pensamientos que moldean tu vida en primer lugar. Tienes que reprogramar tu cerebro.

Reprogramar tu cerebro significa identificar los patrones de pensamiento inútiles que no te permiten avanzar y reemplazarlos con unos nuevos que en verdad reflejen tus valores y te lleven a donde quieres ir. Aunque le digamos reprogramar o reconfigurar tu cerebro, este método requiere bastante profundización emocional. A muchas de nosotras nos socializan para temerle a nuestras emociones o desconectarnos de ellas, pero estas son un barómetro de nuestra mente; pueden darnos pistas acerca de nuestros pensamientos *actuales*, y de los que nos servirán en el futuro. En este libro aprenderás cómo hacerte amiga de tus emociones para que estés en sintonía con lo que te motiva. Una vez que hayas descifrado sus significados y desentierres los pensamientos detrás de ellos, poco a poco, podrás construir nuevas creencias que te ayudarán a consolidar los cambios que quieres hacer en tu vida.

Tal vez leas esto y pienses: «Solo quiero dejar de darme atracones en las noches» o «Soy muy consciente de mis pensamientos ansiosos, muchas gracias, pero ¡necesito saber cómo cambiarlos!». Te prometo que, sin importar lo que quieras modificar, e independientemente de qué tan consciente seas en este momento, el método que te enseñaré en este libro es la respuesta. Incluso los anhelos a gran escala que tenemos —vivir en grande, alcanzar «algo más» que no podemos definir, sentirnos mejor de quién sabe cuál manera— son objetivos que puedes fijarte y conseguir cuando sepas cómo conectar tus pensamientos, emociones, acciones y retornos de una forma que puedas repetir constantemente a lo largo de tu vida.

Si esto te parece interesante, pero desconfías de la autoayuda porque temes que todo el tiempo solo te digan que seas feliz o que ignores los problemas del mundo, no te preocupes. El trabajo de reflexión que enseño en este libro no es lo mismo que «enfocarte en lo bueno» ni mucho menos «vibrar alto». Sentir toda la gama de emociones humanas es lo que crea la riqueza de una vida bien vivida, así que no estamos tratando de deshacernos de todos los pensamientos y sentimientos negativos. Eso se llama «positivad tóxica» e inevitablemente resulta contraproducente. Hay problemas muy relevantes en el mundo que no queremos ver como positivos. No quiero pensar: «¡Sí, amo la hambruna infantil!», y estoy segura de que tú tampoco. Hay partes de cada vida humana —rupturas, la muerte de un ser querido, etc.— que no queremos tapar con una falsa sonrisa. Ese no es el objetivo de esta obra. Si has intentado «enfocarte en lo bueno» y te pareció vacío, te entiendo. Intentar tener únicamente pensamientos positivos no es un objetivo realista ni útil. La vida humana es una combinación de alegría asombrosa y sufrimiento desafiante; siempre lo ha sido y siempre lo será. Esa es la experiencia humana completa, y el objetivo de este trabajo es hacer que la tuya sea más resistente, alegre y valiente, no ahogarla en falsa positividad.

Reconfigurar tu cerebro tampoco significa intentar cambiar tus sentimientos por medio de «afirmaciones». Muchas personas oyeron hablar de estas y usaron las que alguien más les recomendó, pero descubrieron que no les servían de mucho. Las afirmaciones generalmente no funcionan, porque son como comprar la primera prenda que ves cuando necesitas una hecha a la medida. Una afirmación es un pensamiento que te encantaría creer, pero que no estás ni cerca de creer en determinado momento y que alguien, ajeno a ti y a tu cerebro, te comparte. Así no funciona el cambio de comportamiento ni el cambio de pensamiento. Pero sí puedes aprender a reprogramar tu cerebro de manera gradual, sensible y poderosa.

Hay algunas objeciones que tu mente puede presentar a medida que cambias tu pensamiento. Específicamente, debes aprender a manejar tres reacciones comunes: (1) resistencia, (2) incomodidad y (3) autocrítica. Y debes practicar el antídoto para las tres: la autocompasión.

Resistencia o berrinches cerebrales

Los cerebros odian equivocarse. Esto es por una muy buena razón, si hablamos de evolución. La mayoría de nosotras pensamos que nuestros cerebros registran la realidad objetiva y nos dicen lo que ven, como si solo fueran cámaras que graban el mundo. Pero, en realidad, tu cerebro edita y decide qué interpretar de todo lo que experimentas, porque es indispensable para él ahorrar tiempo y energía. Si cada mañana, al despertar, tu cerebro tuviera que procesar desde cero toda la información sensorial que recibió y volver a darle sentido, jamás saldrías de casa. Por ello utiliza muchos atajos; memoriza o llena los espacios en blanco según su percepción de las cosas, y eso es lo que te enseña. Esta es la razón de que observes tu habitación y te des cuenta de que algo falta o está roto, pero no tienes idea de cuánto tiempo lleva así. Nuestros cerebros nos enseñan lo que estamos acostumbrados a ver para ahorrar tiempo y energía.

Los mismos principios aplican cuando se trata de tu cerebro e ideas más abstractas, como lo que piensas sobre ti misma, los demás y el funcionamiento del mundo. Así que cuando empiezas a cuestionar a tu cerebro a propósito, puede que experimentes resistencia y negación, en formas como asumir inmediatamente que lo que yo diga está mal, sentir ansiedad por seguir leyendo en caso de que puedas constatar que estabas equivocada, o discutir conmigo en tu cabeza. La resistencia también puedes manifestarla al sentirte enojada por las cosas que digo, sentir miedo, o leer un poco y luego no tener las ganas de retomar este libro. Todas estas reacciones son normales y no quieren decir que el proceso no funcione o que no valga la pena.

Pero ¡tienes que seguir leyendo para superar esos baches en el camino! En el capítulo 2 ahondaremos en herramientas para gestionar tus emociones, y así evitar que te abrumen tan seguido, y a la vez mitigues la resistencia. Sin embargo, es importante que no olvides que sentir resistencia está bien, no es un problema. No quiere decir que una idea está mal o que un pensamiento es inadecuado. En mi experiencia, eso es lo que a menudo sentimos cuando estamos a punto de tener un gran avance o de darnos cuenta de algo fundamental.

Imagínalo como un foso que rodea un castillo lleno de oro. Si te rindes y te vas a casa, nunca obtendrás la recompensa. Pero si estás dispuesta a entrar en él, mojarte un poco y sentirte algo incómoda, estarás a un paso del tesoro que aguarda adentro.

Incomodidad

Si levantas pesas para ser más fuerte, es normal sentir dolor muscular; del mismo modo, la incomodidad es algo normal en el proceso de reconfigurar tu cerebro. Puede que nos sintamos ansiosas, enojadas, agitadas o incluso bloqueadas por completo. Muchas tenemos ideas sobre nosotras mismas basadas en quiénes queremos ser o en lo que nos han dicho que somos.[12] Cuando empecé a enseñarle a mi pareja acerca del trabajo de reflexión y el cerebro, por ejemplo, le sorprendió descubrir que, si bien se consideraba una persona relajada, en realidad tenía muchos pensamientos ansiosos acechando bajo la superficie.

Su experiencia no es inusual. Algunos pensamientos que tenemos sobre nosotras pueden ser creencias positivas. Podemos creer, por ejemplo, que somos personas generosas porque nos dijeron que debíamos serlo para ser valiosos. En consecuencia, si descubrimos pensamientos poco generosos, estos pueden entrar en conflicto con nuestra autopercepción. O podemos tener creencias negativas, como la de no agradarles a los demás, pero luego, cuando buscamos pruebas que la demuestren y hacemos una lista, estas nos incomodan. Uno pensaría que la evidencia debería hacernos sentir bien, ¿no? Pensamos que queremos ser agradables para los demás, y si hay pruebas de que lo somos, ¡debería sentirse genial! Pero recuerda lo que dije antes: al cerebro no le gusta estar equivocado. Esto lo incomoda, aun si el error es para «bien».

Cuando empezamos a ponerle atención a nuestros pensamientos, muchos descubrimos que hay algunos que no nos gustan, otros de los que no estamos orgullosos, o no queremos tener, o que entran en conflicto con nuestra idea de quiénes queremos o debemos ser. Y puede ser de verdad incómodo cambiar nuestra consciencia, lo cual es completamente normal.

Incluso hay un nombre para esta incomodidad: fricción límbica.[13] Esta se refiere a la sensación que algunas personas experimentan cuando están aprendiendo algo nuevo, porque sus neuronas están cambiando y el cerebro se ve obligado a gastar energía. Entonces, si te llegas a sentir así, puedes nombrarlo y acogerlo, ¡significa que estás aprendiendo y creciendo!

Autocrítica

Experimentar incomodidad emocional, o fricción límbica, cuando empiezas a descubrir lo que realmente piensas y sientes es una parte normal del proceso. Pero a menudo complicamos el problema juzgándonos duramente por lo que encontramos. Ese juicio de tu pensamiento es en realidad un problema mucho mayor que tu pensamiento original. No solo provoca que no quieras continuar con el proceso, sino que también complica que conozcas la verdad sobre ti misma.

Por ejemplo, digamos que tu hijo está gritando sin razón y quieres dejarlo en el jardín porque el ruido es muy molesto. Te das cuenta de que acabas de pensar en encerrar a tu hijo. Sigues molesta, pero ahora que eres consciente de ese pensamiento, comienzas a juzgarte: «Soy una pésima madre. Una buena madre no pensaría de este modo». Sientes vergüenza. Así que, en vez de darte una pausa o cambiar el pensamiento que tuviste sobre tu hijo, le agregas vergüenza a tu enojo. Te sientes peor y estás aún más irritable porque sientes dos emociones negativas en vez de una. Entonces, si tu hijo se acerca a pedirte algo, le gritarás porque estás emocionalmente exhausta, no solo por sus gritos, sino también por juzgar tus pensamientos.

¿Ves cómo la autocrítica resultó contraria a lo que querías? Querías tomar consciencia de tus pensamientos para cambiarlos y así ser más paciente con tu hijo, pero multiplicaste la negatividad avergonzándote a ti misma, lo que disminuyó tu resiliencia emocional en el proceso.

EL ANTÍDOTO CONTRA LA RESISTENCIA, LA INCOMODIDAD Y LA AUTOCRÍTICA: LA AUTOCOMPASIÓN

El mejor consejo que puedo darte a medida que empiezas a reprogramar tu cerebro es que practiques la curiosidad compasiva sobre todas las cosas que descubrirás sobre ti. Practicarla será complicado porque fuiste criada para creer que tus pensamientos determinan si eres una buena o mala persona. Por ello, tenemos que empezar por reprogramar esa suposición.

Un aspecto importante del modelo que te enseño en este libro es que los pensamientos no tienen un valor moral. Esto va en contra de lo que muchas religiones nos enseñan: que Dios observa nuestros pensamientos y que podemos pecar con tan solo pensar algo «malo». Incluso si no eres religiosa, hay un entendimiento cultural general (derivado del cristianismo) que dice que eres una buena persona si piensas o sientes ciertas cosas (para las mujeres: generosidad, amabilidad, humildad, etc.) y una mala persona si piensas o sientes otras (para las mujeres: egoísmo, ambición, etc.).

Pero yo no creo que tus pensamientos sean una ventana hacia tu bondad o maldad moral esencial. En cambio, tus pensamientos, como todas las demás funciones cerebrales, son una combinación de señales eléctricas y transmisiones químicas que interactúan con otras neuronas influenciadas por tu biología, los efectos ambientales en tu desarrollo, la compleja red de socialización, crianza familiar, educación y medios de comunicación, así como muchos otros factores.[14] No son un indicio de tu esencia más profunda o de tu valor real en el mundo. No tienen un valor moral verdadero. No eres responsable de lo que otras personas —o la biología— le enseñaron a pensar a tu cerebro sin tu consentimiento. Únicamente eres responsable de las creencias en las que *decidas* trabajar.

Elegir nuevas creencias requiere tener curiosidad sobre tu estado actual. La curiosidad es gentil y quiere aprender en verdad. La curiosidad dice: «¿Por qué me siento así? ¿Qué estoy pensando?». La compasión significa ser bondadosa con una misma; es darte el beneficio de la duda y la misma bondad humana básica que le darías a un extraño o a un ser querido. La compasión dice: «Sé que hay una razón por la que me siento así. Estoy haciendo lo mejor que puedo, pero no amo este resultado. Quiero aprender más sobre cómo puedo cambiar mis pensamientos y emociones para el futuro». Dejemos en claro que preguntas como «¿Qué carajos me pasa?» o «¿Por qué diablos no puedo organizar mi vida?» no son curiosidad autocompasiva, son oraciones autocríticas con un par de signos de interrogación en los extremos.

Imagina enseñarle a un niño pequeño cómo hacer algo. Si en cualquier momento que cometa un error le gritas o le das una cachetada, no va a aprender correctamente y, en cambio, te va a evadir. Tu cerebro es igual. He estado al tanto de los pensamientos de miles de mujeres a lo largo de mi carrera como *coach* y he visto de cerca que, cuanto más te castigues, te sentirás más insegura contigo misma y tendrás menos acceso a tus pensamientos y emociones enterrados, porque si le tememos a juzgarnos, nos diremos mentiras para no hacerlo. Tu cerebro te esconderá tus pensamientos y emociones verdaderos para evitar que abuses de ti. Pero, si te acercas a tu cerebro con curiosidad compasiva, construir una mejor consciencia será un proyecto en el que trabajarán en equipo.

A menudo las mujeres me dicen que quieren ser más amables consigo mismas, pero no saben *cómo* hacerlo. Las herramientas de *coaching* que enseño en este libro han demostrado mejorar la autocompasión.[15] Y los resultados de la autocompasión, la autoconciencia y cambiar tus pensamientos pueden ser bastante dramáticos. Esto descubrió mi estudiante Valerie cuando aprendió a reprogramar sus pensamientos. Antes de aprender a confiar en sí misma, ella era una persona obsesionada con complacer a los demás, pero ni siquiera era consciente de que lo hacía ni cuánto le estaba costando. No lograba entender por qué había tenido tantas relaciones románticas malas y problemas en distintos empleos; no se daba cuenta de que constantemente se contorsionaba en varias versiones falsas de Valerie, según lo que ella creía que los demás querían de ella.

—Me congelaba ante la idea de tener mis propias metas y sueños —me dijo Valerie—. Funcionaba completamente en torno a lo que los demás pensaban de mí, pero al parecer estaba en negación; creo que, como «mujer fuerte e independiente», quería creer con todas mis fuerzas que había superado al patriarcado. Pero no lo había superado en lo absoluto, ¡porque estaba dentro de mi cerebro!

Una vez que Valerie empezó a reemplazar sus patrones de pensamiento negativos con nuevos pensamientos empoderantes, comenzó a tener mayor intención en sus decisiones, con quién pasaba el tiempo y por qué. Se sintió más capaz de protegerse. Se dio cuenta de que su obsesión por complacer a los demás provenía de lo que la sociedad les enseña a las mujeres a pensar sobre sí mismas y dejó de golpearse en la pared, de culparse y de no ir a ninguna parte. Comenzó a hacerse cargo de su vida y a apoyarse más en su identidad verdadera para así poder construir conexiones más auténticas, tanto en lo personal como en lo profesional.

Como me dijo Valerie: «A la sociedad le encantaría que yo perpetuara el interminable ciclo de autoculpa. Estoy agradecida de hoy poder vivir mi vida de otra manera».

Ejercicio: Qué humano de mi parte

Conforme avancemos, te enseñaré herramientas específicas para identificar las maneras en que la socialización ha afectado tu cerebro, así como para cambiar tus pensamientos acerca de las áreas más importantes de tu vida. Pero la práctica que aprenderás a continuación es, de cierto modo, la expresión más importante de este trabajo. Es sencilla, efectiva y flexible en cualquier lado y en cualquier momento para todo tipo de pensamiento, emoción o conducta. Es un verdadero bálsamo multiusos para la angustia emocional.

Esta práctica es similar a la práctica budista llamada «metta» o meditación de bondad amorosa, la cual se centra en la autocompasión y la solidaridad hacia otros seres; he visto que se le atribuye a la profesora de yoga Judith Hanson Lasater, pero distintas versiones aparecen en muchos otros lugares y formatos.

Esta es la versión que utilizo. Añádele las siguientes palabras a cualquier pensamiento autocrítico que tengas sobre cómo piensas, sientes, luces, actúas, etc. Puedes decirlas en voz alta o en tu mente:

Qué humano de mi parte.

Solo son cinco palabras, pero son inmensamente poderosas.

Les grité a mis hijos... Qué humano de mi parte.

Procrastiné e hice un proyecto a medias... Qué humano de mi parte.

Me molesta haber sacado un 7 en mi examen... Qué humano de mi parte.

Hice algo que no me enorgullece... Qué humano de mi parte.

A veces, durante mis clases de *coaching*, alguien alza su mano con cautela y comenta que le preocupa usar esta frase —o ser bondadosa consigo misma de cualquier otro modo—, y que signifique que está justificando su «mal» comportamiento o «no está haciéndose responsable» de las consecuencias de sus actos. Pero ese no es el sentido de «Qué humano de mi parte». Solo es un recordatorio de tu humanidad. Toda opresión proviene de querer negar la humanidad de la persona o del grupo oprimido, y cuando nos maltratamos, perpetuamos el modelo de la sociedad. La sociedad nos dice que todo sobre nosotras está mal y luego nosotras nos decimos lo mismo. Contribuimos a nuestra opresión al reproducir mentalmente los mensajes opresivos todos los días.

Practicar el pensamiento «Qué humano de mi parte» te enseña a ser autocompasiva. Te ayuda a reafirmar tu humanidad y valor inherente cuando tus pensamientos te dicen que eres mala, horrible y diferente al resto de una manera negativa y alienante. Mucho de nuestro sufrimiento no proviene de lo que hemos hecho o vivido, ni siquiera de lo que hemos pensado, sino de nuestra autocrítica respecto a todo ello.

Practica el pensamiento «Qué humano de mi parte» durante las siguientes 24 horas cuando notes surgir una emoción o pensamiento negativo sobre ti. Siente lo que pasa en tu cuerpo mientras lo piensas. Puede que tu respiración se vuelva más profunda, que tus hombros se relajen y que tu frente deje de fruncirse. Suena muy bueno para ser verdad, lo sé, pero inténtalo. Es el más sencillo de los cambios de pensamiento, y aún lo uso todos los días.

Nota: *Cuando enseño esta práctica, suele haber una estudiante que, por alguna razón, no se identifica con el término «humano». Pensar «Qué humano de mi parte» no la conecta emocionalmente. A* *menudo sucede, aunque no siempre, cuando una clienta es neurodivergente. Si este es tu caso, no dudes en sustituirlo por cualquier término que se sienta más cercano a ti. He tenido estudiantes que usan frases como «Así estoy siendo una persona de nuevo» y les funciona. También funciona que uses cualquier identidad o grupo con el que te identifiques o pertenezcas para sustituir «humano» o «persona».*

La sociedad afecta nuestro cerebro de mil maneras, grandes y pequeñas, implícitas y explícitas, conscientes, inconscientes o subconscientes. Sin darnos cuenta, todas recogemos ideas sobre quiénes somos y debemos ser, y de nuestras capacidades con base en el sexo y género que asumimos, así como muchos otros factores. Nuestros cerebros absorben todos estos mensajes, que luego influyen en nuestra forma de pensar sobre nosotras mismas por el resto de nuestra vida. La mayoría de las personas vive en piloto automático, sin darse cuenta de los mensajes sociales sexistas que afectan cómo pensamos, sentimos y nos comportamos en cada aspecto de nuestra vida. Pero tú, afortunadamente, conseguiste este libro. Aprenderás exactamente cómo la sociedad ha moldeado tu cerebro y qué cosas puedes hacer para recuperarlo. Así que ¡comencemos!

CAPÍTULO 2

RECUPERA TUS EMOCIONES

Cuando les dije a mis familiares que dejaría mi carrera como académica jurídica para volverme *coach* de vida, se... sorprendieron, por decirlo de un modo. Y honestamente no podía culparlos. En la siguiente reunión familiar tras mi gran noticia, una prima mayor me dijo que se había enterado, y ligeramente desconcertada, me preguntó en un tono amigable: «Pero, digo, ¿por qué las personas acudirían a ti?».

Un millón de razones cruzaron por mi mente, pero lo que finalmente le dije fue «Se sienten muy mal, por una razón o por miles, y quieren sentirse mejor».

Porque, al fin y al cabo, nuestras emociones nos motivan; nuestras emociones nos impulsan a buscar ayuda y un mejor estilo de vida. Como mi clienta Dani, quien me contó por qué acudió al *coaching*. Mencionó lo siguiente:

> Pasé veinte años en terapia (algunos buenos, otros no tanto) e intenté escribir en diarios para mitigar mi sufrimiento emocional durante la mayor parte de mi vida adulta. Había probado TODOS

> los programas de autodesarrollo, conseguí un par de títulos, cambié de empleos y me hice terapeuta, todo para intentar escapar de la ansiedad constante y el malestar existencial de baja intensidad. Había aguantado largos años de sufrimiento mental y emocional que me hacían intentar hackear mi baja energía, confusión mental y estado emocional y espiritual miserables con nutrición, comida, ejercicio, suplementos, yoga, meditación, budismo. No paraba de buscar por doquier respuestas a mi descontento y falta de satisfacción con mi vida.

Tu búsqueda quizás sea más específica. Tal vez quieres dejar de gritarle a tu pareja porque te sientes como una mala esposa cada vez que lo haces. Quizás te gustaría dejar te beber tanto cuando te sientes sola porque no te gusta tener resaca o sentirte decepcionada en la mañana. O quieres dejar de estresarte por el trabajo porque no te gusta sentirte... bueno, estresada al respecto. Sea cual sea el problema, solo puedes reconocerlo como un problema porque no te gusta cómo te hacer sentir.

Lo que muchas de nosotras ignoramos es que nuestro sufrimiento emocional no es algo de lo que debamos escapar, sino algo que debemos explorar y entender. Pero nadie nos ha enseñado eso. Como dijo Dani: «Siempre asumí que, si me sentía abrumada, ansiosa, enojada o triste, estaba haciendo algo mal». Y, en efecto, eso es lo que históricamente nos han enseñado a pensar, en especial a quienes nos socializan como mujeres; nos dicen todo el tiempo que nuestras emociones, particularmente las negativas como el enojo o la tristeza, son malas.

Todos reciben algún tipo de socialización acerca de sus emociones, pero lo que aprendemos varía dependiendo de nuestro contexto social. En Estados Unidos, nos concentramos particularmente en la felicidad y la positividad sobre cualquier otra emoción. Y algunos de esos mensajes están basados en el género. A los hombres los socializan para creer que cualquier otra emoción además del enojo no es masculina, y que el hombre ideal carece de emociones. A las mujeres, sin embargo, las socializan para creer tanto que son naturalmente más emocionales, y por ende no aptas para puestos de poder, como que sus emociones son tontas, superficiales y egoístas. Después de todo, si las escucháramos, quizá no querríamos subordinarnos para beneficiar constantemente a los demás. Así que, con el tiempo, aprendemos a aplacarlas. Crecemos desconectadas o asustadas de nuestra vida interna, por lo que nos resulta complicado apropiarnos de lo que sentimos.

Elegiste este libro porque quieres cambiar tu vida, y puedes hacerlo. Dani es prueba de ello: «Algo que cambió desde que aprendí a cambiar mi pensamiento es que siento que *finalmente* estoy progresando. *Finalmente* (tras años de intentarlo *todo*) estoy cambiando —cambiando mi mente y mis pensamientos—, lo cual modifica cómo percibo a las personas que me rodean, y esto, a su vez, cambia mis sentimientos, mis acciones y toda mi puta vida».

Tú también puedes encontrar el tesoro enterrado en tu interior, tu yo verdadero y la vida increíble que realmente quieres y mereces. ¿Recuerdas el foso de incomodidad desafiante para tu cerebro del que hablamos antes? Una vez que lo atraviesas, entras al castillo, es decir, a la estructura mental que vas a desmantelar, una piedra a la vez, para obtener el tesoro que se halla adentro. Pero, como cualquier recompensa en un cuento de hadas, el final feliz —esa vida increíble— está resguardada por un dragón. Y a ese dragón lo interpretan *tus emociones*, que evitan que te acerques al muro del castillo para que en verdad lo veas, lo entiendas y finalmente lo desmanteles.

La buena noticia es que, a diferencia de un cuento de hadas, no tienes que matar al dragón. De hecho, también te mataría. Es casi imposible ser humano y no experimentar la gama completa de emociones humanas, incluyendo aquellas que no nos gustan tanto. En cambio, tu trabajo en esta búsqueda es hacerte amiga del dragón, o al menos pasar de enemigos mortales a amienemigos (¡oye!, es un proceso).

Si al leer «sentir tus emociones» reaccionas con un «Está bien, pero *¿cómo?*» o «De qué carajos hablas, desearía poder dejar de sentir estas emociones», este capítulo es para ti. Aprenderás por qué cambiar tu relación con tus emociones es un prerrequisito para desprogramar la socialización de tu cerebro, además de cómo empezar exactamente a hacerte amiga de tus emociones para lograrlo.

Antes de aprender a reprogramar mi cerebro, yo estaba en el grupo de «Ya tengo demasiadas emociones, por favor, cállate». Pero resultó que en realidad no entendía lo que significaba sentir mis emociones, o cómo hacerlo sin creer que me moría. Probablemente tú tampoco lo entiendas, así que cambiemos eso, empezando ahora mismo.

POR QUÉ TENEMOS QUE «SENTIR NUESTRAS EMOCIONES»

Las emociones nunca son verdaderas o falsas, ni válidas e inválidas. No funcionan sobre la base de verdad o validez. Las emociones sencillamente son sensaciones corporales evocadas por los pensamientos del cerebro. Para poder cambiarlas, tenemos que modificar lo que piensas. Pero la mayoría de nosotras solo somos conscientes de nuestras emociones, no de los pensamientos que las causan. Si queremos desenterrar el pensamiento subyacente, tenemos que estar dispuestas a profundizar en nuestra emoción.

Las emociones son como una flecha neón que apunta hacia información importante, y no puedes cambiarlas sin entender hacia dónde te envía esa flecha. Imagina que tu refrigerador empieza a escurrir por todas partes. Parece bastante claro que alguna pieza está descompuesta y necesita arreglarse. Pero no quieres ni acercarte al refrigerador porque no te gusta la sensación de mojarte lo pies. De algún modo, quieres arreglar el refrigerador sin acercarte tanto para ver qué sucede, pero eso es imposible. Si quieres detener la fuga de agua, vas a tener que mojarte los pies. Tendrás que acercarte lo suficiente al refrigerador para abrirlo. Y cuando lo hagas, ¡es posible que salga aún más agua! Tienes que aceptar la incomodidad de mojarte para así entender lo que está mal y arreglarlo.

Nuestros sentimientos/emociones son diferentes a nuestros pensamientos. Es importante entender la diferencia entre ambos porque en español tendemos a usar expresiones que los confunden. Un pensamiento es una oración mental o, si eres una pensadora visual, una imagen que «ves» en tu mente y puede ser descrita con palabras.

Ejemplos de pensamientos:
Me encanta el helado.

Mi pareja debería sacar la basura.
Me pregunto si podemos inventar una máquina voladora.
[*La imagen de un lago*].

Por otro lado, una emoción es una sensación que ocurre en tu cuerpo. Muchas emociones tienden a manifestarse de maneras similares en los cuerpos de las personas, pero no hay una forma correcta o incorrecta de experimentarlas físicamente. Si has oído hablar del sistema nervioso y de las respuestas al estrés —como la de lucha o huida—, estas son parecidas a las emociones, ya que son sensaciones corporales. Las reacciones del sistema nervioso, en su mayoría, surgen cuando tu cerebro cree que detectó una amenaza* (o cuando responde a la resolución de una

* Para los fines de este trabajo, incluyo la activación del sistema nervioso en la categoría de «emociones», porque es un patrón de respuesta física que se desencadena por algún tipo de cognición. En otras palabras, aunque puede que tú no tengas un pensamiento consciente, algo en tu cerebro está procesando alguna información o estímulo (ya sea del exterior o de tus pensamiento o emociones) y respondiendo con un conjunto de sensaciones físicas. Véase Kalus R. Scherer (29 de septiembre de 2009), «The Dynamic Architecture of Emotion: Evidence for the Component Process Model», *Cognition and Emotion 23*(7): 1307-1351. doi.org/10.1080/02699930902928969.

A veces la superposición es evidente, la sensación que sentimos y llamamos «miedo» también puede llamarse «activación del sistema nervioso simpático» o «reacción de lucha o huida». Algunas veces podemos tener cierto congelamiento o parálisis causados por el sistema nervioso parasimpático que no se registra abiertamente en una emoción conocida. Otra diferencia es que, en el caso de algunas emociones, tu corteza prefrontal, la parte de tu cerebro encargada del pensamiento superior, puede estar influyendo. Puedo estar molesta y aun así pensar de manera lógica, aunque hacerlo no cause que se me pase el enojo inmediatamente. Cuando tu sistema nervioso se activa en modo pelea/huida/congelamiento, debilita la influencia de tu corteza prefrontal. Intentar relacionarte con tu cerebro de manera lógica no es muy útil. Primero tienes que regular tu sistema nervioso y así tu corteza prefrontal tendrá más influencia (no te amenaza percibida); las emociones pueden surgir de un rango más amplio de estímulos.

Ejemplos de emociones:
Felicidad: puedes sentir que tu pecho se expande, calidez, ligereza.

Enojo: quizás tu rostro se caliente, tu corazón se acelere o sientas como una explosión.

Ansiedad: puedes sentir que el corazón se acelera o dificultad para respirar, la visión puede estrecharse, o puedes sentir adormecimiento o pesadez.

Tristeza: tal vez sientas pesadez, como si te jalaran hacia el piso.

Incluso si no estás acostumbrada a sentir tus emociones, te prometo que ahí están. Clementine fue una de mis primeras clientas de *coaching* uno a uno. Ella venía de una familia de mucho

---

preocupes, ¡al final de este capítulo hay unas técnicas que puedes implementar para lograrlo!). Véase Amy Arnsten, Carolyn M. Mazure y Rajita Sinha (2012), «This is Your Brain in Meltdown», *Scientific American 306*(4): 48-53. doi.org/10.1038/scientificamericano412-48.

Dicho esto, hay otras emociones fuertes, como el enojo, que no son lucha/huida/congelamiento necesariamente, pero que también pueden afectar tu capacidad para pensar con claridad. También lo pueden hacer las emociones o reacciones físicas positivas, como la alegría intensa o el deseo sexual profundo. Por lo mismo, no encuentro muy útil preocuparme por categorizar si algo es una emoción o una activación del sistema nervioso, que la verdad es un diagrama de Venn que inventamos para describir lo que observamos en nuestro cuerpo. Es mucho más útil practicar ponerles atención a tus emociones y, conforme lo hagas, empezarás a aprender qué se siente cuando experimentas una intensidad que afecta al pensamiento lógico y a cómo volver a regularte para reaccionar con intención.

dinero y nunca le había faltado nada, pero tenía muchos problemas de ansiedad y baja autoestima (¡la prueba de que el dinero no compra la felicidad!). Cuando intenté enseñarle cómo identificar sus emociones, ella insistió en que no podía sentirlas. Me contó que había ido por años a terapia y nunca había podido conectar con sus emociones. Así que solo le pregunté: «Si no sabes cómo te sientes, ¿cómo supiste que querías contratarme?». Ese fue un momento de revelación para ella. Porque claro que quería contratar a un *coach* de vida porque se *sentía mal* y quería *sentirse mejor*. Tal vez aún no sabía qué emociones sentía exactamente o cómo se manifestaban en su cuerpo, pero sí que no le gustaba cómo se sentía y que quería cambiarlo. Eso fue todo lo que necesitó para empezar: la semilla de consciencia que podría regar con atención y curiosidad hasta que empezara a notar cada vez más sensaciones en su cuerpo que la guiaran hacia sus emociones.

Para algunas de nosotras, como Clementine, es difícil ser conscientes o identificar lo que sentimos de manera específica y consciente. Esto se debe, en parte, a nuestra socialización. Cuando éramos niñas, nos enseñaron a reprimir nuestras emociones. Cuando expresábamos una, nuestros cuidadores, tal vez, intentaron convencernos de sentirnos de un modo cuando nos sentíamos de otro («No estés triste porque no puedes ir a los juegos infantiles; ¡iremos al parque, y a ti te encanta el parque!). Tal vez nos dijeron que no sintiéramos esa emoción en absoluto («¡No te enojes!»). Tal vez nos dijeron que tener una emoción negativa significaba que había algo malo con nosotras («No puedo creer que estés llorando por esto; eres una malagradecida y malcriada»). En ocasiones, quizás también nos castigaron, gritaron, golpearon o nos enviaron a nuestra habitación por nuestras emociones. Puede que tú no hayas recibido estas reacciones de tus cuidadores, pero incluso la paternidad con mejores intenciones nos puede enseñar a desconectarnos de cómo nos sentimos.

Pero, para quienes fuimos socializadas como mujeres, hay un problema aún más profundo.

LOS HOMBRES SON LÓGICOS, LAS MUJERES SON HISTÉRICAS: UNA BREVE CLASE DE HISTORIA

¿Alguna vez has escuchado a alguien decir: «Ay, fulanita estaba muy sensible, de seguro está en sus días»? ¿Alguna vez has salido con alguien que dice que todas sus ex están «locas»? ¿Te han dicho que las mujeres son más amables y cariñosas por naturaleza?

El sello distintivo de la programación social sexista es que divide todo en «masculino» y «femenino». Esta ideología también suele llamarse «heteronormatividad», pues implica que solo hay dos géneros y que estos solo se atraen romántica y sexualmente entre sí. El patriarcado depende de esta distinción porque la división de características, intereses y habilidades en categorías masculinas contra femeninas ayuda a imponer socialmente privilegios y beneficios para los hombres.

Esta división entre masculino y femenino se aplica incluso a cosas que son partes biológicas de cada persona, como los pensamientos y las emociones. En una sociedad patriarcal, no nos enseñan que las personas de cualquier género experimentan un espectro de pensamientos y emociones. En cambio, nos enseñan que estos tienen género. En el siglo IV a. C., Aristóteles escribió que la mujer es «más compasiva y más propensa al llanto, más celosa y quejumbrosa, más dada a la crítica y más pendenciera. La mujer también es más propensa a la depresión y a la desesperación que el hombre».[1] Muchos milenios después, en una grabación, Richard Nixon dijo que «los hombres también son erráticos y emocionales, pero la cuestión es que una mujer es más propensa a serlo».[2]

Es evidente que esta socialización continúa. A las mujeres les enseñan, de maneras explícitas e implícitas, que las emociones son una guía poco fiable para tomar decisiones, que nuestras emociones son exageradas y poco productivas, y que para ser una «buena niña», tenemos que tragarnos nuestras emociones y seguir cuidando a todos los demás. Mientras que a los hombres los socializan para creer que sentir cualquier emoción es señal de debilidad —fuera del enojo, que supuestamente es señal de fortaleza—, a las mujeres nos socializan para creer tanto que estamos «naturalmente» más en contacto con nuestras emociones que ellos[3] como que estas son irracionales, exageradas y un obstáculo para nuestro éxito.[4] Nos enseñan que, para ser confiables y tomadas en serio, tenemos que carecer de emociones, y luego nos tachan de antipáticas, rígidas o frías.

No podemos ignorar este callejón sin salida, porque también aprendemos que el valor social de una mujer se basa en la opinión ajena. Nos enseñan a demostrar constantemente nuestro valor haciendo cosas por los demás, siendo agradables, alegres y amables, y siempre con una sonrisa en el rostro. Si nuestras emociones negativas se interponen, entonces se tienen que ir. Esta creencia está tan incrustada en nuestra sociedad que, en el siglo XIX, a las mujeres las internaban en manicomios, les hacían lobotomías o los médicos les quitaban el clítoris en contra de su voluntad por sentir emociones «fuera de control».[5] Suena excesivo, pero incluso durante la segunda mitad del siglo XX los médicos recetaban sedantes y anfetaminas a las amas de casa para ayudarlas a reprimir sus emociones inconvenientes.[6]

En otras palabras, hay una larga historia de mujeres a quienes les enseñaron —bajo pena de desfiguración o incluso la muerte— a no sentir sus emociones en ninguna circunstancia. Todo ello nos dejó sin preparación para gestionar nuestra vida emocional. Pero podemos aprender a navegar estas aguas con destreza, y debemos hacerlo si queremos cambiar nuestra vida.

LAS TRES ERRES: CÓMO PROCESAMOS LAS EMOCIONES

En mi experiencia, solo hay tres formas de responder a una emoción, independientemente de si eres consciente de tu respuesta o no. Puedes (1) resistirte, (2) reaccionar o (3) recibir. Cuando te resistes o reaccionas, intensificas la emoción y multiplicas tus problemas. Solo recibir la emoción puede ayudarte a procesarla y seguir adelante.

Resistir

Los humanos estamos configurados desde que nacemos para buscar el placer y evitar el dolor.[7] Desde una perspectiva evolutiva, eso nos ayuda a seguir con vida.[8] Cuando el dolor es emocional y proviene de nuestro interior, podemos desesperarnos por alejarnos de él. Pero no podemos huir de nuestra experiencia interna personal. Por lo que intentamos *resistirnos* a la emoción y mantenerla a raya para sentirnos a salvo.

Desafortunadamente, eso no funciona. He aquí el porqué: Piensa en una emoción inicial como una sensación corporal. Sientes pesadez en tu cuerpo cuando estás triste, así como sientes tu panza rugir cuando tienes hambre. He visto (tanto en mi vida personal como *coach*) que, cuando te resistes a una emoción, esta provoca una respuesta al estrés en tu cuerpo, que tu cerebro interpreta como una amenaza. Esta es la reacción de lucha o huida de tu sistema nervioso. Pero, a diferencia de la amenaza de un león que podría devorarte, no puedes huir de una sensación en tu cuerpo. Así que, cuando tu cerebro percibe una amenaza —que la sensación es peligrosa y debes huir de ella—, activa la respuesta al estrés en tu cuerpo. Cuando tu cerebro cree que estás ignorando una amenaza, incrementa la señal sobre ella para que le prestes atención. El resultado es un ciclo emocional tan abrumante que experimentamos una respuesta al estrés sobre nuestras emociones.

Lo más descabellado de reconfigurar tu cerebro es darte cuenta de que tu experiencia de emociones negativas no ha sido en realidad eso, sino la de *resistirte* a ellas. Puede que no tengas ni idea de lo que se siente cuando surge una emoción negativa y que la experimentes sin ningún deseo de hacerla desaparecer, lo que significa que en realidad no sabes lo que se siente una emoción por sí sola (sin resistencia). Pero es muy importante que aprendas cómo calmar el sistema de amenazas y que experimentes la emoción por sí sola para poder cambiar tus pensamientos y emociones a largo plazo. Cuando tu sistema nervioso se activa por el estrés, la influencia de tu pensamiento superior se debilita.[9] En otras palabras, será más difícil utilizar las herramientas que te enseñaré para reprogramar tu cerebro si tu sistema nervioso reacciona de manera tan extrema hacia tus emociones.

El truco más sencillo que puedes usar para disolver la resistencia es acordarte de que las emociones negativas son parte de la vida. La cultura estadounidense está obsesionada con la positividad. Somos un país con una mentalidad de «ráscate con tus propias uñas y pinta una sonrisa en tu cara». Creemos que es posible hackear nuestros cuerpos, consumir y medicarnos para siempre sentirnos de maravilla. Pero la felicidad eterna y constante es una ilusión; no existe tal cosa. Solo reafirmarte (¡constantemente si es necesario!) que tener emociones negativas es un aspecto normal de la vida humana puede disminuir drásticamente la respuesta al estrés de tu sistema nervioso.

Reaccionar

La resistencia es una experiencia interna que nos permite seguir con nuestra vida sin cambiar en nada nuestras acciones, pero que también gasta una gran cantidad de energía interna al tratar de apagar nuestras emociones. Cuando nuestras emociones provocan una *acción* para intentar deshacernos de ellas, entonces *reaccionamos*. Cuando reaccionas a tus emociones, estás intentando cambiar la emoción que te incomoda activamente.

Reaccionar a una emoción puede tomar múltiples formas. Puede verse como intentar controlar a otras personas, como cuando tu pareja no quiere hablar sobre algo, te genera ansiedad e intentas forzarla a hablar al respecto. También puede verse como intentar cambiar tus circunstancias: tu compañero de departamento te hace sentir insegura, por lo que tratas de pasar el menor tiempo posible en casa. Sin embargo, hay un tipo de reacción que quiero explorar aquí, ya que atraviesa muchas otras categorías y es un impulso humano muy común al que recurrimos cuando sentimos una emoción que no sabemos manejar. A esa reacción le llamo «adormecimiento».

El adormecimiento ocurre cuando tratamos de usar una sustancia o actividad para generar placer físico que contrarreste el dolor emocional que sentimos. Adormecernos es una de las salidas más comunes que tomamos para lidiar con los sentimientos que no podemos aceptar ni erradicar. Los humanos utilizan casi cualquier cosa para adormecerse, como comida, trabajo, alcohol, drogas, compras, Netflix, redes sociales e incluso el ejercicio. La lista no termina. El adormecimiento funciona porque nos volvemos dependientes (incluso en un sentido no clínico) de cualquier cosa que nos dé una dosis de dopamina, el químico responsable de la recompensa en el cerebro.[10]

Esto se vuelve un círculo vicioso. Una emoción incómoda surge en nuestro cerebro. Tal vez somos conscientes de ella, pero a menudo ignoramos cuál es; solo sabemos que nos sentimos estresadas o fuera de balance. Hacemos algo para darnos una dosis del placer fabricado y concentrado que es la distracción: sírvete una copa de vino, abre Instagram, compra algo en línea. Nos damos esa dosis de dopamina que mitiga el dolor y, por un instante, nos sentimos mejor. Pero no hemos aprendido a lidiar con nuestras emociones y, a largo plazo, creamos un círculo vicioso en nuestros cerebros que solo fortalece nuestra ansia por adormecernos y debilita nuestra resiliencia emocional cada vez que surge una emoción incómoda. Además, las herramientas que usamos para adormecernos intensifican este ciclo. Y peor aún, algunos de estos mecanismos de adormecimiento, como el consumo de redes sociales o de alcohol, en realidad nos hacen sentir peor.[11] La parte de tu cerebro que recibe dopamina al deslizarte por una pantalla de colores brillantes y movimientos rápidos, o al beber de una botella de vino, no conoce ni le importan los efectos corrosivos de la comparación social a largo plazo o de lo que una resaca le hace a tu cuerpo.

Esto no quiere decir nada sobre ti como persona. Nuestra sociedad nos dice que comer, beber en exceso o navegar sin sentido en internet son señales de debilidad o de una falta de disciplina y voluntad. Pero nada de eso es cierto. Adormecerte es un mecanismo de defensa completamente razonable que has desarrollado porque nunca te enseñaron a procesar tus emociones de manera sana. Mientras tanto, hay compañías que ganan mucho dinero explotando nuestra inhabilidad para lidiar con nuestras emociones y vendiéndonos constantemente opciones de adormecimiento.

Debes saber que el adormecimiento no solo quiere decir que adormeces tu dolor, sino también tu vida entera. El adormecimiento no es selectivo. No puedes adormecer únicamente lo malo y no lo bueno. Un bloqueo espinal evita que sientas dolor en la parte inferior de tu cuerpo, y también que sientas el placer de un orgasmo. Cuando desarrollamos el hábito de desconectarnos de nuestras emociones y usamos sustancias o actividades para lidiar con ellas, también nos desconectamos de nuestras emociones positivas. Nos enseñamos a desentendernos de nuestra vida, por lo que tampoco podemos disfrutar de sus placeres naturales.

Adormecerte también vuelve imposible reprogramar tu cerebro. Las sensaciones que surgen en tu cuerpo conforme respondes al mundo que te rodea son tu principal herramienta de diagnóstico para entender qué sucede en tu cabeza. Cuando te impides experimentar tus emociones, te impides aprender lo que estás pensando actualmente, así como averiguar qué pensamientos te servirán mejor en el futuro.

La conclusión es que, al final, adormecer nuestro espectro de emociones termina costándonos más que momentos de presencia, placer y conexión con otros, pues también nos cuesta la conexión personal, con quienes realmente somos y queremos. Las mujeres ya estamos socializadas para ponernos en último lugar y hacer todo por los demás antes de pensar en nosotras mismas. La culpa, la vergüenza, la ansiedad y el agobio de vivir de esta manera aumentan el deseo de tomarnos un descanso, pero el que obtenemos al adormecernos nos deja agotadas y más desconectadas de nuestro verdadero yo.

La buena noticia es que trabajar en cambiar estos patrones no solo permite modificar nuestro pensamiento de manera más efectiva, sino también nuestra relación con las actividades y sustancias que utilizamos para adormecernos. Mi clienta Jenni G. describió la experiencia de esta manera:

> Una de las primeras cosas que descubrí cuando empecé a guiarme fue una voz mental muy cruel y dolorosa, y me di cuenta de que

había estado emborrachándome hasta perder el conocimiento durante décadas, en gran parte para evitar escuchar esta voz. Una vez que la acepté y empecé a trabajar en mis pensamientos para cambiarla, bajó el volumen, y dejé de ansiar algo que «calmara mis nervios» del día o que me «recompensara». Hoy, luego de cambiar mi pensamiento, mi relación con el alcohol es muy distinta. Primero consulto a mi cuerpo para ver si en verdad *quiero* un trago. De ser el caso, resulta rico y valioso, no algo para emborracharme. Me siento más sana y he ahorrado (un poco) más, pero ahora me emociona comprar una linda botella de algún licor caro, en vez de comprar doce botellas de pésima calidad.

Recibir

Así que, ¿cuál es la alternativa a resistirse o reaccionar a una emoción? Déjame contarte acerca de *recibir*. La neurociencia ha demostrado que la onda física de una emoción durará menos de dos segundos si no la prolongamos o nos resistimos a ella.[12] Recibir una emoción significa aprender a relajarse en su presencia (o al menos tolerarla), en lugar de intentar luchar o huir de ella.

Recibir una emoción suena lindo y gentil, pero la experiencia puede ser bastante desafiante. Cuando empiezas a practicar el recibir una emoción complicada, es importante recordarte mentalmente que puedes sentirla y aun así estar bien. Poco a poco, descubrirás que, si eres capaz de recibir una emoción sin resistirte o reaccionar, provocará menos miedo y pasará más rápido. Los ejercicios de esta sección te darán distintos puntos de acceso

—cognitivos y somáticos— para recibir emociones. Experimenta, juega con ellos y ve cuáles te sirven. No hay respuestas correctas o incorrectas, solo funcionales para ti.

***Nota:** Es normal que, durante el proceso de aprender a sentir tus emociones, te sientas incómoda, pero hay una diferencia relevante entre incómodo e insoportable. Procesar tus emociones seguramente será incómodo. Posiblemente muy incómodo. Piénsalo así: si no fuera gran cosa sentir emociones negativas, no gastaríamos millones de pesos al año intentando distraernos de ellas. Así que puede no ser placentero. Tal vez sientas olas de enojo, tristeza profunda, inundaciones de vergüenza, picos de temor, así como momentos de risa y alegría. Las emociones son un viaje alocado cuando todavía no sabes cómo manejar un auto.*

Pero no todos los métodos son apropiados para todas las personas. Si has sufrido un trauma grave en tu vida y padeces trastorno de estrés postraumático (TEPT) o trastorno de estrés postraumático profundo (TEPT-C), puede sentirse inseguro, y hasta imposible, procesar y sentir tus emociones, especialmente las que surgen cuando piensas en tu pasado. El TEPT y el TEPT-C siempre deben ser tratados por un terapeuta especialista en traumas. Si intentas los próximos ejercicios (o cualquier otro incluido en este libro) y sientes que te abruman de una manera que no toleras, por favor, confía en ti. Detente y busca un apoyo más intensivo. No tienes que renunciar al trabajo de reflexión, estas herramientas pueden ser absolutamente increíbles para tu recuperación si es que tienes TEPT o TEPT-C, siempre y cuando se combinen con un cuidado específico para el trauma. Pero primero debes estar lo suficientemente estable para utilizarlas.

Ejercicio cognitivo: Nombrar y describir nuestras emociones

Nota: *Este primer ejercicio aplica frente a una emoción que va de leve a fuerte, pero no extrema. Si sientes una emoción con extrema intensidad o una activación de tu sistema nervioso que no puedes disminuir utilizando el proceso de recibir una emoción, será momento de probar uno de los ejercicios somáticos que le siguen a este, o la práctica del «Diálogo interno de supervivencia» que explico al final de este capítulo.*

Como aprendimos previamente en este capítulo, una emoción es un conjunto de sensaciones físicas en tu cuerpo. Para entender cuál estás sintiendo y por qué, tienes que hacerte consciente de las sensaciones físicas.

PASO 1: IDENTIFICA CUANDO UNA EMOCIÓN ESTÁ SUCEDIENDO

A veces, cuando sientes una emoción, te es muy obvio que está sucediendo, y otras veces puede ser más sutil y ajena a tu consciencia. Si sabes que estás sintiendo una, ¡genial!, has completado el primer paso. Si no, solo continúa con el resto del ejercicio y descubrirás qué estás sintiendo.

PASO 2: RECIBE LA EMOCIÓN

El siguiente paso es conectar con lo que siente tu cuerpo, acoger con suavidad la emoción y permitir que siga su curso. Para practicar esta habilidad, imagina que le estás describiendo la emoción a un extraterrestre o a alguien que conoce las palabras para las sensaciones físicas, pero no para los sentimientos. No puedes decir simplemente: «Estoy enojada». En vez de eso, dirías algo como «El corazón me late muy rápido, tengo la cara caliente y el pecho apretado». Con esto, sales de la historia que tienes sobre tu emoción y te mantienes centrada en lo que realmente estás experimentando, a la vez que le indicas a tu sistema nervioso que estás a salvo. Repítete esta descripción hasta que percibas que tu cuerpo empieza a recalibrarse.

Si parece que no estás sintiendo nada, sigue practicando. No es raro que te cueste identificar las sensaciones de tu cuerpo cuando no estás acostumbrada a reconocerlas. Si te sientes extremadamente disociada de tus emociones y no puedes avanzar, trabajar con un terapeuta somático es una buena idea. Pero, al principio, está bien que te tome un tiempo desarrollar la habilidad de ser consciente de tu cuerpo, ya que es como si un cable de comunicación que está roto deba repararse poco a poco. Cada vez que le pongas atención a tu cuerpo y veas si sientes algo, estarás trabajando en reparar el sistema de comunicación.

Ejercicio somático: Mover la emoción por tu cuerpo

Cuando la emoción activa tu sistema nervioso o te abruma, puede ser difícil pensar lógicamente o procesarla. En ese caso, prueba alguna de estas prácticas somáticas que han demostrado ayudar a regular el sistema nervioso y tranquilizarte lo suficiente para que trabajes de manera más activa con tus pensamientos y tus emociones.

Visión periférica. Concentra tu atención en lo que está sucediendo en el borde de tu campo de visión y no en una persona u objeto frente a ti.[13] Cuando tienes una respuesta al estrés, tu campo de visión literalmente se estrecha hacia adelante porque tu cerebro piensa que tiene que escapar de una amenaza. Cuando miras a los lados, le indicas a tu cerebro que no hay depredadores cerca y que estás a salvo.[14]

Estimulación cruzada/bilateral. Alternadamente da golpecitos en tus hombros o rodillas, o dirige tu mirada hacia dos puntos de enfoque paralelos.[15] Hay muchas ideas científicas de por qué este método funciona, pero una teoría es que aprovecha algo llamado «reflejo de orientación», encargado de la tendencia de tu cerebro a atender a nuevos estímulos. Esta estimulación orienta tu cerebro hacia esas sensaciones y lo aleja de las cosas que percibía como peligrosas.[16]

Respiración de caja. Siéntate derecha con tus pies bien plantados en el suelo e inhala durante cuatro segundos; aguanta la respiración por cuatro segundos; exhala lentamente por cuatro segundos y aguanta la respiración por otros cuatro segundos.[17] Hazlo hasta que sientas que tu cuerpo se relaja.

Movimiento o sacudida. Elige una parte de tu cuerpo —brazo, mano, pierna— y empieza a sacudirla o moverla, prestándole atención a las sensaciones que el movimiento te causa.[18] Puedes hacerlo en silencio o poner algo de música y sacudir todo tu cuerpo o bailar para que se mueva.

Cuando nada más funciona

Déjame contarte una historia que ocurrió en un balneario. Verás, amo un buen balneario; me encanta flotar en una alberca de agua salada o aguantar unos tres minutos en el sauna antes de necesitar un chapuzón frío. Cuando tu brasier es copa H, ¡a veces es maravilloso sentir que flotas! Pero hubo un viaje a un balneario que fue tanto el mejor como el peor de mi vida.

Esto fue lo que sucedió: me estaba poniendo mi traje de baño y de algún modo me... atoré. No puedo explicarlo. Me había puesto y quitado ese traje de baño muchas veces antes. Llevaba puesto el 30% del traje cuando las correas se enredaron en mis brazos de una forma que no pude deshacer. Tengo historial de dolor crónico en mis brazos. El dolor crónico está directamente relacionado con la angustia emocional y la respuesta al estrés del sistema nervioso.[19] Mi dolor se disparó y mi sistema activó la respuesta de lucha o huida. No podía quitarme el traje de baño y, por supuesto, como estaba reactiva y ansiosa, tomaba peores decisiones estratégicas para liberarme. Traté de calmarme diciéndome: «Estás bien» en mi cabeza, a lo que mi cerebro respondía «¡MIERDA, NO ESTOY NADA BIEN!». De pronto, me percaté de que, aunque a menudo me decía: «Estás bien» para intentar calmarme, nunca funcionaba, y esta era la razón.

Así que cambié de enfoque. Solo empecé a repetirme: «Estoy a salvo. Nada aquí amenaza mi supervivencia. Estoy a salvo. Nada aquí amenaza mi supervivencia». Funcionó. Mi ritmo cardiaco disminuyó y logré quitarme el traje de baño e irme del balneario, repitiéndome las mismas palabras hasta que me sentí estable de nuevo.

Cuando estás muy reactiva, quizás creas que nada de lo que hagas «funciona» para ayudarte a que te regules. Puede que intentes los ejercicios cognitivos y somáticos que te acabo de enseñar y que no pase nada. Algunas somos más verbales y necesitamos palabras de afirmación para calmar nuestras emociones, pero deben ser muy simples. Aquí es donde entra lo que llamo «Diálogo interno de supervivencia».

Ejercicio: Diálogo interno de supervivencia

El diálogo interno de supervivencia es una práctica de pensamiento enfocada en asegurarle a tu sistema nervioso que no está en peligro inmediato.

En momentos de agobio, en vez de decirte que todo está bien de manera general, concéntrate en tu integridad física.

Yo utilizo: «Estoy a salvo» o «Esto no es una amenaza para mi supervivencia». Puedes jugar con diferentes frases, ¡ponlas a prueba! Por ejemplo, «Estás bien» no funcionó para mí, pero podría hacerlo para ti.

Lo que sea que elijas, practícalo hasta que tu sistema nervioso comience a calmarse. Una vez que te estabilices del extremo emocional, tu corteza prefrontal funcionará con normalidad de nuevo y podrás utilizar las demás herramientas de este libro.[20]

Los humanos intentamos evitar las emociones negativas en general, y las mujeres, en particular, somos socializadas para juzgar y dudar de nuestras emociones constantemente. Debido a que nos crían para resistir y reaccionar a nuestras emociones, recibirlas puede sentirse como subirse a una montaña rusa sin saber cuándo terminará. Pero aprender a recibir tus emociones es el primer paso absolutamente más importante para empezar a entender qué pensamientos las generan y cómo cambiarlos. Cuando practiques las técnicas cognitivas y somáticas que te enseñé en este capítulo, verás que tus emociones se volverán gradualmente una parte más natural e integrada de tu vida; podrás encontrar el tesoro al otro lado del aliento de fuego de ese dragón: tus pensamientos. En esto nos enfocaremos en el siguiente capítulo.

CAPÍTULO 3

RECUPERA TUS PENSAMIENTOS

Antes de aprender a reprogramar mi cerebro, siempre desconocí cómo me sentiría un día cualquiera. Cada mañana, en cuanto me levantaba, estaba completamente a merced de mi mente descontrolada. Un desconocido en la calle que hacía un comentario sobre el tamaño de mis nalgas tenía más poder sobre mi autoestima que yo. Estaba constantemente en alerta máxima, y cada mañana, al levantarme de la cama, solo podía esperar que el día no fuera a aplastarme emocionalmente como tantos días antes.

Así que, cuando aprendí que puedo cambiar cómo me siento al cambiar mis pensamientos, supe que era el secreto de vivir. ¿Quieres decirme que no tengo que pasarme el día acosada por la cruel voz de mi cabeza? ¿Puedo dejar de perder el tiempo en el trabajo porque estoy demasiado preocupada por sentirme mal con mi cuerpo, restringir lo que como durante el día, darme atracones por la noche y sentirme como un perro de Pávlov atado al ruido de las notificaciones de Tinder en mi teléfono? ¿Puedo aprender a pensar con un propósito y crear las emociones, acciones y resultados que quiero en mi vida? Cambiando mis pensamientos, ¿puedo ser realmente dueña de mí misma? Fue revolucionario.

No es de extrañar que, en aquel entonces, me sintiera fuera de control. La sociedad nos enseña a las mujeres, de múltiples formas, que no debemos ser dueñas de nuestra vida, por ejemplo, condicionándonos a preocuparnos más por la opinión de los demás que por la nuestra y enseñándonos a dejar en manos de otros lo que debemos hacer y quiénes debemos ser. Sentimos que dependemos de los demás para hacer que nuestra vida suceda. Creemos que debemos esperar un ascenso laboral o los elogios de nuestro jefe para saber que estamos haciendo un buen trabajo, una pareja romántica para validarnos, e hijos para darle sentido a nuestra vida. Constantemente nos muestran que lo mejor a lo que podemos aspirar es a desempeñar nuestros roles lo suficientemente bien como para ser recompensadas.

Bueno, disculpa mi lenguaje, pero AL DEMONIO CON ESE RUIDO. Tú puedes controlar cómo piensas, sientes y reaccionas ante tus pensamientos y emociones. Puedes controlar qué tanto crees en ti misma. Puedes estar a cargo de lo que haces con tu tiempo y de lo que creas dejar atrás.

Cuando sabes cómo pensar lo que realmente quieres pensar, cómo creer lo que quieres creer, cómo crear las emociones y las acciones que vitalizan tus sueños, te vuelves inquebrantable. Te empoderas. Te *liberas.*

Este capítulo es tu mapa hacia la libertad. Voy a enseñarte de dónde vienen tus pensamientos y cómo están impactando en tu vida. Luego te mostraré cómo usar el poder de la neuroplasticidad para reconfigurar tu cerebro y cambiar tu forma de pensar. La herramienta central de este capítulo, la escalera del pensamiento, es el concepto más eficaz que he creado y lo que hace a este trabajo tan increíblemente poderoso y práctico. No puedo esperar a que aprendas a utilizarla.

TODO EMPIEZA CON UN PENSAMIENTO

Como aprendimos en el capítulo anterior, nuestras emociones son sensaciones físicas de nuestro cuerpo. La mayoría de nosotras suponemos que las cosas o personas externas nos provocan las emociones. De hecho, eso es lo que nos enseñan cuando somos pequeñas: oímos frases como «Sé linda o lastimarás los sentimientos de tu amigo» o «¿Estás contenta porque te dieron un regalo?». Pero la verdad es que son nuestros pensamientos los que crean nuestras emociones.[1] Siempre que sientes algo, hubo un pensamiento que surgió primero. Incluso si primero eres consciente del sentimiento, lo cual es muy común, este fue precedido por un pensamiento. Puede que este no estuviera al nivel de tu conciencia, pero estaba ahí, y puso la emoción en movimiento.*

* La segunda razón por la que puedes sentir que la emoción llegó primero es que a veces tenemos un conjunto de sensaciones físicas que no provienen de un pensamiento, sino de un estado fisiológico del cuerpo. El azúcar de la sangre, tus hormonas, tus tendencias bioquímicas, tu flora intestinal, qué tan bien dormiste, la cantidad de luz del sol que recibiste, muchas cosas pueden afectar tu estado fisiológico. A veces notarás un estado fisiológico y tendrás un pensamiento al respecto. ¿Cuántas de nosotras no hemos querido matar a alguien por algo que parecía terrible hasta que comimos algo y nos dimos cuenta de que no era para tanto? Pero cuando eso sucede, aún piensas algo que genera una emoción. Por ejemplo, digamos que sientes irritación. Tu cuerpo está algo caliente, tus nervios están vibrando y quieres gritarle a alguien. Es posible

Esto funciona de la siguiente manera. Los pensamientos se generan por dos tipos diferentes de estímulos: (1) las cosas que ocurren fuera de ti que ves, hueles, oyes, tocas o saboreas (o que tu cerebro cree que has visto, olido, oído, tocado o saboreado) y (2) las cosas que ocurren dentro de tu cerebro o cuerpo. El estímulo llega al cerebro o surge espontáneamente en su interior y el cerebro lo procesa y decide cómo responder. Por ejemplo, ves un destello de movimiento en la esquina de tu campo visual. Tu cerebro decide si es un león que te va a devorar o solo el perro del vecino; esa decisión es tu pensamiento. Luego, tu cerebro libera (o no) ciertas hormonas o le da instrucciones (o no) a tus músculos y órganos, y dependiendo de esto, sientes o tu corazón acelerado o tu estado de calma regular. Ambos son ejemplos de sensaciones causadas por tus pensamientos.

Si nuestros pensamientos causan nuestras emociones, significa que las personas y las circunstancias externas a nosotras no son las que nos hacen felices, tristes, enojadas o alegres, sino la forma en que nuestras creencias interactúan con el mundo que nos rodea.

Pensemos en dos personas casadas (no entre sí) que viajan a Ámsterdam por motivos de trabajo. Después de tres copas de vino, cada uno tiene una aventura de una noche con un colega; cada uno se lo cuenta a su pareja. Al enterarse de la infidelidad, una de las parejas engañadas se siente destruida y pone fin a su matrimonio. En cambio, la otra, como le pasó a una amiga mía,

---

que en realidad todo sea causado porque tienes baja azúcar en la sangre. Pero tu cerebro percibe la sensación y dice: «Estás irritada porque tu pareja no sacó la basura, sí, debe ser eso». Luego piensas: «Qué grosero y desconsiderado de mi pareja el no sacar la basura», y comienzas a generar más irritación con tu pensamiento.

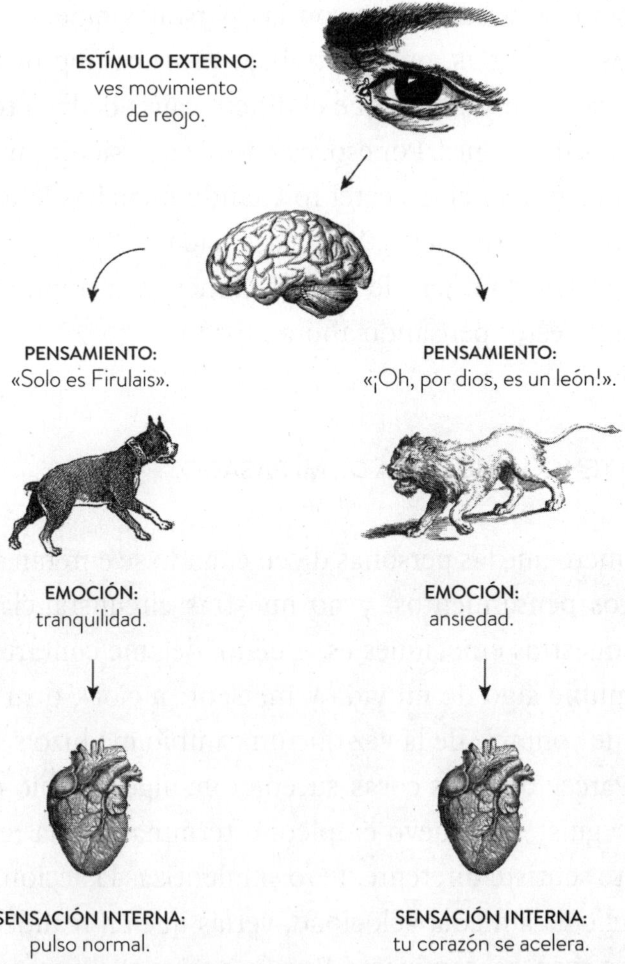
ESTÍMULO EXTERNO:
ves movimiento
de reojo.
PENSAMIENTO:
«Solo es Firulais».
PENSAMIENTO:
«¡Oh, por dios, es un león!».
EMOCIÓN:
tranquilidad.
EMOCIÓN:
ansiedad.
SENSACIÓN INTERNA:
pulso normal.
SENSACIÓN INTERNA:
tu corazón se acelera.

reflexiona y descubre que en realidad no está tan molesta y, además, que no le interesa mucho la monogamia y preferiría tener una relación abierta en el futuro. Si la circunstancia provocara el pensamiento, todo el mundo tendría las mismas reacciones ante las mismas cosas. Pero es obvio que no vivimos en un mundo así (basta con leer cualquier debate político para comprobarlo).

Hemos aprendido que son las personas quienes nos hacen amarlas u odiarlas, que un trabajo provoca que nos sintamos realizadas o miserables, que el dinero causa o alivia todas nuestras preocupaciones. Por eso, es posible que sientas mucha disonancia cognitiva en tu cerebro cuando escuchas la idea de que esto podría no ser cierto. Y no pasa nada.

Repasemos un par de las objeciones más comunes, en caso de que las estés pensando ahora mismo.

«PERO TENGO EVIDENCIA DE MI PASADO...»

Lo primero que las personas dicen cuando se enteran de que son nuestros pensamientos, y no nuestras circunstancias, los que crean nuestras emociones es «Bueno, déjame contarte de la vez que cambié algo de mi vida y me sentí mejor», o su contrario: «Déjame contarte de la vez que un cambio me hizo sentir horrible». Parece que dos cosas sucedieron: algo cambió en tu vida —conseguiste un nuevo empleo, o terminaste una relación— y luego te sentiste diferente. Pero si ralentizas la acción, como ver una película a media velocidad, verías que en realidad sucedieron tres eventos: cambiaste algo, *tu cerebro creó un pensamiento diferente* y luego te sentiste distinto.

Pongamos otro ejemplo. Tu pareja no quiere hablar de sus sentimientos contigo. Le haces preguntas y no responde. Te obsesionas y le das mil vueltas al asunto, pensando que no confía en ti, que no quiere compartir su mundo interior contigo y que es un gran problema en su relación. Te empiezas a cerrar, no compartes tus emociones y piensas que la relación está condenada al fracaso. Finalmente, acorralas a su mejor amigo en una fiesta y te quejas de ello. Él te contesta: «Ay, así es como lo educaron. En su familia, compartir las emociones era de mala educación y significaba que estabas agobiando a la otra persona». De repente, tienes un pensamiento diferente sobre por qué tu pareja actúa de ese modo. Sientes compasión y amor por él, y deja de ser un problema para ti. Él sigue siendo el mismo, te habla de sus emociones como siempre lo ha hecho. Lo único que cambió es que alguien te hizo pensar distinto sobre su forma de ser, y eso hizo toda la diferencia.

«¿ESTÁS DICIENDO QUE NO DEBERÍA SENTIRME MAL CUANDO ME PASA ALGO MALO?»

¡Para nada! Los pensamientos «negativos» son parte de la vida. De hecho, entrecomillé «negativos», porque, si bien es natural que prefiramos tener pensamientos que nos generen emociones placenteras (recuerda, los humanos están configurados para buscar el placer y evitar el dolor), que un pensamiento sea positivo o negativo solo se debe a la evaluación que le da la mente humana. Por ello, catalogar pensamientos como negativos en realidad puede hacer que se sientan peor y que parezcan más difíciles de cambiar. Así que, en la medida de lo posible, practica ver todos tus pensamientos como frases equivalentes en tu mente, sin la evaluación y el juicio de si son buenos o malos.

Ningún pensamiento es inherentemente mejor o peor que otro. Tener un pensamiento y un sentimiento «negativos» —incluso si es tristeza, crueldad, enojo o cualquier otro— no es moralmente malo. Tener un pensamiento «negativo» no quiere decir nada de ti como persona. Piensa en cualquier otra experiencia física de tu cuerpo. Es natural tener indigestión a veces, dependiendo de lo que comas y de cómo te afecte. Puedes tomar medicamentos o no comer esos alimentos si quieres evitar la indigestión. Pero la cantidad de ácido estomacal que produces no significa nada sobre ti como persona, y no deberías pensar que tienes la «culpa» de tener un estómago que reacciona de este modo (y, de ser el caso, sería porque la sociedad nos enseña a las mujeres a culparnos cuando nuestro cuerpo no es «perfecto»). Lo mismo aplica para tus emociones.

Lo anterior también significa que no hay una forma «correcta» de pensar ni un pensamiento que «deberías» tener. A veces, cuando las personas aprenden que pueden cambiar sus pensamientos, deciden utilizar esta idea para castigarse a sí mismas y forzar una especie de relación autoabusiva en la que se dicen constantemente que no deberían tener ciertos pensamientos y sentimientos, y que deberían cambiarlos para sentir que lo están haciendo «bien» o que son lo suficientemente buenos. En casos así, utilizas el trabajo de reflexión contra ti misma.

Así como un martillo puede servir para construir una casa o para golpear la cabeza de alguien, el trabajo de reflexión funciona para liberarte o para construir una nueva prisión mental. No es moralmente superior sentirse siempre pacífico y positivo, ni siquiera es humanamente posible. Es completamente natural y normal, e incluso deseable, tener una mezcla de emociones positivas y negativas en tu vida. Sin toda la gama de emociones humanas, no tendrías una experiencia humana completa. Piénsalo bien: si pudieras presionar un interruptor para que solo sintieras emociones felices para siempre y nunca más tuvieras una negativa, ¿lo harías? Yo no. ¡Sería como vivir en *Las mujeres perfectas!* Quiero sentir emoción por las aventuras divertidas, tristeza cuando alguien que quiero muere, y miedo cuando un coche está a punto de atropellarme y tengo que apartarme rápido. Quiero todo el espectro.

A medida que realices los ejercicios de este capítulo, ponle atención a la idea de que «deberías» cambiar alguno de tus pensamientos. No importa cuánto trabajo de reflexión hayas hecho, a veces es un desafío cambiar un pensamiento que quieres cambiar, y otras, no deseas cambiarlo en absoluto. Tengo varios pensamientos que no son útiles y que todavía no quiero cambiar, y estoy bien con eso. Esto no es una búsqueda de la perfección; es solo un conjunto de habilidades que facilitan la vida. Estoy suscrita de por vida al plan del trabajo de reflexión, y estoy tranquila con eso.

Ejercicio: Profundicemos, ¿en qué estás pensando?

Ahora que hemos hablado de todas las objeciones que crea tu cerebro, exploremos exactamente cómo puedes ser consciente de tus pensamientos y evaluar cómo te hacen sentir. Cuando domines estas técnicas, estarás preparada para cambiarlos.

Nuestra mente consciente es como la punta de un iceberg. Solo percibimos lo que flota por encima de la superficie, que solo es una pequeña fracción de lo que está pasando en nuestra mente en un momento determinado.[2] Pero cuando tratamos de preguntarnos qué estamos pensando, a menudo no estamos seguras, especialmente cuando apenas conocemos esta habilidad.

Por suerte, hay una forma de saber lo que piensas. Lo único que tienes que hacer es escribirlo. Sé que suena demasiado sencillo, pero te sorprenderá lo que descubras mientras escribes, cuando no tenías idea de que lo estabas pensando. Deja que te enseñe cómo.

PASO 1

Programa un cronómetro por cinco minutos y empieza a escribir. Puedes usar lápiz y papel, una computadora, una máquina de escribir, un crayón..., lo que tengas a la mano. Si hay algo en particular que te preocupa, puedes escribir lo que piensas al respecto. O, simplemente, fluye. No pasa nada si tus pensamientos brincan, si no parecen lógicos o si son muy conscientes. La clave es seguir adelante sin corregir. Si tienes que hacerlo, puedes escribir: «No lo sé» una y otra vez hasta que salga algo nuevo. Sigue escribiendo y no te juzgues ni te corrijas.

Puedes hacerlo cuando te sientas tranquila, disgustada o emocionada, y no sepas muy bien por qué. Al principio, es completamente normal no tener ni idea de tus pensamientos cuando te sientes sensible, y puede que no seas capaz de acceder a ellos porque estás alterada y debes esperar para volver a escribir con más calma. Cuando lo hayas hecho suficientes veces, empezarás a identificar lo que piensas más cerca del tiempo real.[3]

PASO 2

Una vez que hayas escrito tus pensamientos, es hora de averiguar cómo te hacen sentir exactamente. Repasa cada uno de los que escribiste y reflexiona sobre ellos. Cerrar los ojos puede ayudarte a concentrarte. Literalmente «nombra» el pensamiento en voz alta en tu cerebro o visualiza su imagen. A continuación, examina tu cuerpo utilizando las técnicas del capítulo 2. ¿Qué sensaciones sientes en tu cuerpo? Anótalas e identifica los sentimientos que se corresponden con ellas (por ejemplo, ritmo cardiaco acelerado, cara caliente y dificultad para respirar significan ansiedad). Incluso puedes dibujar una pequeña flecha desde el pensamiento hasta la sensación.

Hacer este ejercicio repetidamente te ayudará a relacionar tus pensamientos con tus sentimientos, de modo que, más adelante, seas capaz de captar en tiempo real cómo un determinado pensamiento te provoca un determinado sentimiento.

Cada pensamiento que tenemos produce un sentimiento. Es una correlación 1:1. Podemos tener muchas ideas que produzcan la misma emoción. Pero, en mi experiencia como mi propia guía y enseñando a otras, un pensamiento no producirá más de un sentimiento. Si parece que está causando sentimientos múltiples, hay dos razones por las que puede suceder. La primera es que tu «pensamiento» es en realidad un conjunto de varios pensamientos condensados en una frase. Un pensamiento suele ser solo una frase.

Digamos que escribes: «Estoy tan cansada de decirles a mis hijos lo que tienen que hacer y que me ignoren. Debo de ser una madre terrible». En realidad, esta frase incluye tres pensamientos:

1. Estoy cansada de decirles a mis hijos lo que tienen que hacer.
2. Mis hijos me ignoran.
3. Debo de ser una madre terrible.

Es importante separarlos porque conducen a emociones diferentes. El pensamiento 1 podría conducir a la emoción de agobio o enojo. El pensamiento 2 puede provocar tristeza o enojo. El pensamiento 3 generará ansiedad o vergüenza. No hay una emoción «correcta» para un pensamiento; cada cerebro responde a las mismas palabras de maneras diferentes. Pero si alguna vez haces este ejercicio y descubres que, cuando piensas en una cosa, te invaden múltiples sentimientos, probablemente no has desmenuzado la idea en sus partes constituyentes.

La otra razón por la que parece que un pensamiento está causando múltiples emociones es tener otro pensamiento in/subconsciente. Por ejemplo, digamos que cuando piensas: «Estoy cansada de decirles a mis hijos lo que tienen que hacer», te sientes agotada y enojada. Pero, sin duda, se trata de un único pensamiento consciente, y ya comprobaste que juntaste varios en una sola frase. En ese caso, hay un pensamiento subyacente al que nombras. Tiene sentido experimentar agotamiento por este pensamiento, sin embargo, también puede surgir ira. Una buena pregunta que puedes hacerte para averiguar qué pensamiento puede haber debajo de otro es «¿Por qué me enojo por eso?». En este caso, cuando te lo preguntes, puede que la respuesta sea «¡Porque mis hijos me están faltando al respeto!». Ahora tenemos el pensamiento que realmente te provoca ira.

¿Y por qué necesitamos emparejar nuestros pensamientos con las emociones que provocan? Porque nos ayudarán a entender *cómo nos comportamos*.

Cómo nuestros pensamientos impulsan nuestro comportamiento

Estaría bien creer que cada vez que hacemos o dejamos de hacer algo es gracias a nuestras decisiones perfectamente razonadas.

Pero, de hecho, son nuestros pensamientos los que crean nuestras emociones, y esas emociones son las que en última instancia impulsan nuestras acciones, sean racionales o no. Piensa en todas las veces que te has encontrado actuando por un sentimiento impulsivo: enviando un mensaje de texto del que luego te arrepentiste; comprando algo que no necesitabas; comiendo, bebiendo o drogándote porque te sentías mal y querías adormecerte, y sintiéndote aún peor al día siguiente. Y piensa en todas las cosas que hacemos para intentar evitar los sentimientos que no queremos tener. Renunciamos a trabajos, dejamos relaciones, incluso nos mudamos al otro lado del país solo porque nos sentimos de una manera y pensamos que, si realizamos estas acciones, podríamos sentirnos de otra manera. Una vez tuve una clienta que me contrató porque había dejado un trabajo para empezar otro nuevo; odiaba el nuevo trabajo y volvió al anterior, seguía odiando el anterior y volvió al nuevo otra vez, y estaba a punto de dejar el nuevo trabajo OTRA VEZ y volver al anterior cuando, afortunadamente, se dio cuenta de que necesitaba ayuda con su cerebro.

Si la conexión pensamiento-emoción es más como un camino que conduce directamente de un punto a otro, la conexión emoción-acción se parece más a una rotonda de la que pueden salir muchos caminos. Un sentimiento es capaz de llevarte a realizar varias acciones diferentes. Un sentimiento positivo puede dar lugar a acciones que expresen o prolonguen ese sentimiento, y uno negativo, a acciones que intenten alejarse de él o cambiarlo. Algunos sentimientos nos hacen querer evitarlos, retraernos, escondernos o paralizarnos, lo que se parece más a una *inacción*, por lo que es importante observar también esas reacciones para tener una idea completa de cómo nos afecta una emoción.

He aquí un ejemplo. Recibes un correo electrónico. Por el asunto, ves que tu jefe te pide que te reúnas con él más tarde ese mismo día, sin indicarte el tema de la reunión. Piensas: «Oh, no, debo de haber hecho algo mal». Ese es el pensamiento. Puede que seas consciente de que lo estás pensando, o no. De cualquier manera, tu cuerpo reacciona al pensamiento con una respuesta de estrés. Se liberan hormonas en el torrente sanguíneo que aceleran el ritmo cardiaco. El sistema nervioso central tensa los músculos. Experimentas la emoción de la ansiedad.

Entonces actúas con el fin de intentar alejarte de esa emoción. La acción que tomes dependerá mucho de quién seas, de tus hábitos y del resto de tus pensamientos. Puede que revises las redes sociales para distraerte; que envíes un mensaje instantáneo a tu mejor amigo del trabajo para que te explique de qué va a tratar la reunión o para que te vuelva a dar seguridad; que le contestes a tu jefe pidiéndole más información; o que empieces a mirar ofertas de trabajo en internet para convencerte de que te pueden contratar en otro sitio si te despiden. ¿Qué no debes hacer? ¿Qué acciones no debes emprender? Abre y lee el correo electrónico completo, reflexiona, céntrate en tu trabajo, averigua si realmente hay un problema y resuélvelo.

Todo esto depende de ti y de tu cerebro. En contraste con el ejemplo anterior, algunas personas, cuando leen un correo electrónico que los asusta, no lo evitan para nada. Lo abren presas del pánico, lo leen mientras la adrenalina aún recorre su cuerpo, malinterpretan lo que ocurre porque tienen pánico, sacan las cosas de contexto, responden precipitadamente y luego se arrepienten.

Su lista de cosas que no hicieron —regular su sistema nervioso, leer con calma, considerar una respuesta, etc.— sería totalmente diferente. Los comportamientos de las personas pueden variar mucho, pero la cuestión es que lo que ELIJAS hacer (o no hacer) en esa situación estará motivado por la sensación que tuviste, que fue creada por el pensamiento que cruzó tu mente.

Cuando no sabemos que nuestros pensamientos crean las emociones que luego motivan nuestro comportamiento, todo esto nos parece incontrolable. Tenemos emociones que nos parecen increíbles o intolerables, y queremos sentirnos así de bien o evitar sentirnos así de mal para siempre. Pero no tenemos ni idea de cómo hacerlo, así que intentamos manipular a las personas y las situaciones que nos rodean para conseguir más de esos buenos sentimientos o alejarnos de los malos. Por eso es tan difícil cambiar un hábito, aunque sea perjudicial, o intentar algo nuevo y aterrador, aunque realmente lo deseemos. La corteza prefrontal, la parte del cerebro dedicada al pensamiento de orden superior, observa los riesgos del hábito o los beneficios de la nueva actividad. Pero son las emociones las que realmente conducen el espectáculo e impulsan tus acciones, y si no has aprendido a recibirlas y procesarlas, como explicamos en el capítulo 2, siempre estarás a su merced.

Para cambiar tu forma de actuar, tienes que ser capaz de hacer dos cosas.

1. Comprender qué pensamientos y emociones impulsan tu comportamiento.
2. Cambiar el pensamiento y la emoción que están creando el comportamiento.

Es muy importante entender que no puedes saltarte la segunda. Cuando no nos gusta la forma en que actuamos, y especialmente nos avergonzamos y nos criticamos por actuar de esa forma, lo único que queremos es no volver a actuar así. Queremos saltarnos todo eso de la curiosidad compasiva de la que hablamos en el capítulo 1 y pasar directamente a los nuevos comportamientos. Pero es muy difícil cambiar algo que no entiendes. Si volvemos a nuestra comparación anterior, no se puede arreglar un refrigerador que gotea sin abrir el panel de control para ver dónde está la falla. Del mismo modo, no puedes cambiar eficazmente tus acciones sin entender qué pensamiento y emoción las están impulsando.

Ahora quiero que vuelvas a las parejas de pensamientos y sentimientos que creaste en el paso 2 del ejercicio de la página 102. Por cada par, pregúntate qué haces o dejas de hacer cuando te sientes así y escribe tus respuestas. Un pensamiento es una frase y un sentimiento suele ser una palabra, pero cuando escribes tus acciones o inacciones, suele haber *muchas* para cada emoción. Es totalmente normal. No hay ninguna acción o inacción correcta o incorrecta que vincular a una emoción determinada. Depende por completo de lo que sientas y de tus circunstancias, tus hábitos, tus tendencias, etc. No se trata de hacerlo «bien», sino de que te conozcas mejor y seas más consciente de cómo actúas, cómo no actúas y por qué.

También puedes utilizar esta técnica para trabajar en retrospectiva, si hay una acción que quieres dejar de hacer en tu vida o una que quieres implementar, pero parece que no puedes poner en práctica. Trabaja en retrospectiva para averiguar qué sentimiento está impulsando ese comportamiento, y luego qué pensamiento está creando ese sentimiento.

Por ejemplo, quizá quieras pedir un ascenso en el trabajo, y aunque llevas años deseándolo, no lo has pedido. Te repites a ti misma un montón de razones: no es el momento adecuado, no estás preparada para un cambio, tu jefe parece estresado. Obligarte a llevar a cabo algo que no has sido capaz de hacer será un ejercicio inútil. En lugar de eso, empieza por la acción que no estás haciendo: no has pedido un ascenso. Trabaja en retrospectiva y pregúntate: «¿Qué sentimiento me está impidiendo realizar esa acción?». Puede ser ansiedad o miedo. A continuación, retrocede desde ese sentimiento y pregúntate qué estás pensando. La respuesta podría ser «Si pido un ascenso y no lo consigo, significa que no soy lo bastante buena», o «No quiero que mi jefe piense que soy codiciosa»; dos pensamientos que, por cierto, la socialización enseñó a tener.

Una vez que hayas identificado las creencias que te impiden solicitar un ascenso, piensa en cómo cambiarlas. En primer lugar, pregúntate cómo tendrías que sentirte para pedirlo; probablemente confiada o segura. A continuación, pregúntate qué tipo de pensamientos te ayudarían a crear esa emoción. Puedes utilizar la herramienta de la escalera del pensamiento que introduzco en la siguiente sección para poner en práctica algunos pensamientos que te ayudarán a llegar a ese sentimiento.

Cómo tener nuevos pensamientos (el secreto de la vida)

En broma llamo «el secreto de la vida» a saber cambiar tus pensamientos, pero en realidad no es una broma. En verdad creo que es el secreto de la vida. Si bien es un superpoder con el que no podría haber soñado antes de aprender a reprogramar mi cerebro, no llega con toda su fuerza de inmediato, del mismo modo que no esperas estar listo para un maratón cuando corres en una caminadora durante 15 minutos. El sistema que te voy a enseñar funciona, pero requiere esfuerzo y práctica constantes. Vamos a empezar poco a poco, porque, así como las pequeñas repeticiones se convierten en pesos más grandes con el tiempo, los pequeños pasos en el cambio de tus circuitos neuronales se suman a los grandes cambios en el tiempo.

Permíteme presentarte la herramienta que cambió mi vida. La creé durante mi preparación como *coach* magistral y se la he enseñado a miles de mujeres desde entonces. Se llama «la escalera del pensamiento». La escalera del pensamiento te lleva de un pensamiento actual a lo que te gustaría creer. Es un ejercicio útil tanto para cambiar cualquier pensamiento que tengas como para creer en cualquier otro que quieras. Pero primero tienes que saber lo que no puedes hacer. **No es posible dejar de tener un pensamiento antiguo de golpe.** Tu cerebro no tiene un mecanismo para lograrlo. Incluso para saber lo estás pensando, tienes que haber sido consciente de él, lo que implica pensar en él. Una vez que se ha establecido una vía neuronal, no se le puede gritar al cerebro que deje de utilizarla; es como decirle a un perro que ha sido condicionado a caminar por una ruta determinada que ya no lo haga. No funciona. En cambio, tienes que crear una *vía neuronal nueva*; es decir, un nuevo pensamiento o patrón de pensamiento y practicarlo. Con el tiempo, el nuevo patrón de pensamiento se convertirá en el circuito neuronal dominante. En este punto entra en juego la escalera del pensamiento.

Ejercicio: La escalera del pensamiento

PASO 1: IDENTIFICA TU PENSAMIENTO ACTUAL

Para empezar, dibuja una escalera en un papel. Yo no soy dibujante y tú tampoco tienes que serlo. Simplemente dibuja dos líneas verticales paralelas con algunas líneas horizontales entre ellas.

Ahora tenemos que elegir el pensamiento que vamos a cambiar. Se trata de un pensamiento que crees actualmente y que te hace sentir mal o te genera sentimientos o acciones incómodas. Digamos que quieres trabajar con tu imagen corporal. Te das cuenta de que te sientes mal por tu aspecto en una foto de la playa en la que alguien te etiquetó, así que comienzas una descarga de pensamientos. Uno de los pensamientos que anotas es «Odio mis muslos». Coloca tu pensamiento actual («Odio mis muslos») al final de la escalera, debajo de los peldaños.

Sea cual sea el pensamiento que estés trabajando, sé honesta con lo que piensas y no juzgues nada. Todas, por ejemplo, hemos oído la idea de que «deberíamos» amar nuestro cuerpo. Queremos hacerlo. No queremos ser personas que creen las cosas terribles que la sociedad y la publicidad nos dicen sobre nosotras mismas. Además, no queremos admitirle este pensamiento a nuestra conciencia porque crearía una emoción muy dolorosa. Por eso, si nos damos cuenta de que estamos pensando algo como «Odio mis muslos», tenemos el instinto de fingir que no es cierto. Sin embargo, sí lo estamos pensando y por eso nos sentimos tan mal. Permítete ser sincera.

PASO 2: ELIGE TU PENSAMIENTO META

Sabemos de dónde partimos. Ahora bien, ¿hacia dónde queremos ir? Como dije antes, no es posible simplemente dejar de pensar algo diciéndote que pares. Tenemos que sustituirlo por un nuevo pensamiento. Y para decidir qué pensamiento practicar a continuación, tenemos que saber cuál es nuestra meta final de pensamiento. Si estás en medio del campo y te dices: «Solo quiero ir a algún lugar», no sabrás qué hacer; pero si te dices «Vamos hacia la carretera», ahora tienes un objetivo. Por eso se nos ocurre un pensamiento meta para ponerlo en lo alto de la escalera. Es uno que desearías creer, pero que aún no crees.

Puede que ya tengas este pensamiento en mente. En lugar de pensar: «Odio mis muslos», te gustaría creer «Me encantan mis muslos» o «Tengo unas piernas fuertes y bonitas». Si aún no tienes un pensamiento meta en mente, puedes deconstruirlo, empezando con una emoción, un comportamiento o un resultado deseado. Si reconoces que quieres crear un sentimiento específico, empieza por ahí y trabaja en retrospectiva hasta tener algunas ideas de los pensamientos que podrían crearlo. En el ejemplo de la imagen corporal, podrías preguntarte: «¿Cómo quiero sentirme con mi cuerpo?». Si la respuesta es «Segura», entonces responde: «¿Qué pensamiento o creencia me haría sentir segura?» o «¿Qué imagino que piensan las personas que se sienten seguras con su cuerpo?». Si hay un comportamiento que quieres cambiar, puedes retroceder hasta llegar a la emoción y luego al pensamiento. Incluso puedes empezar con un retorno que quieras crear en tu vida —como hice yo con la publicación de este libro— e ir de reversa hasta llegar a las acciones necesarias para crear ese retorno, así como a los sentimientos y pensamientos que serán necesarios para motivar esas acciones.

El pensamiento meta no es una ecuación correcta o incorrecta. Es un ejercicio imaginativo para que tu cerebro practique visualizar el futuro mental y emocional que deseas, y para darte un objetivo hacia el cual ir. Es fundamental comprender que el pensamiento meta es un pensamiento que aún no crees. Por eso va en la parte superior de la escalera: es la olla de oro al otro lado del arcoíris. Vamos a utilizar el resto de los peldaños de la escalera para llegar hasta allá.

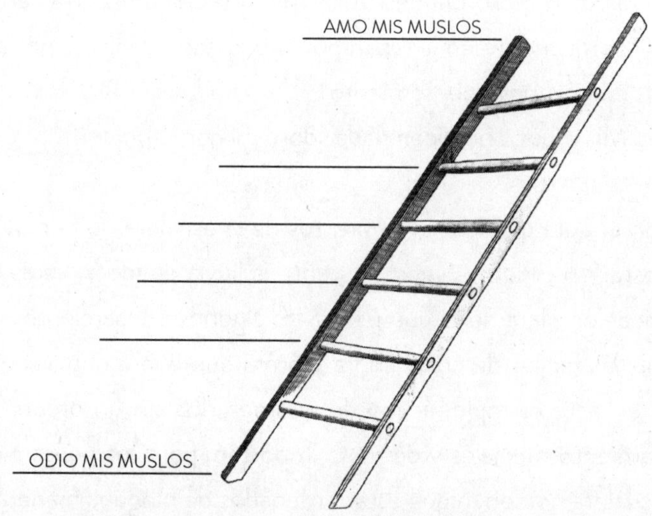

PASO 3: HAZ UNA LLUVIA DE IDEAS DE LOS PENSAMIENTOS DE LA ESCALERA

La pregunta del millón es cómo llegar desde la base de la escalera, o nuestro pensamiento actual, hasta la cima, o nuestro pensamiento meta. Hay un par de enfoques diferentes, pero lo esencial es que tienes que hacer una lluvia de ideas sobre los pensamientos intermedios, o los peldaños que conducen de tu pensamiento actual al que desearías tener. Para nuestro ejemplo, algunas opciones podrían ser las siguientes.

- Es posible que mi cerebro esté siendo demasiado criticón con mis muslos.
- Mis muslos no son lo único importante de mí.
- Muchas personas tienen muslos como los míos y aun así encuentran el amor (solo tiene sentido si te estás diciendo a ti misma que tu cuerpo es un obstáculo para salir con alguien, pero puedes utilizar esta técnica en otras áreas, enfocándote en la razón por la que estás molesta por algo con el nuevo pensamiento).
- Mis muslos no dicen nada sobre mí como persona.

Ten en cuenta que los pensamientos de la escalera no tienen por qué estar en orden. A veces, durante la lluvia de ideas, verás una clasificación clara de lo que pensaste; algunos pensamientos que serán más fáciles de creer ahora y otros que habrá que alcanzar. Pero en este ejemplo, acabo de enumerarlos sin un orden. Los pensamientos iniciales y de meta importan, pero los pensamientos escalera no tienen que estar ordenados de ninguna manera en particular. Tampoco necesitas un número específico de pensamientos/peldaños. Te recomiendo que hagas una lluvia de ideas de, al menos, dos o tres pensamientos para que pruebes algunos. Todo depende de ti.

La parte más importante de este ejercicio es encontrar pensamientos en la escalera que sean ligeramente más positivos que tu pensamiento actual, aunque sea por muy poco, y que puedas

AMO MIS MUSLOS
Es posible que mi cerebro esté siendo demasiado criticón con mis muslos.
Mis muslos no son lo único importante de mí.
Muchas personas tienen muslos como los míos y aun así encuentran el amor.
Mis muslos no dicen nada sobre mí como persona.
ODIO MIS MUSLOS

creer ahora mismo. La forma de comprobar si crees un pensamiento es decírtelo mentalmente y notar qué experimentas en tu cuerpo. Aquí buscamos pequeños cambios, no grandes. A veces se produce un gran cambio; si es así, estupendo, es una ventaja. Pero el objetivo es tener lo que llamo un «pensamiento 10% menos horrible».

Puedes practicar hasta notar ese 10% de diferencia de la siguiente manera: (1) trae a tu mente el pensamiento actual que te hace sentir fatal y observa cómo se siente tu cuerpo, y (2) trae el nuevo pensamiento y observa si se produce algún cambio en la sensación física. Si te sientes mejor —incluso un 10% más ligera, un poco más aliviada o un poco más relajada—, entonces lo creíste. Es absolutamente imprescindible que te centres en lo que sientes en tu cuerpo cuando realices esta prueba, la cual no se trata de si a tu cerebro se le ocurren objeciones o sigue creyendo en tus viejos pensamientos, sino de identificar si sientes un poco de alivio o alguna diferencia corporal con el nuevo pensamiento.

Si alguna vez has probado el «pensamiento positivo» y no ha funcionado, la razón es que, si aún no crees en una idea, repetirla no sirve de nada y, de hecho, puede hacer que te sientas peor.[4] Todas queremos creer inmediatamente en algo nuevo y asombroso, pero el cerebro no funciona así. No entrarías a un gimnasio e intentarías levantar 200 kilos si nunca has hecho ejercicio. Lo mismo ocurre con el cambio de pensamientos. Tienes que empezar con modificaciones pequeñas y sostenibles. Cuando intentas pensar algo en lo que no crees, no hay recompensa en tu cerebro; por lo tanto, no te motiva seguir pensándolo y, más bien, terminas sintiéndote peor porque «no está funcionando» y, a menudo, también te juzgas a ti misma.[5] Cada vez que he entrenado a alguien que dice que la escalera del pensamiento «no está funcionando», es porque eligió practicar pensamientos que desearía creer, no los que ya está lista para creer.

También puedes utilizar la escalera del pensamiento para cambiar un pensamiento que ya es positivo pero que quieres mejorar. Por ejemplo, de «Soy una jefa decente» a «Soy una líder increíble». La escalera del pensamiento se puede utilizar con cualquier pensamiento que desees cambiar. Con el tiempo, después de haber practicado mucho tu nuevo pensamiento, este se convertirá en tu pensamiento por defecto. Entonces podrás volver a utilizar la escalera para avanzar a uno todavía mejor.

PASO 4: CREA TU PROPIA ESCALERA DEL PENSAMIENTO

Juntemos todos los pasos.

1. Escribe algunos pensamientos que tengas actualmente y que desearías no pensar. Te recomiendo que cada vez que hagas

este ejercicio te centres en un área de tu vida, ya sea carrera, familia, autoestima, finanzas, relaciones o imagen corporal. Si no se te ocurre nada, escribe libremente sobre un área y, seguramente, encontrarás algo.

2. Elige uno de estos pensamientos actuales.
3. Trae un pensamiento meta en el que te gustaría creer. Debe ser algo en lo que aún no crees, pero que te gustaría o desearías creer.
4. Crea una escalera de pensamientos que te lleve desde tu pensamiento actual hasta tu pensamiento meta. Escribe el actual en la parte inferior, y el meta en la parte superior; a continuación, anota en los peldaños un par de pensamientos intermedios/neutrales que puedas creer y que te ayudarán a llegar a tu meta.

Algunos consejos para una lluvia de ideas sobre la escalera:

- Intenta añadir un adverbio como «a veces» u «ocasionalmente» a tu pensamiento meta. ¿Puedes creer que, aunque no seas perfecta, tampoco eres terrible todo el tiempo? Por ejemplo: «A veces soy una buena hija».
- Intenta añadirle una declaración de intenciones como «Estoy abierta a creer» o «Estoy aprendiendo a creer» a tu pensamiento meta. ¿Puedes creer algo con esta formulación? Por ejemplo: «Estoy abierta a creer que soy inteligente».
- ¿Hay alguna forma de centrarte en el proceso o en la experiencia de aprendizaje más que en el destino? Por ejemplo: «Estoy aprendiendo a ser una mejor artista cada día».

- Si el pensamiento negativo se refiere a ti o a otra persona, ¿puedes describirlo en términos más neutros? Por ejemplo: «Esa es mi barbilla» o «Mi jefe existe».
- ¿Hay alguna forma de crear una versión del pensamiento que se refiera en general a quienes comparten esa característica contigo? Por ejemplo: «Algunas mujeres gordas encuentran el amor» o «La gente puede ser buena en su trabajo, aunque cometa errores».

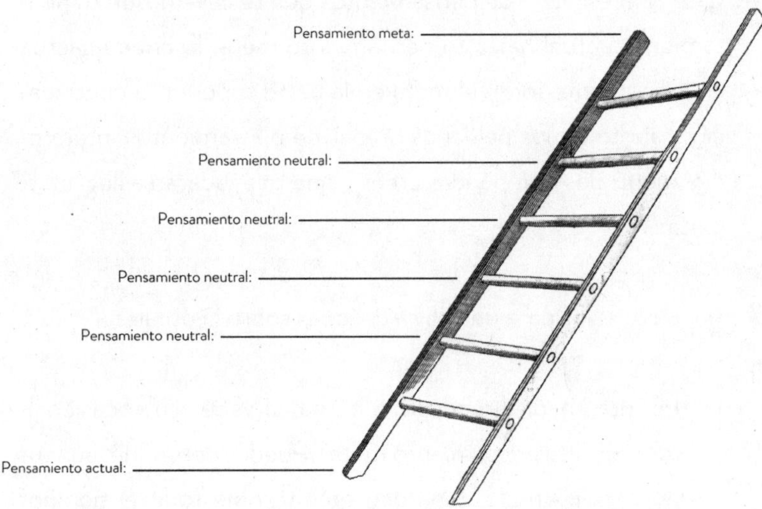

Puedes llenar esta escalera en blanco.

PASO 5: PON A PRUEBA TUS PENSAMIENTOS

Una vez que hayas encontrado algunos pensamientos neutrales, léelos de uno en uno mientras controlas tu cuerpo. Asegúrate de pensar solo en ese pensamiento y luego controla tu cuerpo; no sigas a tu cerebro hacia más pensamientos.

PASO 6: ELIGE UN GANADOR

Elige el pensamiento que más te guste y que también cree un pequeño cambio en tu cuerpo.

Si no puedes dejar de pensar en algo, tienes que pensar en otra cosa.

Sé que ya te lo dije, pero vale la pena repetírtelo: **No puedes dejar de pensar en algo de la nada**. No puedes decirte a ti misma que no pienses. Darte cuenta de que un pensamiento no es útil o verdadero no hará que tu cerebro deje de tenerlo. La única manera de cambiar intencionalmente un pensamiento específico es practicar pensar en otra cosa, una y otra vez, hasta que esa nueva vía neuronal se vuelva dominante.

Por eso, la última pieza del rompecabezas, una vez que se te haya ocurrido un nuevo pensamiento, es PRACTICARLO. Establece recordatorios para practicar. Pega una nota adhesiva en tu computadora. Pon una alarma en tu teléfono. Escríbelo en tu espejo. Conviértelo en tu contraseña y escríbelo varias veces al día. Utiliza una aplicación que reproduzca el pensamiento. Establece los recordatorios que se te ocurran para poner en práctica el nuevo pensamiento.

El Gran Cañón fue formado por un río durante un periodo larguísimo. Tu viejo pensamiento es una amplia llanura de roca, y aunque un nuevo pensamiento comienza como una sola gota, si lo practicas constantemente, con el tiempo puede transformar esa roca en un cañón. Un nuevo pensamiento puede llegar a ocupar el lugar de uno viejo y volverse automático, solo necesitas verter el agua (es decir, el pensamiento) una y otra vez en el nuevo camino hasta que se convierta en el nuevo hábito. La verdad es que el pensamiento neutro no será como uno positivo, y eso está bien por ahora. Con el tiempo, quizás tengas pensamientos positivos que reemplacen completamente los negativos que tienes ahora.

Entender cómo crear conciencia del ciclo pensamiento-emoción-comportamiento y cómo cambiar tus pensamientos es la clave para todo lo que quieras crear en la vida. Cada escalera del pensamiento cierra un poco más la brecha mental. Cuando aprendí que podía cambiar lo que pensaba, fue el momento en que un futuro completamente nuevo se desplegó ante mí. He logrado, creado y disfrutado más de lo que jamás pensé que podría con solo usar las herramientas de este capítulo. Cuando practiques tu misma cómo crear nuevos pensamientos y traerlos a tu mente, te sorprenderás de los cambios en tu vida y tu impacto en el mundo que te rodea.

CAPÍTULO 4

RECUPERA TU PODER

Una de las formas más nocivas en que la socialización se nos mete en la cabeza es enseñándonos que no tenemos control sobre nuestra vida. A los hombres se les hace creer que pueden lograrlo todo. ¡Sal y aprovecha el día! Pero a las mujeres nos socializan para que creamos que debemos esperar a ser elegidas, protegidas o favorecidas por los hombres, el destino, la sociedad o quienquiera que esté supuestamente a cargo de nuestra vida. Nos enseñan que, si trabajamos duro, alguien se dará cuenta y nos dará un aumento; si nos entregamos por completo a nuestros hijos, algún día apreciarán nuestro amor; si nos moderamos y nos ponemos guapas, seremos elegidas por un hombre y por fin nos querrán (tan solo escribir esto me hizo querer vomitar un poco). Cuando actuamos de acuerdo con estas creencias, aumentamos la brecha mental entre lo que queremos creer y lo que realmente sentimos, así como su impacto en el mundo.

Esta socialización hace que muchas nos sintamos como mi clienta Samantha. Ella me dijo:

> Antes de aprender a cambiar mi forma de pensar, batallaba mucho emocionalmente en mi vida diaria. Mis días estaban controlados por lo que «me estaba pasando». Nunca me preocupaba por mí y tenía grandes problemas de autoestima sin motivo aparente. Soy una empresaria exitosa, me compré una casa y el coche de mis sueños, ahorraba e invertía dinero, y a menudo realizaba actividades divertidas y viajaba con amigos y familiares, todo ello a mis veinte. Sin embargo, constantemente me costaba sentirme bien conmigo misma y disfrutar de las cosas por las que tanto trabajé. Mi autoestima estaba ligada a otras cosas y a otras personas. Un mal pensamiento podía destruir mi día y sumirme en una espiral de pensamientos cada vez peores. Tenía mucho trabajo por hacer en varias áreas de mi vida, pero no sabía por dónde empezar.

Puede ser un alivio saber que la brecha mental es la razón por la que nos sentimos así, pero a veces esta conciencia es contraproducente y nos hace creer que no hay manera de ganar. Y tal vez es cierto, la sociedad nos pone obstáculos que no podemos superar. Pero el mundo nunca es una sola cosa; nunca estamos completamente desamparadas. Siempre podemos decidir cómo responder a las circunstancias que nos rodean. Tenemos el poder de decidir cómo pensar y sentir sobre lo que está sucediendo y cómo marcar la diferencia en nuestra propia vida. No controlamos todo lo que ocurre en el mundo, pero podemos influir en él y crear cambios en nuestra propia vida que superen por mucho nuestras creencias sobre lo que es posible.

En este capítulo vas a aprender a utilizar a propósito tus pensamientos para crear los resultados que deseas en tu vida, incluso cuando todo parece estar en tu contra. Samantha lo logró, y tú también puedes; ahora su vida es completamente diferente:

> Mi relación conmigo misma ha dado un giro de 180°. Darme cuenta de que yo tenía el control fue alucinante y me empoderó muchísimo. Ahora, navego mi vida diaria y mis experiencias sin tantos altibajos drásticos. Me siento mucho más estable y en sintonía conmigo que antes. Mis logros no me definen, y no atribuyo mi valor a las cosas ni a las personas. En verdad estoy aprendiendo a quererme y a todas mis imperfecciones, mientras construyo mi autoestima desde adentro. Todo esto ha mejorado drásticamente mi calidad de vida, mis relaciones con los demás y, lo que es más importante, mi relación conmigo misma. No ha sido de la noche a la mañana, pero con esfuerzo y constancia he podido cambiar por completo mi forma de ver las cosas y la manera en que se desarrolla mi vida.

¿QUIÉN GOBIERNA EL MUNDO?

Los humanos se han atormentado por miles de años preguntándose si existe el destino o si el azar rige nuestra vida. No tengo la respuesta (¡vaya sorpresa!). Lo que sí sé es que las mujeres suelen subestimar el poder que tienen en su propia vida. La sociedad nos enseña a hacerlo. Pero tenemos mucho más control sobre nuestros resultados de lo que nos hacen creer.

Al mismo tiempo, no es útil fingir que no existen fuerzas más allá de nuestro control. Hay muchas cuestiones estructurales en la vida que no podemos controlar personalmente: hay sexismo en las políticas de baja parental; hay racismo contra los negros en el sistema de justicia penal; tu jefe puede acosarte sexualmente y salirse con la suya; tus hijos pueden ser excluidos injustamente en la escuela.

Y también están los tipos de desafíos y pérdidas eternos que incluye la vida humana en cualquier contexto. Las personas a las que queremos envejecerán o enfermarán y nos dejarán antes de tiempo. Pasaremos por momentos difíciles en nuestra propia vida que pueden afectar nuestra salud, nuestras relaciones o nuestra actividad profesional. Hallaremos amor y lo perderemos; nuestros seres queridos lucharán contra su salud física y mental; experimentaremos contratiempos en nuestro trabajo o en nuestras actividades creativas. Experimentaremos todos los golpes, moretones y heridas que conlleva ser humano.

Nuestros pensamientos, sin embargo, marcan una gran diferencia en cómo afrontamos esas cosas. No es revictimizante sugerir que la forma en que interpretamos los retos de nuestra vida va a influir en nuestra experiencia con ellos. Uno de los defensores más elocuentes de esta creencia fue Viktor Frankl, neurólogo, psiquiatra y filósofo judío que fue deportado a varios campos de concentración por los nazis durante la Segunda Guerra Mundial. Los campos de concentración se crearon para asesinar en masa a los judíos y a otras poblaciones que los nazis consideraban «inferiores», como las personas LGBT, los gitanos, los discapacitados y los opositores políticos. Los campos fueron horribles, millones de personas (incluidos niños) murieron en las cámaras de gas y otras padecieron hambre, privaciones y trabajos forzados. La madre, el hermano, el padre y la esposa de Frankl murieron en los campos.

Frankl sobrevivió a estos horrores y después escribió un libro titulado *El hombre en busca de sentido*. En él expuso su teoría de la logoterapia, que consiste en la idea de que nuestra motivación principal es encontrar o crear un sentido para nuestra vida, y que la conexión con ese sentido o propósito es lo que permite a las personas afrontar retos insuperables. Frankl había empezado a desarrollar esta teoría antes de la guerra, y sus experiencias durante el Holocausto le confirmaron que, como escribió en su célebre obra, «al hombre se le puede arrebatar todo salvo una cosa: la última de las libertades humanas, la elección de la actitud personal ante un conjunto de circunstancias para decidir su camino».[1]

En otras palabras, no importa lo que nos encontremos, siempre tenemos el poder de elegir qué pensar y creer al respecto. Lo que me parece tan poderoso del análisis de Frankl es que se refiere precisamente a los retos de la vida que son injustos, brutales u opresivos. Cuando pensamos en la resiliencia humana y en la capacidad de enfrentarse a lo inimaginable, sabemos que la fortaleza mental forma parte de lo que se necesita para sobrevivir e incluso, después, para prosperar. Nada de esto quiere decir que no debamos intentar cambiar los sistemas injustos u opresivos, o que no debamos cambiar o abandonar circunstancias de nuestra vida personal que son perjudiciales o que simplemente no son algo que queremos experimentar. La idea de esta actitud no es que debamos conformarnos con lo que la vida nos depare o aguantar cualquier tipo de maltrato, sino que, como escribió Frankl, «cuando ya no somos capaces de cambiar una situación [...] tenemos el reto de cambiarnos a nosotros mismos»[2] (la palabra clave es «cuando»).

Los problemas estructurales —como el racismo en la policía o el sexismo en el lugar de trabajo— sin duda existen, pero no lo son todo. Los seres humanos son increíblemente resistentes. A lo largo de la historia han sobrevivido a cosas inimaginables y han salido adelante. Tenemos que cambiar la injusticia sistémica, así como nuestra mente para poder creer en nuestra capacidad de crear sentido y una vida intencional incluso en un mundo imperfecto. La revolución no llegará la semana ni el año que viene, de todos modos, nuestros cerebros tienen que idear las estrategias que crearán cualquier revolución que busquemos en el mundo. En otras palabras, necesitamos liberarnos de adentro hacia fuera y crear un mundo diferente a nuestro alrededor. Cerrar la brecha mental no consiste en cambiar nuestros pensamientos de manera aislada, sino de cambiarlos para cambiar nuestra vida, y también el mundo que nos rodea.

Ahí es donde entra la última pieza del modelo de cambio de pensamiento: tus *retornos*.

TODA INVERSIÓN GENERA UN RETORNO

Tus acciones no desaparecen; afectan a las personas, a las cosas y a las circunstancias externas, lo que significa que tus pensamientos —al crear tus sentimientos, que a su vez crean tus acciones— influyen en tu experiencia de la vida y en los resultados que creas.

Aprender esto de mi profesora Brooke cambió mi vida. La idea de que podía decidir lo que quería crear en el mundo y luego trabajar en retrospectiva, a través de mis acciones, sentimientos y pensamientos para empezar a hacerlo realidad, fue alucinante. Aprendí esto como la idea de que «tus pensamientos crean tus resultados». Con los años, mi visión personal de cómo nuestros pensamientos afectan al mundo ha evolucionado, por lo que ahora utilizo mi vocabulario para describir la relación entre nuestros pensamientos y nuestro mundo. Pero el concepto central que aprendí de ella (que el ciclo pensamiento-emoción-conducta de la terapia cognitivo-conductual influye en cómo experimentas el mundo y en los resultados que creas en tu vida) sigue siendo la base fundamental de mi marco de trabajo.

Por desgracia, otras personas también han enseñado esta idea de forma distorsionada. Si has visto videos de autoayuda en Instagram, estos reproducen la idea de que tus pensamientos crean tu realidad. Me parece una versión demasiado simplificada del concepto, y no está articulada de un modo que defina claramente a qué nos referimos cuando decimos «realidad». Nuestros pensamientos crean nuestra experiencia sobre ella, porque la «realidad» (sea lo que signifique) se filtra en nuestro cerebro, que interpreta todos los estímulos y responde a ellos en nuestro nombre. Nuestros cerebros crean nuestra interpretación y experiencia del mundo, así que, en ese sentido, crean la realidad tal y como la experimentamos. Sin embargo, esta idea ha sido utilizada erróneamente para dar a entender que todo lo que nos sucede es producto de nuestros pensamientos, en una especie de sentido místico mágico, al punto de que algunos de los llamados maestros espirituales sostienen que, si eres víctima de una agresión sexual o contraes cáncer, es a causa de tus pensamientos.[3] Creo en la conexión mente-cuerpo, pero no contraes cáncer (ni provocas una agresión sexual, ni alguna otra experiencia horrible) con tus pensamientos.

Lo que sí creas es tu propia interpretación, evaluación y significado de lo que te ocurre, porque los cerebros humanos son máquinas de crear significados. A su vez, esas interpretaciones, evaluaciones y significados son pensamientos que crean tus emociones, las cuales, como hemos aprendido, impulsan tu comportamiento, el cual produce beneficios en tu vida. Constantemente inviertes tiempo y energía en tus patrones de pensamiento consciente o in/subconsciente, y esas inversiones se traducen en retornos para tu vida. Cuando decides invertirlos de forma inconsciente, pueden generar retornos negativos o sabotear tus intentos de cambiar tus hábitos o resultados. Sin embargo, cuando los tomas con conciencia, pueden crear más retornos positivos, ayudándote a cambiar tu vida.

Por ejemplo, mi clienta Andrea, que trabajó conmigo hace varios años, acudió al *coaching* porque, en sus propias palabras, sentía que «estaba bajo el agua todo el tiempo». Se sentía fuera de control, agotada, siempre trabajando y, de alguna manera, siempre atrasada: «Mi esposo siempre estaba enojado conmigo porque yo no conseguía los resultados que él quería para nuestra vida, y yo intentaba encontrar la manera de mantener la paz en casa. Estaba segura de que, si me arreglaba a mí misma, todo mejoraría».

Al aprender a identificar los mensajes sociales que habían impactado en su cerebro, Andrea fue capaz de averiguar hasta qué punto la vergüenza y el miedo la estaban condicionando. Empezó a aprender a sentir compasión por sí misma, y finalmente se dio cuenta de que no podía hacer felices a los demás y que tenía que prestar atención a sus preferencias, valores y alegría. Comenzó a cerrar su brecha mental al cambiar su forma de pensar.

¿Y qué pasó? Dejaré que ella te lo cuente:

> Mi vida ha cambiado por completo. Entré al *coaching* con la esperanza de que me ayudara a gestionar mejor mi vida, pero lo que en realidad sucedió fue que descubrí que no podía esforzarme lo suficiente ni ser lo bastante perfecta para hacer que esa vida funcionara. Por fin reconocí por mi cuenta que mi matrimonio de 15 años era emocionalmente abusivo. Me divorcié, me mudé a otra ciudad por capricho y encontré una profesión estable para mí y una relación con alguien que me quiere y me valora por quien soy.

Todo este libro surgió del mismo proceso de pensamiento-emoción-comportamiento-retorno. Tuve la idea de que quería escribir un libro. Eso creó un sentimiento de motivación. Ese sentimiento impulsó las acciones necesarias para hacerlo realidad: escribir una propuesta, encontrar un agente, firmar un contrato, redactar un manuscrito. Y cada acción o inacción que tomé en relación con el libro fue impulsada por su versión del proceso. Así que mi retorno en cada elemento de este proyecto variaba en función de mis pensamientos. Si pensaba que me entusiasmaba escribir y que sabía exactamente lo que tenía que decir, me sentía segura y escribía con facilidad, lo que generaba el retorno del progreso y la confirmación de que podía lograrlo. Si pensaba que no quería escribir un capítulo concreto porque me sentía confundida, entonces me daba por evitar el proyecto y lo dejaba para más tarde, creando el retorno de retraso en el libro. Por eso, la falta de progreso se convirtió en una «prueba» más de mis pensamientos negativos de desconfianza y confusión continua sobre mí, y me «demostró» que estaba confundida y no sabía qué hacer («prueba» y «demostró» están entre comillas porque no eran evidencias objetivas: eran los retornos de pensar de una determinada manera).

Se trata de un paradigma basado en la realidad. Hay diversos factores que afectan los retornos de nuestras inversiones de pensamiento, porque la vida es impredecible. Si mi editorial hubiera quebrado mientras yo escribía este libro, no lo habrían publicado. Puede que quieras que te asciendan a vicepresidenta antes de cumplir los cuarenta, pero estás en un trabajo en el que la persona encargada de los ascensos quizá piense que las madres trabajadoras no se dedican lo suficiente a sus carreras y que no deberían ser vicepresidentas. O quizá tienes pensamientos y sentimientos increíbles sobre tu relación, y de pronto tu pareja te deja inesperadamente.

El objetivo de reprogramar tu cerebro no es pretender controlar todo lo que nos rodea. Se trata de crear una mayor resistencia emocional ante los altibajos de la vida y de ayudarte a ver con más claridad lo que *sí* puedes controlar. Quizá no seas vicepresidenta de esa empresa a los cuarenta, pero ¿vas a renunciar a tus objetivos? ¿O vas a creer en ti, dar un giro y conseguirlo en otro lugar a los cuarenta y cinco? Quizá no vayas a casarte con esa pareja. ¿Vas a asumir que nadie te amará y no volverás a tener citas? ¿O vas a lamerte las heridas, tomarte un descanso y, luego, volver a salir y crear la relación duradera e increíble que quieres?

La diferencia en cada uno de estos escenarios no es un defecto o virtud profunda del carácter. Se trata simplemente de los pensamientos de la persona y del retorno que genera esa inversión de energía mental.

LOS RETORNOS QUE PUEDES CONTROLAR

No puedes controlar a las personas, pero sí puedes controlar cómo hacerles frente. Mi clienta, Marie-Paule, acudió a mí porque una relación laboral estresante se apoderaba de su vida:

> Mi relación con esta persona repercutía en todos los aspectos de mi vida. En el trabajo me sentía estresada cada vez que recibía un correo electrónico, por miedo a que estuviera lleno de quejas. Pensaba que cada reunión sería un enfrentamiento y, por lo tanto, pasaba horas preparándome para evitar una pelea (¡pero nunca funcionaba!). Estaba agotando la paciencia y la compasión de mi pareja porque no paraba de agobiarme el tema. Trabajaba horas extra para completar las tareas que no podía terminar durante mi jornada laboral normal porque pasaba mucho tiempo preparando reuniones o releyendo correos electrónicos para evitar conflictos con ella. Esto me quitaba el sueño, ¡era agotador! Tanto esfuerzo para tan poca recompensa, y mientras tanto, seguía estresada con todo este drama.

Pero Marie-Paule utilizó las prácticas que te enseño en este libro para empezar a cambiar la forma en que su cerebro le respondía a esa persona. Las herramientas le ayudaron a decir: «No tengo que agradarle a todo el mundo y puedo estar bien con no caerles bien a los demás (¡qué sorpresa!)».

¿Y qué pasó? La historia es totalmente distinta, incluso cuando su compañera de trabajo no ha cambiado. Marie-Paule cuenta: «Obviamente, mi problema con ella no desapareció por arte de magia, pero aprendí herramientas que me ayudan a lidiar en muchos niveles diferentes, como aceptar que ella es responsable de sus reacciones, darme cuenta de que yo no provoco sus sentimientos (¡aunque ella piense que sí!) y entender los pensamientos específicos que causan mis sentimientos y cambiarlos si quiero».

La cierto es que no tú no provocas todo lo que te sucede; en la vida ocurren muchísimas cosas que están fuera de tu control. Pero también es cierto, como descubrió Marie-Paule, que tienes mucho más *impacto* en tu vida de lo que crees por dos aspectos fundamentales.

En primer lugar, tú controlas el significado que le das a lo que te ocurre; controlas lo que decides creer. Puede que no tengas el control de tus procesos de pensamiento iniciales: nuestros cerebros «escupen» pensamientos desde el in/subconsciente sin consultarlos primero con ningún tipo de comité de positividad y utilidad. Pero tú tienes el control sobre cómo reaccionas ante esos pensamientos iniciales. ¿Te empeñas en ellos y los crees? ¿Inviertes tu energía mental en listar la evidencia sobre la veracidad de tus pensamientos dolorosos o inútiles? ¿O practicas cuestionar esos pensamientos y redirigir tu mente hacia otros mejores? Puede que los pensamientos iniciales no sean verdaderos o útiles, pero tú tienes el control para evaluarlos y trabajar para sustituirlos, o al menos para practicar recordarte a ti misma que no son ciertos al 100% en todo momento.

En segundo lugar, tienes más capacidad de la que crees para influir en los resultados de tu vida. Si eres mujer o miembro de otra comunidad marginada, probablemente has asimilado muchas ideas poco útiles sobre tu potencial, capacidades, habilidades, valor e influencia en el mundo que te rodea. Hacer que nos sintamos impotentes beneficia a una sociedad desigual, porque significa que nos limitamos a aceptar lo que nos dan y no hacemos preguntas ni abogamos por nosotras mismas.

Cuando no cuestionas tus pensamientos y te limitas a creer lo que te enseñaron, esas creencias darán lugar a retornos que las refuerzan. Si crees que no puedes cambiar tu vida, no lo harás. Si crees que no puedes cambiar el mundo, no lo harás. No es física cuántica, ¿verdad? Si crees que no puedes hacer algo, ni siquiera lo intentas. Entonces te «demuestras» a ti misma que tenías razón y que no podías hacerlo. La mayoría de nosotras admitirá que así funciona en teoría y que otras personas tienen más opciones de las que pueden ver con sus mentes no controladas. Pero cuando se trata de nuestra vida, de repente nos decimos que no somos capaces y que todos nuestros pensamientos debilitantes son ciertos.

Por eso este modelo de pensamiento es tan poderoso. Nos ofrece una forma de entender qué retornos obtendremos de la energía que invertimos en nuestros procesos de pensamiento actuales, y nos permite ver qué retornos generaríamos si invirtiéramos nuestra energía en pensar de forma diferente. No solo nos da las herramientas para identificar la brecha mental en nuestras mentes y vidas, sino también para empezar a cerrarla.

ENTENDIENDO TUS RETORNOS ACTUALES

Cuando tienes pensamientos que te enseñaron a creer, obtendrás retornos que no elegiste a propósito. Algunos de ellos pueden salir bien, mientras que otros serán desastrosos. Es como jugar a la ruleta rusa con tu cerebro. Así que, antes de que te enseñe cómo crear retornos intencionalmente, tienes que entender qué retornos producen tus pensamientos actuales (¿ya notaste el patrón? La conciencia siempre tiene que preceder al cambio). En este capítulo vamos a juntar las prácticas que aprendiste hasta ahora para ser consciente de tus pensamientos, conectarlos con tus emociones y rastrearlos hasta tus acciones, y añadiremos la herramienta de evaluar tus retornos.

Primero tienes que escribir lo que piensas. Igual que en el ejercicio del capítulo 3, pon un cronómetro y durante cinco minutos escribe sobre algo de tu vida que te suponga un reto.

Ya que plasmaste todos tus pensamientos en un papel, empieza por separarlos y utiliza el marco pensamiento-emoción-comportamiento-retorno para ver cómo influyen en tu vida. Voy a incluir un ejemplo a continuación, utilizando el pensamiento: «Si le importara a mi amiga Jamie, me invitaría a sus cenas». Muchas mujeres sienten ansiedad en torno a sus amistades porque están socializadas para compararse con otras mujeres y creer que agradarles a otras personas es un indicador de su valor, lo que significa que suelen comparar sus amistades con otras o evaluar constantemente si sus amigas les «demuestran» su agrado. Este es un ejemplo perfecto de cómo surgen los retornos.

Paso 1: pensamiento

El pensamiento que estoy eligiendo evaluar es «Si le importara a mi amiga Jamie, me invitaría a sus cenas».

Paso 2: emoción

Ahora tengo que comprobar conmigo misma a qué emoción me conduce ese pensamiento. Esto depende mucho de cada cerebro. Algunas personas pueden pensar eso y sentirse enojadas; otras, pueden sentirse tristes. En mi caso, si lo pienso, me siento resentida.

Recuerda que un pensamiento genera una sola emoción. Cada emoción produce diferentes tipos de acciones o comportamientos, generalmente; si atribuyes más de una emoción, tal vez obtendrás acciones contradictorias que te confundirán. Siempre puedes realizar varias versiones de este ejercicio para distintos pares de pensamiento/emoción relacionados con el mismo tema.

Paso 3: comportamiento

A continuación, necesito tener una conversación muy honesta conmigo misma sobre qué acciones o inacciones están produciendo mi resentimiento. La curiosidad compasiva es clave en este punto. Tenemos que ser curiosas para ver realmente lo que está pasando en lugar de juzgarnos, pues el juicio evita que le prestemos atención al pensamiento. ¿Cómo actúo cuando siento resentimiento hacia una amiga? En mi caso, pienso en que esa persona no me trata bien. No pienso en su experiencia, su motivación o sus emociones; hago que todo sea personal y que signifique algo sobre mí. Tal vez miraré sus redes sociales para reforzarme que se está divirtiendo sin mí y, por lo tanto, que no le agrado (acción). No me pongo en contacto con ella para hacer planes (inacción). Puede que me sumerja en mi propia lástima e indignación, pensando en lo linda que soy con ella (sin darme cuenta, por supuesto, de que hacer toda esta evaluación y utilizarla como reflejo de mi ego no es muy lindo de mi parte). No pienso positivamente en ella ni pienso en ella como lo haría una buena amiga.

Paso 4: retornos

Una cosa que aprendí en mi formación como *coach* y que yo misma he observado sobre el funcionamiento del cerebro es que tus acciones suelen crear respuestas que confirman tus pensamientos; es de sentido común en un nivel básico. Si crees que la gente es amable y le sonríes, lo común es que te devuelva la sonrisa. Si crees que la gente está en tu contra y actúas de manera confrontativa, es más probable que recibas una respuesta similar.

En este caso, mis retornos conducen a que no me estoy preocupando realmente por Jamie. Me digo a mí misma que sí, pero en realidad todos mis pensamientos giran en torno a mí y todo me lo tomo personal. Así que, mientras me digo que no le importo a Jamie, la forma en que pienso y actúo no demuestra ningún interés por ella, y tampoco genera ningún acercamiento de su parte. Si profundizo, mi comportamiento tampoco demuestra que me cuido; no estoy cuidando mi salud mental y emocional al pensar de esta manera y al dejarme llevar por el resentimiento. No estoy generando una experiencia o un resultado deseable en mi vida.

Fíjate en que mis retornos son realmente sobre *mí*. No recomiendo tratar de poner nada en la línea de retorno que implique controlar los pensamientos, sentimientos o acciones de otras personas. Cuando intentes aplicar este trabajo para manipular a otras personas, no te sentirás mejor ni más poderosa. En realidad, te sentirás peor. Como *coach*, he visto que tratar de controlar a otras personas siempre nos hace sentir fuera de control, y tratar de usar esta práctica con ese propósito omite la pregunta más importante: ¿Por qué estás tratando de controlar o manipular a otra persona, en primer lugar? La respuesta a esa pregunta te revelará qué es lo que quieres creer o sentir que necesitas crear para ti misma.

Ejercicio: Evalúa tus retornos

¡Te toca!

PASO 1.
¿Cuál es el pensamiento (imagen verbal o visual) que estoy teniendo?

PASO 2.
¿Qué emoción siento cuando pienso o visualizo esta imagen? Puedes nombrar una emoción o hacer una descripción de sensaciones.

PASO 3.
¿Qué hago y qué no hago cuando me siento así?

PASO 4.

¿Qué retorno obtengo invirtiendo en este pensamiento?

En el escenario anterior, empezamos con un pensamiento, sin embargo, se puede deconstruir desde cualquier dirección. A veces puedes ver tu realidad actual con más claridad a partir de una acción. Por ejemplo, sabes que quieres dejar de gritarle a tu pareja, pero antes de poder cambiarlo, tienes que entender qué pasa realmente por tu cabeza cuando le gritas. Escríbelo empezando por la *acción:*

Pensamiento/imagen visual:

Emoción:

Comportamiento/acción: gritarle a mi pareja.

Retorno:

Ahora puedes mirar las otras líneas y rellenar los espacios en blanco con las respuestas adecuadas. ¿Qué emoción experimentas cuando estallas? ¿Qué pensamiento provoca esa emoción? ¿Qué tipo de respuesta obtienes cuando te enojas? Del mismo modo, puedes empezar con la emoción que experimentes, o el resultado o retorno que obtengas.

Cuando hayas completado todas las líneas, tendrás una idea más clara de adónde te llevan exactamente tus pensamientos. A partir de ahí, puedes fijar un nuevo destino. Puedes decidir adónde quieres ir y averiguar qué necesitas creer para llegar allí. Esto lo aprenderás a continuación.

¿Quieres un retorno distinto?

Puedes utilizar este modelo para ver el futuro y determinar los diferentes retornos y pensamientos que podría ayudarte a crear. Sigamos con mi ejemplo de la amistad. Después de analizar los retornos actuales de mis pensamientos sobre mi amiga Jamie, decido que realmente no quiero que la amistad sea así. Sé, con mi pensamiento de orden superior, que la amistad no es una competencia ni un contrato legal, sino una oportunidad para pasar tiempo con otra persona y deleitarme con ella. Sé que, si quiero cambiar mi experiencia sobre esa amistad, tengo que cambiar mi forma de pensar sobre ella. Y puedo utilizar esta práctica como una especie de modelo predictivo para tener claro cómo sería mi vida si pensara en esta situación de forma diferente, y para ayudarme a determinar en qué creer en su lugar.

En este caso, será más eficaz empezar por la emoción que quiero experimentar, o las acciones que quiero emprender, o incluso los retornos que quiero crear. Al fin y al cabo, si supiera qué pensar, ¡ya lo estaría pensando! Podría empezar sabiendo que actualmente me siento resentida y que necesito conexión. Entonces puedo preguntarme: «¿Qué tipo de pensamiento me haría sentir conectada con Jamie?».

Para averiguarlo, probablemente tendré que hacer una lluvia de ideas. Me preguntaré qué pensamientos tengo cuando me siento conectado con otras personas de mi vida, o intentaré recordar un momento en el que me haya sentido conectada con Jamie y ver qué pensaba entonces. Haré todo esto por escrito porque, como hemos aprendido antes, escribir lo que pensamos permite acceder a pensamientos que desconocíamos. Descubriré que, cuando me siento conectada, normalmente ni siquiera estoy pensando en mí misma. Suelo pensar en la otra persona y en lo estupenda que es. Tal vez decida que un pensamiento que producirá la sensación que quiero sería algo como «Me encanta lo divertida y cariñosa que es Jamie».

Si ese pensamiento me hace sentir conectada, puedo empezar a hacer una lluvia de ideas sobre las acciones que imagino que haría o dejaría de hacer si me sintiera así. De nuevo, puedo usar una combinación de mi imaginación y mi observación sobre cómo actúo cuando me siento así por Jamie o por otras personas. Por ejemplo, probablemente pensaría con cariño en ella, pero no me obsesionaría, no acecharía sus redes sociales. La invitaría a pasar tiempo juntas o la incluiría en las salidas grupales que organice; cuando interactúe con ella, seré agradable y cariñosa. Conectaría con ella como persona, no como una máquina de validación para mi autoestima.

Por último, veré qué retornos obtendría con este proceso de pensamiento. Si cambiara mi forma de pensar sobre mi amistad con Jamie, sería mucho más cálida con ella. Experimentaría la calidez de la conexión. Aunque no puedo controlar a Jamie, es más probable que se muestre cariñosa conmigo si yo lo soy con ella, sobre todo porque ya tenemos una amistad. Al ver todo esto con más claridad, seré capaz de decidir si continúo con mi patrón de pensamiento actual o si practico este nuevo.

Cuando practiques esto, quizás descubras que lo que quieres creer para obtener un nuevo retorno no está dentro de tus posibilidades actuales. No pasa nada. Para eso tenemos la escalera del pensamiento del capítulo 3. Digamos que se me ocurrió creer el pensamiento: «Mis amigos me quieren». Lo escribo todo y veo que, si lo creyera, me sentiría segura de mí misma, mi comportamiento sería más extrovertido y amistoso, y mis retornos serían amistades más sólidas. El problema es que no lo creo, por lo que puedo tomarlo y ponerlo como pensamiento meta en una escalera del pensamiento. Luego, puedo usar esta herramienta para encontrar un pensamiento en el que pueda creer ahora, ayudándome a avanzar hacia el nuevo que quiero tener, y me dirigirá a los nuevos beneficios que quiero crear.

Tienes una energía emocional limitada en la vida. No tienes que cambiar cada pensamiento negativo o retorno inútil que tengas. Honestamente, ¡no creo que nadie tenga tiempo para hacerlo! Pero el simple hecho de responsabilizarte de la experiencia que estás creándote, viendo con exactitud cómo tus pensamientos crean tus retornos, cambiará por completo tu experiencia emocional. Una cosa es sentirte víctima de todos y de todo lo que te rodea y ser incapaz de cambiar cómo te sientes, y otra es saber que podrías cambiar cómo te sientes y simplemente estás eligiendo no trabajar en ello en este momento.

Cuanto más practiques observar qué retornos crean tus pensamientos en tu vida, más te darás cuenta de cuánto control tienes realmente sobre *tu* experiencia y tus resultados. Lo que he observado entrenando a mujeres de todo el mundo en circunstancias muy desafiantes es que la emoción más nociva para el humano es la desesperación, sentirse desesperanzados e impotentes. Comprender hasta qué punto el cambio de pensamientos puede influir en tus retornos sobre cualquier situación es la clave para empoderarte, independientemente de los retos que te plantee la vida. Cuando practiques este enfoque, te sorprenderás al ver los increíbles beneficios que puedes crear en la tuya.

SEGUNDA PARTE
RECOBRA TU VIDA

CAPÍTULO 5

RECUPERA TU IMAGEN CORPORAL

Una fría noche de invierno de 2015 me encontraba desnuda en mi departamento de Manhattan, mirándome al espejo. Las velas me rodeaban en un círculo parpadeante, cuyas llamas no compensaban el frío de una tarde de febrero. Temblando, manteniendo el contacto visual con mi reflejo, esperé, esperé y esperé.

Parecía que no pasaba nada.

Había contratado a una *coach* especializada en ayudar a las mujeres a aprender a amar su cuerpo. Me dijo que pusiera unas velas y me viera en el espejo. Animada por su entusiasmo, acepté hacerlo. Pero, mientras estaba allí, mi fe en sus métodos se debilitaba más que la luz de las velas a mi alrededor.

Tras unos minutos de fría reflexión, recordé que se suponía que debía cantar algo. Intentando no romper el contacto visual conmigo misma, miré de reojo las instrucciones que había colocado junto a la cama, fuera del alcance de las llamas. No tenía muchas esperanzas sobre lo que haría a continuación, pero estaba decidida a intentarlo. «Soy una diosa hermosa», susurré. «Soy una diosa hermosa. Soy una diosa hermosa...». Tras completar las diez repeticiones, hice una pausa para ver si algo había cambiado. Lo único que noté fue que, aunque seguía sintiéndome asqueada por mi reflejo en el espejo..., ahora también me sentía como un idiota.

No era la única que odiaba obsesivamente su aspecto. A las mujeres nos enseñan a odiar nuestro cuerpo casi tan pronto como somos conscientes de que lo tenemos. El 80% de las niñas estadounidenses ya han probado una dieta a sus 10 años. Más de la mitad de las niñas entre 6 y 8 años expresan su deseo de tener un cuerpo más delgado.[1] Estas estadísticas no deberían sorprender en un mundo en el que el 72% de los videos y libros infantiles más populares asocian la delgadez con rasgos de carácter positivos como la amabilidad, y el 75% de los videos analizados equiparan la gordura «con cualidades indeseables».[2] Casi la mitad de los participantes (adultos) de un impactante estudio habrían cambiado un año de su vida por evitar estar gordos; otro 15% habría cambiado una década o más.[3]

A pesar de todos los avances sociales que hemos logrado en los últimos cincuenta años, a las mujeres nos siguen enseñando que, de todos los factores que nos integran, el aspecto físico es el más importante. Por eso, las mujeres que acuden a mí en busca de *coaching* tienen historias como la de mi alumna Anna:

> Como mujer gorda, lo había intentado todo, desde la restricción de alimentos (dietas y alimentación desordenada), hacer ejercicio en exceso, dietas de solo líquidos, hipnosis, trabajar en exceso para no tener tiempo de comer, ortorexia (comportamiento obsesivo en torno a la alimentación «sana»), falso veganismo (un disfraz débil), gritarme mantras de amor a mí misma en el espejo y,

aun así, me sentía como si estuviera atrapada en el cuerpo de mi enemigo. Es difícil pensar en un área de mi vida que no se viera afectada por el odio que sentía hacia mi cuerpo; lo saboteaba todo, desde dónde iba, cómo me sentaba, con quién salía o cómo me cuidaba. Creer que mi cuerpo era una imposición para el mundo, que ocupaba demasiado espacio, me hacía cuestionarme y moderar cada cosa que decía o hacía.

Y el interior de mi cabeza era un espectáculo de horror. La forma en que me hablaba a mí misma era abyectamente cruel, y no de vez en cuando, era más como una pelea de bar que tenía que fingir que no estaba ocurriendo mientras seguía con mi vida cotidiana. Hasta que empecé el *coaching*, no recordaba ni una vez en la que hubiera llevado comida a mi boca sin sentirme culpable y merecedora de un castigo. Cada vez que comía, me sentía una fracasada. Es increíble que haya sobrevivido tanto tiempo así.

HACER QUE ODIES TU APARIENCIA ES UN GRAN NEGOCIO

A lo largo de mi adolescencia, de mis veinte y al principio de mis 30, me sentí completamente sola en mi fracaso por crear el cuerpo que se suponía que debía tener. Pero, por supuesto, no estaba sola en absoluto. Las mujeres de todo el mundo gastamos más tiempo y dinero del que nos sobra en dietas de moda, que han demostrado fracasar, y en programas détox que en realidad no limpian (el hígado ya te desintoxica, es una de sus funciones). Hacemos tanto ejercicio que nos provocamos amenorrea debido al estrés hormonal y a la insuficiencia de grasa corporal. Somos responsables de la inmensa mayoría de los más de 11 800 millones de dólares que los estadounidenses gastaron en cirugía plástica en 2022.[4] Compramos ropa que no necesitamos, y que a menudo no podemos costearnos, por un efímero momento de confianza, que desaparece a los pocos minutos de hacer clic en «Añadir al carrito». Pasamos horas al día «contorneando» nuestros rostros basándonos en elaborados videos de YouTube a pesar de no ser ni actrices profesionales ni maquilladoras. Llevamos a cabo elaboradas rutinas de cuidado de la piel supuestamente para «perfeccionar» nuestro rostro, pero que en realidad dañan nuestro microbioma e inflaman nuestra piel, lo cual requiere aún más productos para «arreglar» nuestras «imperfecciones».[5]

Escucha, disfruto de tener un buen lápiz labial rojo tanto como cualquiera. Pero cuando tienes quince labiales rojos estupendos y sigues pensando que el decimosexto por fin te hará sentir segura de ti misma, es hora de parar y preguntarte si tal vez fuiste estafada.

Y sí lo fuiste. Si fuera fácil y sencillo bajar de peso sin rebote, todos lo harían. Ni siquiera *existiría* una industria dietética de más de 72 000 millones de dólares solo en Estados Unidos,[6] con miles de libros, videos, cursos y aplicaciones para bajar de peso creados por médicos, nutricionistas y entrenadores, cada uno de los cuales da consejos diferentes. Si realmente existiera una rutina fácil de tres pasos para tener una piel «perfecta», todo el mundo la haría y todos los productos podrían comprarse por cinco dólares en la farmacia. Para crecer, las industrias de la dieta y la belleza necesitan vender soluciones que no funcionan para problemas que no existen.

Sin dietas ni cultura de la belleza que envenenen tu cerebro, solo eres un ser humano que vive en un cuerpo humano. Los humanos viven en cuerpos que lucen distintos unos de otros, igual que todos los animales. Ve al parque y verás perros de todas las formas y los tamaños coexistiendo felizmente. Para que estas industrias centradas en la apariencia perduren, tienen que convencerte de que

1. algo de tu cuerpo o apariencia es un problema;
2. no serás feliz hasta que resuelvas ese problema;
3. puedes adquirir una solución; y
4. si la solución no funciona, es culpa tuya, así que sigue comprando más hasta que dejes de meter la pata.

Las reglas son las mismas, ya sea que se trate de la industria de las dietas y tu peso, la industria del cuidado de la piel y tu piel, la industria del cuidado del cabello y tus mechones, la industria de los inyectables y tu cara. Una vez que reconoces el patrón, te das cuenta de que está en todas partes. De hecho, esta estafa es omnipresente, por lo que ni siquiera notamos lo que está mal en ella. Pero imagina llevar tu coche a un mecánico que, en vez de arreglarlo, te echa la culpa por conducirlo mal y se lleva tu dinero de todos modos.

Eso es lo que hacen las industrias de la dieta y la belleza, mientras destruyen tu autoestima y agotan tu salud mental y, sí, también física. Todos esos productos para el cuidado de la piel que nos venden como autocuidado, por ejemplo, eliminan los elementos protectores naturales de nuestra piel, y luego la industria de la belleza nos vende productos para tratar de reponer esas moléculas (lo que no funciona ni de lejos tan bien como si mantuviéramos nuestra piel original).[7] «Pero ¿qué pasa con el peso?», te estarás preguntando. Después de todo, ¿no es poco saludable tener sobrepeso? En realidad, no. La investigación científica promovida y destacada por el movimiento Health at Every Size (Salud en todas las tallas) ha demostrado que la expansión del tejido adiposo en el cuerpo no aumenta el riesgo de padecer enfermedades cardiovasculares o metabólicas. Para algunas personas, tener más grasa en el cuerpo es una *consecuencia* de problemas de salud, como el síndrome metabólico, que puede ser causado por una variedad de factores, muchos de ellos fuera del control de la persona.[8] La simple eliminación de esa grasa del cuerpo no cambia los resultados de salud, de lo contrario, la liposucción sería una cura milagrosa para todos los problemas supuestamente causados por el peso.

Aún más desconcertante es saber que muchas de las consecuencias para la salud que se atribuyen a la obesidad también están relacionadas con las dietas yoyo, un proceso que causa estragos en el sistema endocrino aun con un peso «normal».[9] Y, contrariamente a su razón de ser, la mayoría de las dietas tradicionales para bajar de peso, según la neurocientífica Sandra Aamodt, hacen que la gente aumente de peso a largo plazo, ya que alteran el «punto de ajuste» del cuerpo, o el intervalo de peso en el que el cuerpo quiere mantenerse, y lo elevan.[10] No es muy difícil bajar de peso a corto plazo. Pero es casi imposible mantenerse en un peso por debajo del punto de referencia del cuerpo a largo plazo, y la mayoría de las personas que bajan de peso recuperan incluso más del que perdieron debido a la forma en que las dietas han alterado sus metabolismos.[11] Solo puedo hacer un resumen superficial de la enorme cantidad de pruebas científicas en este campo, pero puedes encontrar más información explorando el movimiento Health at Every Size.[12]

Aunque este conocimiento ha tardado en llegar al público en general, la gente por fin empieza a darse cuenta de la estafa. Y, naturalmente, los publicistas ya notaron que nos estamos dando cuenta. Por eso, palabras como «dieta» se han sustituido por «bienestar» y las empresas de maquillaje venden 12 productos para un look «sin maquillaje» que permite lucir una «belleza natural» (a través de una capa de 12 productos). Pero si el bienestar y la salud exigen no comer cuando se tiene hambre, hacer ejercicio por culpa y miedo a moldear tu cuerpo de una manera determinada, y gastar en productos para conseguir un aspecto «natural», cabe preguntarse: ¿quién está «bien» aquí? ¿Tú o una empresa internacional que se aprovecha de tu inseguridad?

Los cánones sociales de belleza son, a propósito, completamente imposibles de alcanzar para la inmensa mayoría de las mujeres. De hecho, todo el propósito de los cánones de belleza es que funcionen como indicadores de clase socioeconómica difíciles de alcanzar y mantener. Por eso han fluctuado a lo largo de la historia y entre las distintas culturas. Por ejemplo, en las culturas en las que escaseaban los alimentos, ser robusta se consideraba bello porque era un signo de riqueza.[13] Ahora que, en Occidente, y especialmente en Estados Unidos, los alimentos son relativamente baratos y abundantes, la delgadez y la buena forma física se han convertido en un indicador de estatus social porque a mucha gente le cuesta tiempo y dinero mantenerlos.[14]

Los cánones de belleza también son intrínsecamente políticos porque están relacionados con la supremacía blanca y la colonización. El énfasis en la delgadez y los rasgos tradicionalmente caucásicos como normas de belleza en la cultura estadounidense coincidió no solo con la revolución industrial, que amplió el acceso a alimentos de alto contenido calórico y bajo costo, sino también con el imperativo social de «justificar» la injustificable institución de la esclavitud. Como demostró la Dra. Sabrina Strings en su fascinante libro *Fearing the Black Body,* a medida que el conflicto social en torno a la esclavitud se intensificaba en la cultura estadounidense entre las décadas de 1820 y 1830, las llamadas revistas femeninas empezaron a publicar artículos aconsejando a las mujeres blancas que moderaran su dieta y trataran de conseguir una figura esbelta mediante la restricción y la abstinencia. ¿Por qué? Porque controlar su dieta —y por ende el tamaño y la forma de su cuerpo— demostraba su moralidad y virtud. Y eso era parte de lo que las diferenciaba supuestamente de las mujeres negras, a las que tachaban de lascivas, tragonas y flojas.[15]

Del mismo modo, casi todos los pensadores y filósofos occidentales renombrados de los siglos XVII, XVIII y principios del XIX eran hombres cristianos de raza blanca comprometidos con los sistemas de creencias supremacistas eurocéntricos blancos, lo que significaba que las teorías sobre lo que era más bello estaban diseñadas para referirse a personas similares a ellos. Esta ideología exigía creer que los rasgos caucásicos eran los más atractivos y se promulgó por todo el mundo a través de la invasión y colonización europea de otros países y culturas. Todavía hoy vivimos sus consecuencias.[16] Incluso cuando una variedad más diversa de rasgos o tipos de cuerpo son asimilados a los cánones de belleza, estos existen dentro de una delgada línea de aceptabilidad.[17] Es sexi tener nalgas grandes, por ejemplo, pero solo si el resto de tu cuerpo es delgado.

Al fin y al cabo, estas normas de belleza tienen un trasfondo aún más siniestro, porque no se limitan a nuestra apariencia. Cuando las mujeres estamos mareadas por el hambre, incómodas con nuestras fajas y gastamos nuestra energía mental en una reunión comparando nuestra talla con la de las demás mujeres de la sala, es más fácil distraernos, oprimirnos y marginarnos. No nos sentimos capacitadas para corregir el modo en que la sociedad nos frena, así como ningún otro problema a gran escala en el mundo. Así que seguimos gastando dinero para cambiar nuestro aspecto y seguimos obsesionadas con la transformación del «patito feo en cisne» que nos prometen las comedias románticas, todo ello mientras el patriarcado se beneficia política y socialmente de nuestra distracción, y las grandes empresas de belleza y dietas se benefician económicamente de nuestra interminable búsqueda. Si queremos que esto cambie, tenemos que cambiarlo.

POR QUÉ ES TAN DIFÍCIL DARSE DE BAJA DEL *BODY SHAME* (Y CÓMO HACERLO DE TODOS MODOS)

La sociedad nos ha inculcado un círculo vicioso en torno a las normas de belleza. Si no te importa tu aspecto, significa que «no te esfuerzas» o «no te cuidas». Pero, si te preocupas por tu aspecto, eres superficial. A las mujeres nos enseñan a ver nuestra apariencia como el único camino verdadero hacia el amor y el poder, pero si te atreves a creer de verdad que eres atractiva, entonces eres vanidosa, lo cual es malo, porque el propósito de las normas de belleza es hacer que las mujeres siempre se sientan inadecuadas y se esfuercen por mejorar. No hay forma de ganar en este juego.

Al estar arraigados en normas sociales racistas y colonialistas, los cánones de belleza son especialmente imposibles de cumplir para las mujeres de color, gordas, con discapacidad y otras mujeres marginadas. Resulta increíblemente difícil desprenderse de esas normas porque conforman y estructuran nuestra sociedad. Además, nos enseñan que son la clave de la pertenencia y la aceptación, que los seres humanos estamos biológicamente programados para buscar y mantener para sobrevivir.

Los humanos evolucionaron en pequeñas tribus que necesitaban la cooperación de todos sus miembros para sobrevivir. Las personas a las que no les importaba lo que los demás pensaran de ellas tenían menos probabilidades de sobrevivir, porque molestar a tu vecino tenía peores consecuencias que solo un mensaje de texto pasivo-agresivo: significaba que no compartirían la comida contigo cuando apenas había suficiente para todos. En otras palabras, tenemos una predisposición evolutiva a preocuparnos por lo que los demás piensan de nosotras.[18] Podemos cambiarlo modificando nuestros pensamientos, de lo cual hablaremos en el próximo capítulo sobre cómo construir nuestra autoestima. Pero entender por qué tu cerebro se obsesiona con tu apariencia y tu cuerpo cuando actúa por sí solo es crucial para lograrlo.

A las mujeres nos enseñan que nuestra apariencia es una moneda intercambiable por felicidad. De hecho, que es la única moneda que importa, pero, la verdad, es completamente inestable.

Nuestra apariencia cambia con el tiempo. Nunca podremos estar a la altura del ideal social que nos inculcaron, e incluso si genética y económicamente tenemos la suerte y la dedicación suficientes para moldear nuestro cuerpo según el ideal social, y somos realmente capaces de hacerlo, seguirá sin darnos lo que queremos de él.

Lo anterior se debe a que nuestros pensamientos causan nuestras emociones. La felicidad es una emoción, una cascada química temporal provocada por el cerebro y el sistema nervioso. No se debe a un número en la báscula, al aspecto de la piel, del cabello, ni a una operación de nariz, injerto de bótox o cualquier otra operación estética. Ni siquiera se debe a que el cuerpo «funcione» de una determinada manera: nuestros estándares sociales de belleza y salud también son inherentemente incapacitantes, y la falsa promesa es la misma. Tener un aspecto específico no te hará feliz, tampoco que tu cuerpo funcione de una determinada manera. Hay muchas personas convencionalmente bellas que son profundamente infelices y que odian su cuerpo. Basta que busques cualquier entrevista a una modelo de moda retirada para que veas a lo que me refiero. También hay mucha gente con buena condición física que está insatisfecha con su vida y su cuerpo, aunque sea capaz de correr maratones.

La única razón por la que queremos que nuestro cuerpo luzca o funcione de una determinada manera es por cómo creemos que nos sentiremos (sí, incluso queremos estar «sanos» por cómo nos imaginamos en ese estado). Solo queremos sentirnos bien con nosotras mismas. Queremos sentir que vivir felices para siempre es posible para nosotras. Queremos creer que nos merecemos la vida que deseamos. Puede ser muy difícil aceptar que nuestra búsqueda para cambiar nuestros cuerpos no nos proporcionará la maravillosa y eterna confianza en nosotras mismas que nos prometieron.

La buena noticia es que tu objetivo durante todo este tiempo ha sido sentirte mejor contigo misma, lo que puedes lograr con tus pensamientos. De hecho, en mi experiencia, es la única forma de crear esos sentimientos, pues cambiar tu cuerpo no modificará tus pensamientos. La mayoría de nosotras podemos recordar una época en la que nuestros cuerpos eran diferentes —pesábamos menos, teníamos la piel más clara, podíamos correr dos kilómetros en menos de siete minutos, lo que sea—, pero, si piensas en ese momento de tu vida, ¿recuerdas ser perfectamente feliz y llena de amor propio todo el tiempo? Probablemente no.

Si quieres cambiar lo que sientes por tu cuerpo, tendrás que aprender a hacerlo a propósito, utilizando tu mente. Irónicamente, la mayoría de nosotras hemos entrenado nuestros cerebros para hacer lo contrario: no prestar atención a la autoestima, el amor propio y la autoaceptación hasta que mejoremos nuestros cuerpos lo suficiente. Es hora de cambiar tu rutina de entrenamiento cerebral.

POSITIVIDAD CORPORAL FRENTE A NEUTRALIDAD CORPORAL

Hablemos brevemente del objetivo. La positividad corporal y el amor hacia el cuerpo no son necesarios para ser feliz o vivir bien. Al fin y al cabo, no tienes que amar tu cuerpo. No es un imperativo moral, no te hará mejor persona ni llegarás antes al cielo. Es más, puede que al final no quieras amar tu cuerpo. Tal vez, en su lugar, solo quieres sentirte neutral acerca de él, y no pasa nada. Pero te animo a que al menos trabajes en su aceptación o neutralidad en vez de vivir odiándolo.

Permíteme darte un ejemplo de esta distinción. Un pensamiento *positivo* sobre tu cuerpo podría ser: «Mi cuerpo hace un trabajo increíble manteniéndome vivita y coleando y ayudándome a experimentar el mundo». Si ese es un pensamiento asequible, te hará sentir muy bien. Pero tal vez no lo sea o puede que no quieras eso en absoluto. Un pensamiento de neutralidad corporal podría ser algo como: «Sé que mi cuerpo hace lo mejor que puede, aunque no siempre sea tan bueno como me gustaría». Este tipo de pensamiento deja espacio tanto para el sentimiento de decepción como para respetar lo que el cuerpo hace (en el capítulo 3 profundizamos en los pensamientos neutros).

Cualquiera de estos enfoques puede ser útil. La positividad corporal ha sido cooptada por la misma industria de la belleza y el bienestar que nos vende dietas, así que ahora sentimos que «debemos» amar nuestros cuerpos y que estamos fallando de alguna manera si no lo hacemos. Pero no hay ninguna norma que diga que tengamos que amarlo o que lo encontremos bello tal y como es. La aceptación del cuerpo puede ser una parada en el camino hacia el amor corporal, o un destino. El simple hecho de alcanzar la aceptación —que, por supuesto, no es una cuestión sencilla en la realidad— puede liberar tiempo y energía mental, equilibrar tu alimentación y movimiento, ayudarte a dormir mejor y mejorar tu vida sexual (si disfrutas de ello). Lo más importante es que estarás presente en tu vida para vivirla ahora, no en una fantasía en la que has conseguido un cuerpo mejor. Porque, sea como sea tu cuerpo ahora, es suficientemente bueno, y tú también lo eres.

Independientemente de que quieras aspirar al amor o a la neutralidad corporal, tendrás que trabajar en tus pensamientos. Si no estás convencida de que cambiar tus pensamientos realmente servirá para cambiar tu cuerpo, lo entiendo, no eres la única. Muchas mujeres han pasado años pensando así. Como mi clienta Andrea:

> Antes de aprender a entrenarme a mí misma, vivía mi vida con el objetivo de ser siempre más pequeña para encajar en la imagen ideal de mujer guapa de la sociedad. Nunca me sentí satisfecha viviendo en un cuerpo grande y sentía que tenía que compensarlo de otras maneras. Siempre complacía a la gente y me esforzaba por minimizar el espacio que ocupaba, dado que no me parecía a las chicas de las revistas y a que mi índice de masa corporal dijo que era obesa. Luego, en una llamada de *coaching* me hiciste una pregunta algo parecida a «¿Quién en tu vida merece amor propio incondicional?». Respondí que mi hermana o mi madre o algo así, y entonces me preguntaste si había considerado mencionarme a mí, y me derrumbé. Nunca lo había considerado como una opción porque nunca me sentí lo suficientemente digna debido a mi peso y a que sentía que mi valor estaba ligado a él.

¿No te pasa que utilizas la «memoria muscular» para amarrarte las agujetas de los zapatos sin pensarlo conscientemente? Esto se debe a que, cuando haces algo con la suficiente frecuencia, tu cerebro se vuelve muy eficiente a la hora de repetirlo. Puede pasar algo similar en tu cerebro cuando piensas ciertas cosas una y otra vez. ¡Piensa en lo difícil que es quitarse de la cabeza una canción pegajosa una vez que empieza a sonar! Si te rechazas a ti misma constantemente, te dices que no estás haciendo un buen trabajo, te regañas por romper la dieta y criticas tu aspecto cuando te miras en el espejo, entrenas a tu cerebro para que siga pensando lo mismo. Un número más bajo en la báscula o cualquier otro cambio en tu aspecto no deshará ese pensamiento habitual.

Tal vez te identifiques con Andrea cuando empezó su proceso, pero voy a enseñarte a cambiar tu forma de pensar de la misma manera en que le enseñé a ella.

EL CUERPO NO ES EL PROBLEMA: HAY QUE CAMBIAR TU CEREBRO

La única manera de transformar la forma en que piensas sobre tu cuerpo es dejando de luchar contra él y, en su lugar, empezar a cambiar tu cerebro. Cuando lo hacemos, el mundo se expande. Porque amar tu cuerpo está bien, pero el verdadero premio es lo que puedes hacer con todo el poder cerebral que recuperas cuando dejas de odiarlo. Como mi clienta Christina, que dijo:

> Ahora que mi relación con mi cuerpo cambió, me quiero incondicionalmente y puedo perseguir sueños y metas, porque ya no utilizo toda mi capacidad cerebral para odiarme a mí misma y tratar de cambiar desesperadamente mi cuerpo para ser tan pequeña como el patriarcado intenta hacerme. Ahora mismo estoy pensando en cambiar de vida y mudarme a Europa, no porque quiera escapar de

mi situación actual, sino porque exigirá mayor crecimiento y podría ser muy divertido. Reconozco la riqueza de opciones que tengo en mi vida y es increíble.

Si queremos sanar la relación con nuestro cuerpo, debemos empezar a relacionarnos con él no como un objeto que hay que manipular e imitar, sino como algo animal, suave y cálido que hace posible nuestra experiencia humana. Estamos socializadas para tener una relación de confrontación con nuestros cuerpos, para enojarnos con ellos o sentir que nos han fallado si no lucen o no funcionan como la sociedad nos dice que deberían. Tenemos que construir un patrón de pensamiento diferente que nos permita conectar con ellos desde la compasión, amabilidad, respeto e incluso gratitud. No puedes sanar una relación con alguien a quien odias, y eso te incluye a ti misma.

Ejercicio: Una carta para tu cuerpo

Comienza por el siguiente ejercicio sencillo.

1. Programa un cronómetro por 15 minutos.
2. Escribe «Querido cuerpo» en la parte superior de una hoja de papel y empieza a escribir todo lo que quieras decirle a tu cuerpo. No te censures ni te corrijas. Deja que las palabras fluyan. Puede ser impactante e incluso doloroso ver los pensamientos autocríticos que tienes sobre tu cuerpo de forma tan cruda, pero forma parte del proceso. Intenta tolerar la incomodidad sin juzgar y sigue adelante.

3. Cuando termines de escribir, léete la carta. Deja que las palabras resuenen en tu interior. Observa las emociones que surgen. Si tienes algún pensamiento o reflexión al respecto, escríbelo también. No te juzgues por los sentimientos que surjan en ti. Reconócelos como parte del proceso de ser humana.
4. A continuación, activa otro cronómetro por 15 minutos, escribe «Querida yo» al inicio de otra hoja y pídele a tu cuerpo que te diga lo que quiere que sepas.

Si lo único que oyes es «No sé» en cualquiera de estos ejercicios, no pasa nada. Sigue escribiendo «No sé» hasta que tu cerebro produzca otros pensamientos. Al final se aburrirá y entonces te dirá lo que realmente piensa.

Este ejercicio consiste en tomar conciencia y practicar el acto de decirte a ti misma la verdad sobre lo que piensas. No es necesario que hagas nada con la información que surja. Solo tienes que conocer tus verdaderos pensamientos y utilizar herramientas como el siguiente ejercicio para empezar a cambiarlos.

Ejercicio: El manifiesto de tu cuerpo

Como aprendimos, la sociedad nos enseña a las mujeres que nuestros cuerpos son para cualquiera menos para nosotras. Existen para que otras personas los deseen, admiren, critiquen, exploten o ignoren. Nos enseñan que son objetos que debemos esculpir y refinar, que son moneda de cambio por amor, compañía o éxito. Nuestros cuerpos les pertenecen a las parejas, jefes e hijos que tengamos, nunca a nosotras.

Pues a la mierda ese ruido. Es hora de escribir un nuevo manifiesto corporal. Tú decides para qué sirve tu cuerpo.

1. ¿Para qué crees que sirve tu cuerpo actualmente? ¿Cuál es su finalidad?
2. ¿Cómo crees que «debería» ser tu cuerpo?
3. ¿Qué crees que tu cuerpo «debería» ser capaz de hacer?
4. ¿Cómo te sientes cuando lees esas respuestas?
5. Enumera todo lo que tu cuerpo hace por ti.
6. ¿Qué sientes cuando lees esa lista?
7. ¿Cómo quieres sentirte con tu cuerpo?
8. ¿Qué te gustaría creer sobre el propósito y el valor de tu cuerpo?

Escribe tu manifiesto corporal basándote en las respuestas anteriores. Es tu proclamación de cómo quieres pensar y sentir tu cuerpo, para quién es, qué hace y por qué lo valoras. Léelo todos los días durante unas semanas. Incluso puedes leérselo en voz alta a tu cuerpo, hablándole directamente (sustituye la tercera persona, «mi cuerpo», por la segunda, «tú»).

He aquí un ejemplo. El mío es breve, pero el tuyo puede ser tan largo o corto como quieras:

Mi cuerpo no tiene que justificar su existencia. Mi cuerpo tiene derecho a existir. Mi cuerpo puede ocupar tanto espacio como quiera. Mi cuerpo puede sentir como quiera sentirse. Mi cuerpo tiene su propia sabiduría. Mi cuerpo no me debe nada. Mi cuerpo no le debe nada a nadie. Estoy aquí por mi cuerpo y él está aquí para mí.

Si mis pensamientos provocan mis sentimientos, ¿por qué comer una ensalada o hacer ejercicio?

Está bien, ese título es un poco dramático, pero es una pregunta real que me hacen muchas de mis alumnas de la Feminist Self-Help Society. Una vez que interiorizas la verdad de que puedes cambiar cómo te sientes cambiando tus pensamientos, es normal que a veces te sientas desorientada, como si no estuvieras segura de por qué harías algo. Cuando se trata de nuestra salud, nos han lavado tanto el cerebro con que ser «saludable» es una obligación moral que, si quitamos la moralina, ni siquiera estamos seguras de por qué importa cómo nos alimentamos, nos movemos o cuidamos nuestro cuerpo de otras maneras.

Pero piensa en algo que amas: un atuendo que te encanta, una mascota querida, una planta que has cuidado durante años, un hijo o un amigo. ¿Los ignoras y descuidas porque tienes buenos pensamientos sobre ellos? ¿Tu preocupación por esta persona o cosa está motivada por la crítica o la vergüenza? Aunque haya uno que otro pensamiento negativo, solemos cuidar de las cosas o seres que queremos de forma natural.

Del mismo modo, aceptar o incluso amar nuestro cuerpo nos motiva a cuidarlo. Porque, seamos sinceros, ¿qué tan bien funciona la autocrítica como estrategia motivacional para mejorar tu salud y bienestar? Si eres como yo, no te ha hecho crear un hábito de ejercicio sostenible y energizante, ni una relación libre de culpa con la comida. Lo mejor a lo que puedes aspirar con un crítico interior implacable es a una montaña rusa incesante: tres días de restringir tu alimentación y hacer ejercicio, para luego comer un pastelito por impulso, seguido de seis semanas más de pastelitos, Netflix y correos electrónicos de tu gimnasio preguntándote si sigues viva. Así es la vida impulsada por el odio a una misma, y ni siquiera estás disfrutando de esos pastelitos, lo cual es una pena, porque son deliciosos.

Mi clienta Katrina hizo esta transición cuando aprendió a cambiar su enfoque del autocuidado físico. Como ella dijo:

> Cuando llegué al *coaching* estaba triste, cansada todo el tiempo, ansiosa, deprimida con frecuencia y descuidada. No comía bien, no movía mucho el cuerpo, no me trataba con cariño ni cuidado. Estaba en modo supervivencia. Después de practicar las herramientas de autocoaching durante unos años, creo que el mayor cambio que he experimentado es mi relación conmigo misma. Ya no soy tan mala conmigo. De hecho, esa voz crítica interior está bastante callada la mayoría de los días. Ya no miro mi cuerpo con asco, y es mucho más raro que me sienta cohibida. He restaurado mi relación con la comida. Mis niveles de ansiedad han bajado. Me río más profundamente, experimento la vida con más riqueza y siento gratitud por mi vida mucho más a menudo.

La clave para aprender a cuidar de tu cuerpo como lo harías con algo que amas es que *tú* decides qué significa cuidarlo. Puede ser muy distinto de cómo lo haría tu hermana, tu amigo o tu vecino, y es muy probable que difiera de lo que pregonan las revistas o los *influencers* en Instagram.

Para mí, cuidar mi cuerpo incluye comer verduras y levantar pesas. Pero también incluye recibir masajes, priorizar el sueño, comer algo delicioso, llevar ropa que me encanta, bañarme con agua fría por las mañanas, reírme con los amigos, tener orgasmos y acurrucarme con mi pareja y mis hijastros. Y, sobre todo, mi autocuidado incluye pensamientos amables relacionados con mi cuerpo, incluso cuando no estoy haciendo algunas de esas cosas.

Es que, por encima de todo, tu actitud mental hacia tu cuerpo influye literalmente en tu salud. Hay estudios que sugieren, por ejemplo, que tu estado emocional al comer influye en tu digestión, nutrición y azúcar en la sangre, por lo que odiarte a ti misma mientras comes col rizada puede ser menos saludable que amarte a ti misma mientras comes helado.[19] Otros estudios sugieren que, cuando crees que ciertos movimientos cotidianos (como las tareas domésticas) tienen beneficios para la salud, tu cuerpo responde de la misma manera.[20] En resumen: tus pensamientos no solo influyen en tus acciones relacionadas con la salud, sino que también la afectan directamente.

Si quieres cambiar cualquiera de tus pensamientos y hábitos relacionados con el cuerpo, tendrás que empezar por lo que piensas sobre tu cuerpo, con acciones realmente pequeñas. Lo sé: es *muy aburrido*. Pero la cultura de las dietas se nutre del drama. Te vende constantemente imposibles, como promesas de transformación total o la idea de que si te limitas a comer y hacer ejercicio de una determinada manera, por muy imposible que sea, los resultados perfectos serán inevitables y las malas sensaciones nunca volverán. Eso es mentira. Las emociones negativas forman parte de la vida humana, incluso si haces pilates cinco veces a la semana, consigues entrar en unos pantalones de talla 4 o no vuelves a comer un carbohidrato en tu vida (la verdad es que probablemente estarás de un humor aún peor si dejas los carbohidratos para siempre).

Abandona la fantasía de que un cuerpo nuevo te permitirá escapar de la experiencia humana de tener emociones negativas y no siempre sentirte increíble contigo misma. Pensar que mañana será diferente es lo que nos mantiene encerrados en fantasías de perfección, fantasías que abandonamos al primer tropiezo, dejando el barco solo para volver a subirnos semanas o meses después y repetir el ciclo una vez más.

El antídoto contra la fantasía perfeccionista es la «factibilidad» radical, es decir, decidirse por un objetivo tan minúsculo e intrascendente que parezca casi una tontería. Hacerlo con regularidad parece tan insignificante que ni siquiera vale la pena el esfuerzo (increíblemente pequeño) de empezar. Ese impulso de tacharlo de inútil es señal de que tienes un buen objetivo en mente. Paradójicamente, debería ser tan factible como para que tu cerebro te diga que no cuenta. Eso significa que es perfecto.

Por ejemplo, si habitualmente pones en tu calendario cinco clases de yoga a la semana porque alguien te dijo que esa era la cantidad de ejercicio que «deberías» hacer, pero nunca lo cumples, opta por ir a una clase a la semana que realmente le caiga bien a tu cuerpo. O haz diez minutos en casa con una aplicación de yoga. O simplemente saca tu tapete y ponte en la postura del niño durante treinta segundos por unos cuantos días. Si empiezas la semana con un rígido plan de comidas sin carbohidratos, porque eso es lo que viste que te recomendaba un *influencer* keto en TikTok, pero acabas por pedir pizza el miércoles, deja de hacer esas dietas. Ponte un objetivo más asequible y realmente beneficioso para tu salud, como añadir una verdura a una comida al día y sigue a partir de ahí.

Sé que los objetivos pequeños suenan a que no marcarán la diferencia. Pero créeme cuando te digo que te equivocas. El interés compuesto es un término financiero que designa lo que ocurre cuando el interés de una pequeña inversión sigue aumentando con el tiempo. Cada vez que se recalculan los intereses, se basan en el nuevo importe de la inversión una vez sumados los intereses del último día. ¿Prefieres tener un millón de pesos ahora o duplicar un centavo cada día durante un mes? La gente suele preferir el millón. Pero toma un centavo, duplícalo cada día durante treinta días y acabarás teniendo más de cinco millones. Elige el millón por adelantado y perderás otros cuatro millones.

No vamos a duplicar tu objetivo cada día, pero el principio es el mismo. Cumplir con cambios muy pequeños genera impulso. En un mes cualquiera, ¿te convienen más dos dolorosas carreras seguidas de veintiocho días de autodesprecio en el sillón o un paseo de diez minutos que le siente mejor a tu cuerpo cuatro veces a la semana, todas las semanas? Si tu cerebro dice que las dos carreras, eso dice mucho sobre el valor moral que le das a correr y las verdaderas razones por las que quieres hacer ejercicio: no por el beneficio real para la salud, sino por la virtud moral que crees que concede, aunque no sea tan bueno para tu cuerpo.

Un objetivo radicalmente imperfecto empieza siendo aburrido, se convierte en agradable y, con el tiempo, crece hasta cambiar tu vida. Utiliza los siguientes ejercicios para ver qué resultados están creando tus pensamientos actuales en la forma en que te cuidas, y cómo cambiar esos pensamientos y resultados (alerta de *spoiler*: el ejercicio de establecer objetivos muy pequeños y realmente alcanzables también funciona de maravilla en cualquier otra área de tu vida).

Ejercicio: Cómo combatir el perfeccionismo del bienestar

Responde las siguientes preguntas para entender cómo el perfeccionismo influye en tu idea del bienestar.

1. ¿Qué es lo que tu cerebro perfeccionista te dice que «debes hacer» respecto a la comida, el ejercicio y cualquier otra actividad física? Sácalo todo.
2. Piensa en tus esfuerzos por hacer todas estas cosas hasta ahora. ¿Qué has pensado acerca de qué debes hacer y por qué?
3. ¿Qué emociones, acciones y retornos han generado esos pensamientos? Toma cada pensamiento de tu respuesta a la pregunta 2 y rastrea la emoción, el comportamiento y el retorno por separado para obtener una imagen completa.

Ejercicio: Cómo definir el bienestar para *ti misma*

Responde a estas preguntas para definir tu idea de bienestar.

1. ¿Qué haces ya que sea bueno para tu cuerpo? Piensa más allá de la comida y el movimiento: ¿cuáles son las distintas formas en que cuidas de tu cuerpo, experimentas placer o vitalidad, etc.?
2. Viéndote a ti misma como alguien que ya hace cosas increíbles por su cuerpo, ¿cuál es un hábito nuevo que quieres añadir? Asegúrate de que conoces y te gusta la ra-

zón; si esta te genera ansiedad o culpa, no es una buena razón.

3. ¿Cuál es el objetivo mínimo absoluto que podrías fijarte para este hábito?
4. Cuando miras ese objetivo, ¿qué dice tu cerebro al respecto?
5. ¿Qué pensamientos tendrás que poner en práctica para asegurarte de que cumplas este objetivo mínimo?

Tu cuerpo no es un objeto que tengas que intercambiar por afecto o aprobación. No es un adversario que te impide alcanzar la verdadera felicidad. Es tu casa, es el animal sensible con el que vives, es un organismo biológico que hace todo lo posible por sobrevivir. Cuanta más paz puedas tener con tu cuerpo, más paz sentirás en tu vida, y esa es una paz por la que no tienes que morirte de hambre, inyectarte o castigarte para conseguirla. Lo que quieras que tu cuerpo te haga sentir debe venir de tus pensamientos, y tú eres la única capaz de cambiarlos.

CAPÍTULO 6

RECUPERA TU AUTOESTIMA

De seguro conoces esa pregunta para romper el hielo que se hace en conferencias y eventos de *networking*: «¿Qué superpoder te gustaría tener?». Algunos responden que quieren ser invisibles (se me ocurren muchos escenarios incómodos) o volar (parece frío, ¿y dónde pongo todos mis zapatos?). Yo quería tener la capacidad psíquica de saber lo que pensaban los demás. Bueno, más concretamente, cualquier persona con la que hubiera interactuado alguna vez o que tuviera una opinión sobre mí. Porque antes de reconfigurar mi cerebro, mi autoestima dependía de la suma total de las opiniones de todo el mundo sobre mí, en todo momento, y como en realidad no era psíquica, esto me llevaba a hacer muchas suposiciones, proyecciones e intentos de analizar los motivos o pensamientos secretos que suponía que los demás tenían sobre mí.

Recuerdo perfectamente el momento, poco antes de cumplir 30, en que me di cuenta de que estaba llevando demasiado lejos mi intento de leer la mente. Había tenido una buena primera cita, pero el chico se iba a mudar a Washington ese mismo verano. La yo de ahora habría enviado un mensaje así: «Oye, anoche fue muy divertido, me encantaría verte la semana que viene». Sin embargo, mi yo de entonces se pasó una hora entera redactando lo que posiblemente era un mensaje de texto de mil palabras en el que describía cada pensamiento o sentimiento que imaginaba que él podría tener sobre nuestra cita, y luego yo respondía a esas ideas hipotéticas. Ser vulnerable y exponerme no era una opción que se me ocurriera. Necesitaba controlar lo que él pensaba de mí y, de alguna manera, mostrarle que estaba interesada sin ponerme en una situación de riesgo o experimentar un rechazo real. Mi autoestima dependía por completo de lo que aquel tipo, cuyo nombre ahora ni siquiera recuerdo, pensara de mí. No hace falta decir que esta estrategia no tuvo éxito, ¡nunca tuvimos una segunda cita!

Ojalá pudiera decir que fue la última vez que intenté gestionar lo que los demás pensaban de mí. Pero, claro, no fue así. Porque para mí, como para tantas otras mujeres, gestionar esas opiniones ajenas (o al menos intentarlo) solía ser un trabajo de tiempo completo.

No es de extrañar que tengamos tanta fijación por ellas. A las mujeres no nos enseñan a creer que tenemos valor por el mero hecho de existir, y que valemos independientemente de cómo nos veamos, sintamos o actuemos. Por el contrario, estamos socializadas para creer que nuestro valor depende de lo que los demás piensen de nosotras, y este efecto se magnifica si vivimos en otras identidades marginales que están devaluadas por la sociedad. Así que, naturalmente, convertimos a los demás en máquinas expendedoras de validación de nuestra autoestima, amabilidad y valor. Y, con la misma naturalidad, intentamos que la máquina expendedora nos dé la validación que queremos, y nos enojamos o entristecemos cuando no lo conseguimos.

En este capítulo vas a aprender por qué nos sentimos tan desesperadas por la validación externa, por qué intentamos controlar a otras personas para conseguirla y cómo empezar a crear tu propia autoestima desde dentro.

POR QUÉ BUSCAMOS VALIDACIÓN EXTERNA

A las mujeres nos inculcan la creencia de que nuestro valor es un premio —y debe ganarse constantemente— en función de cómo complacemos o servimos a otras personas. A la mayoría de nosotras no nos han dicho explícitamente: «Por cierto, no tienes ningún valor intrínseco. Tienes que hacer cosas por los demás para merecer existir. Que tengas un buen día en la escuela». El mensaje no era tan directo ni obvio. En cambio, lo aprendimos insidiosamente de todo lo que absorbíamos a nuestro alrededor. Vimos por qué elogian a las mujeres: por parecer atractivas, por ser amables, por ser serviciales. Durante siglos, el mejor cumplido que podía recibir una mujer era que era abnegada, especialmente si era madre. Históricamente, si una mujer no se casaba ni tenía hijos, se daba por hecho que sería una solterona que viviría con sus padres y los cuidaría hasta que murieran. En cualquier caso, se suponía que el cuidado de los demás era la aspiración de la mujer y su destino más elevado; debía existir para servir a los demás, como objeto sexual, como cuidadora y como administradora doméstica.

Hasta cierto punto, sí, las condiciones han cambiado en las últimas décadas, al menos en mi rincón del mundo. A las mujeres ya no nos dicen que nuestro único valor es dar a luz y cocinar. Pero nos siguen enseñando implícitamente que nuestra valía es como la bolsa de valores, que sube y baja constantemente en función de la percepción ajena de nosotras. Este mensaje es aún más intenso para las mujeres que viven con otras identidades marginadas, a quienes les añade que son desiguales e indignas y que tienen que luchar por ser aceptadas de muchas maneras.

Mi clienta Kiki encontró mi trabajo porque constantemente intentaba controlar a todos los que la rodeaban para que pensaran, sintieran y se comportaran de cierta manera, con el fin de controlar sus propias emociones. Ella me dijo:

> Pensé que podría haber una forma mágica de reformular mis normas para que ningún alumno me pidiera que le cambiara la cita en el último minuto o que me pagara tarde. Pensaba que mi novio necesitaba tener las experiencias emocionales que yo quería que tuviera para ser feliz. Y yo intentaba constantemente «entrenar» a mis amigos para que pensaran o se sintieran de cierta manera y así poder sentirme bien conmigo misma.

Mi clienta Sarah, escritora, también quería estar a cargo de lo que todos pensaban, especialmente sobre ella. «Me presionaba constantemente para producir cosas que creía que impresionarían a los demás, en lugar de escribir realmente sobre lo que me importaba o interesaba», me dijo.

Si eres como muchas de mis clientas, en cuanto te levantas empiezas a preocuparte por lo que los demás piensan de ti y por si eres suficiente. Tu mente está llena de pensamientos como:

- *¿Soy una mala madre si mi hijo se enoja porque no le hago* hot cakes *para desayunar?*

- *¿Por qué me mira así el tipo de la cafetería?* o *¿Por qué no me mira para nada?*
- *Si miro a la mujer que está hablando por teléfono en el autobús, ¿dejará de hacerlo o pensará que soy una perra?*
- *¿Por qué mi amiga, que solo me envía mensajes sobre su noviazgo, no deja de hablar de su estúpido novio? Pero no puedo dejar que sepa que pienso eso, porque entonces podría pensar que soy una mala amiga.*
- *¿Por qué mi colega omitió ese error tipográfico en la página inicial del reporte? Ahora mi jefe pensará mal de mí. Pero, aun así, ¿por qué mi jefe no se ha molestado en darme su opinión?*

Día tras día, muchas nos obsesionamos con lo que los demás piensan de nosotras. Queremos que nos validen directa o indirectamente para sentirnos satisfechas. ¿Por qué? No es porque nos importe mucho la opinión ajena. De hecho, no se trata en absoluto de los demás. Se trata de lo que pensamos de nosotras mismas. Los demás son el espejo en el que se reflejan nuestros miedos, inseguridades y ansiedades. En mis años de *coaching* he descubierto que, cuando queremos que otras personas piensen, sientan y actúen de cierta manera, es porque queremos que nos den permiso para pensar de cierta manera sobre nosotras. Del mismo modo, cuando nos molesta lo que opinan de nosotras, en realidad no se trata de esas personas ni de su opinión. Se trata más bien de lo que pensamos de nosotras mismas.

Tomemos como ejemplo el aspecto físico. Si la sociedad te dice que tu valor proviene de que los demás piensen que eres atractiva, entonces te va a importar *mucho* que así sea. Y como te han enseñado a pensar que nunca estarás a la altura, o que siempre correrás el peligro de perder tu atractivo, aunque suceda, te obsesionarás con ser atractiva y necesitarás que los demás te tranquilicen. Por eso acabamos adoptando patrones de pensamiento paradójicos, como sentirnos incómodas cuando nos acosan, y luego preocuparnos por que ya no estemos guapas si dejan de hacerlo, aunque nos alegremos de que no nos acosen (muchas mujeres no admitirían públicamente tener ese patrón de pensamiento, pero en las sesiones de *coaching* surge todo el tiempo).

Echemos un vistazo a otro ámbito plagado de retos para el pensamiento: la crianza de los hijos. Nuestra sociedad responsabiliza a las mujeres/madres de casi todo lo relacionado con sus hijos, incluido su comportamiento, y dado que las mujeres han sido socializadas para creer que ser madres debería ser algo natural para ellas, cualquier «error» en la crianza de sus hijos parece ser una crítica a su valor como seres humanos. No es de extrañar que a las mujeres les cueste sentir que las acciones de sus hijos son un reflejo directo de su valor como madres, y que les resulte difícil discernir qué tipo de madre quieren ser en realidad. Si te han dicho que todo lo que hace tu hijo es culpa tuya y te han vendido una imagen poco realista de la perfección materna, es básicamente imposible sentirte una «buena madre», porque tus hijos siempre son... bueno, ¡niños! Así que tu cerebro se obsesionará con las fallas que percibes en este ámbito, en cómo se ven, hablan o actúan tus hijos, sobre todo cuando están con otras personas, y con lo que los demás puedan pensar de tu forma de criar.

Por otro lado, piensa en algo que valores o ames de ti misma. Por ejemplo, yo me siento segura de mis creencias feministas. Si alguien me dijera que considera que soy estúpida por ser feminista, porque las mujeres deberían estar sometidas a los hombres debido a su cerebro más pequeño, no perdería el tiempo preocupándome por lo que esa persona piense de mí. Si no puedes pensar en algo significativo sobre ti que te guste de verdad ahora mismo, elige algo menos importante. Cuando empecé a aplicar este trabajo en mi vida romántica, utilicé mi cabello como ejemplo. Siempre me ha gustado cómo me sienta el color castaño. Si alguien me dijera que solo le gustan las mujeres con el pelo rubio, no me obsesionaría con esa opinión ni con si debería teñirme de rubio. Quizá tu ejemplo sea el color de tus ojos, o valorar el tiempo que pasas con la familia, o que te guste un determinado tipo de comida. Sea lo que sea, vale la pena que elijas tu ejemplo para aprovechar el sentimiento de confianza que surge cuando te sientes fuerte con tu opinión o valor personal en algún área y no lo cuestionas porque otra persona no esté de acuerdo.

Tanto si se trata de un desconocido como de alguien de tu propia sangre, lo esencial es recordar que, si te obsesionas por lo que opinen de ti, lo más probable es que eso que imaginas que piensan sea en realidad un reflejo de tus pensamientos sobre ti misma.

POR QUÉ NO FUNCIONA INTENTAR CONTROLAR A LOS DEMÁS PARA SENTIRNOS BIEN CON NOSOTRAS MISMAS

Tanto si eres madre como si no, la crianza de los hijos es un gran ejemplo para ilustrar cómo la resistencia emocional que tenemos ante el comportamiento de otras personas suele provenir de la misma raíz: la interpretación que hemos creado sobre el comportamiento de alguien y el significado que le atribuimos sobre nosotras. A menudo entreno a madres como Zola, que tiene un hijo de 6 años muy sensible al mundo y que suele tener crisis en público. Zola no siente que pueda prevenir o predecir las crisis. A veces, los grandes problemas, como que otro niño le robe un juguete en el parque o que se pelee con su hermano mayor, se resuelven sin escándalos, pero, otras veces, no poder comprar un Twinkie puede desencadenar un berrinche épico, sin mencionar el hecho de que la tienda estaba cerrada y que ni siquiera vendiera esos pastelitos.

Cuando Zola empezó el *coaching*, pensaba que las crisis de su hijo eran un problema. «Es una tortura oírlo gritar», me dijo. Cuando le pregunté por qué, me miró sin comprender. Parecía tan obvio para ella. Quería que dejara de gritar y de tener berrinches, porque, bueno, los berrinches son malos, ¿no? Gritar es terrible, ¿no?

Bueno… no en realidad. Los berrinches no son intrínsecamente malos. Gritar no es intrínsecamente terrible. Lo que en realidad estresaba a Zola eran sus pensamientos inconscientes cada vez que su hijo hacía berrinche, pensamientos como: «Dios mío, ¿qué hice mal al criar a este niño?», «No puedo controlar a mi hijo» o «Esta rabieta significa que debo de ser una madre terrible». El deseo de Zola de que su hijo dejara de hacerlo no tenía que ver realmente con su hijo, ni siquiera con la gente de la tienda a la que nunca volvería a ver. Se trataba de sus pensamientos sobre sí misma. Cuando su hijo se tiró al suelo y gimió como la Llorona, Zola se sintió avergonzada, y su deseo de que su hijo cambiara reflejaba su deseo de dejar de sentirse así consigo misma. Lo que significaba que la solución a su problema emocional no era cambiar a su hijo, sino cambiar sus pensamientos.

El problema *práctico* de cómo tratar a un niño que llora es un asunto distinto. Como le expliqué a Zola, no le estaba diciendo que no les enseñara a sus hijos a comportarse o que no tuviera expectativas sobre ellos. Como madre, tu trabajo consiste en establecer normas y consecuencias adecuadas para el desarrollo de tus hijos, así como marcar ciertos límites y decirles lo que tienen que hacer y cómo hacerlo. Los niños tienen libre albedrío y no se «supone» que siempre hagan lo que tú quieres, como tampoco se «supone» que los adultos lo hagan. Ellos no pidieron nacer, y su propósito en la tierra no es hacerte sentir bien como madre ajustándose a las expectativas sociales sobre cómo deben comportarse los niños, sobre todo cuando esas expectativas pueden estar muy alejadas de su realidad evolutiva, de una crianza sana o incluso del tipo de persona que realmente quieres que sean.

Estos principios van mucho más allá de la crianza de los hijos. Puede ser inquietante darse cuenta de que la mayoría de nuestras creencias sobre cómo deberían ser los demás, que nos parecen tan justas y objetivamente correctas en el momento, no suelen ser más que el reflejo de los sentimientos sobre nosotras mismas. Si te das cuenta de que esto es cierto en tu caso, no significa que seas especialmente egocéntrica. Todos somos así. Es simple matemática: tu cerebro quiere sentirse bien, no mal. Si tiene pensamientos in/subconscientes en respuesta al comportamiento de una persona que lo hace sentir mal, va a asociar el sentimiento malo con el comportamiento de la persona e intentará cambiar aquel cambiando dicha conducta. Tu cerebro simplemente no es consciente del pensamiento intermedio que está causando la emoción.

Esto es cierto incluso cuando todo el mundo está de acuerdo contigo en que alguien está siendo de lo peor. Por ejemplo, mi clienta Julie estaba obsesionada con lo mucho que odiaba a su jefe. Estaba en sus primeros años de trabajo como abogada en un despacho corporativo, por lo que trabajaba entre sesenta y ochenta horas a la semana. El socio al que estaba asignada para la mayoría de sus casos trabajaba incluso más que eso y parecía estar conectado al correo electrónico 24 horas al día, siete días a la semana. Le enviaba correos a las tres de la mañana, desde la playa o desde la consulta del dentista. Una vez le envió uno mientras lo llevaban en silla de ruedas al quirófano. Trabajaba sin parar, esperaba que sus socios hicieran lo mismo y se enojaba cuando no lo hacían, una expectativa nada rara en el mundo de los despachos jurídicos, pero una muy estresante para Julie.

Su comportamiento era tan extremo que Julie sentía que su ira estaba justificada. Todo el mundo con el que hablaba estaba de su lado. Los demás asociados estaban de acuerdo en que la cultura del despacho era abusiva. Su mejor amiga le decía que dejara el trabajo. Su madre estaba preocupada por ella y no dejaba de enviarle artículos del *New York Times* por correo electrónico sobre los peligros del estrés para la salud. Pero nada de esto aliviaba la ansiedad y el estrés de Julie porque, en última instancia, tampoco se sentía capaz de poner límites a su disponibilidad con su jefe. Esto la hizo sentirse impotente, y su cerebro lo compensó pensando constantemente en su superior, en lo que le pasaba, en lo imbécil y poco razonable que era, en cómo le estaba arruinando la vida. Ya sabes, su cerebro pensaba que él era el problema, así que intentaba desesperadamente «resolverlo» pensando en él todo el tiempo. Pero como Julie no podía controlar el comportamiento de su jefe, a su cerebro nunca se le ocurrió una solución.

Cuando Julie vino a hacer *coaching*, la guie a través de un ejercicio llamado «El manual», que aprendí en mi formación en The Life Coach School (dispondrás del ejercicio completo más adelante en este capítulo). Nos ayuda a identificar las expectativas que hemos establecido inconscientemente sobre cómo deben comportarse los demás y por qué.

Le pregunté a Julie qué creía que debía hacer su jefe. «Debería dejar de enviarme correos electrónicos en mitad de la noche», me dijo. «Debería dejar de esperar que responda tan tarde por la noche o tan temprano por la mañana. Debería valorar mi trabajo. Debería hacerme comentarios más positivos. Debería preocuparse más por mi bienestar». Tenía una lista aún más larga, pero ya me entiendes.

«Está bien», dije. «Digamos que hace todo eso. ¿Qué llegarías a pensar o sentir si lo hiciera?».

Julie se quedó callada. Nunca había considerado que su fijación en el comportamiento de su jefe era su intento de resolver sus sentimientos de ansiedad. Estaba tan convencida de que su conducta era objetivamente incorrecta que no se había planteado qué recompensa emocional buscaba con tanta obsesión. Como le dije, aunque lográramos que todo el mundo estuviera de acuerdo en que el comportamiento de su jefe era inaceptable, él seguiría siendo así. Iba a depender de Julie entender qué significaba para ella el comportamiento de su jefe para poder decidir qué hacer al respecto, si es que había algo que hacer. Julie reflexionó. Finalmente dijo: «Creo que tengo miedo de que mi estrés signifique que no sirvo para esto. Que soy una mala abogada y que nunca tendré éxito. Si mi jefe se tranquilizara, mi cerebro me dejaría tranquilizarme. Y si me sintiera tranquila, entonces podría creer que trabajaré bien aquí, hacerme socia algún día y sentirme una triunfadora».

Ahí estaba. Julie le había dado a su jefe el control remoto de sus emociones, no solo sobre el día a día de su trabajo actual, sino sobre su estado emocional respecto a su futuro y su éxito profesional a largo plazo. No es de extrañar que estuviera tan estresada. Cuando se dio cuenta de que su resistencia hacia su jefe no se debía a su comportamiento, sino a cómo quería sentirse en su trabajo, todo cambió para ella. Porque entonces Julie se dio cuenta de que su verdadero objetivo era aprender a conocerse mejor a sí misma, y que podía empezar a utilizar las técnicas que le enseñé —las mismas que tú estás aprendiendo en este libro— para conseguirlo.

Esta revelación fue tan poderosa que Julie me envió a su cuñada. Karen no tenía problemas laborales, le encantaba su trabajo, pero sí los tenía con sus amistades. En particular, tenía un grupo de amigas de la universidad que ocupaban un lugar importante en su historia mental personal. Karen siempre se sintió como una extraña en ese grupo de amigas. Las otras tres mujeres parecían más cercanas entre sí que a ella. Si alguna se divertía sin ella —algo que las redes sociales hacían demasiado fácil ver—, se sentía rechazada y poco querida. Pero incluso cuando salían todas juntas, se sentía hiperconsciente de lo mucho que las otras mujeres le hablaban, la miraban o se reían de sus chistes. Intentaba constantemente medir el amor y el afecto del grupo, y siempre se daba cuenta de que la porción era insuficiente.

Durante nuestra primera conversación, le dije:

—Dime qué quieres de verdad que hagan tus amigas y por qué.

—Quiero caerles muy bien a mis amigas y que me inviten a todo —respondió inmediatamente.

—Está bien —le dije—. Deseo concedido. Esa es una opción en la máquina expendedora de validación. ¿Cómo te sientes ahora?

—Me siento segura y bien conmigo misma —afirmó—. Creo soy lo bastante buena y que merezco tener amistades.

Karen se sorprendió con su respuesta. No se había dado cuenta de que su fijación por lo que hacían sus amigas tenía una conexión tan profunda con su autoestima. Pero si has puesto atención, probablemente no te sorprenda en absoluto su descubrimiento.

Empiezas a notar un patrón, ¿verdad? No importa lo que queramos que los demás piensen de nosotras o cómo queramos que se comporten, normalmente todo se reduce a creer que no podemos ser felices hasta que ellos piensen o actúen de cierta manera, y a menudo tiene que ver con lo que pensamos sobre nuestro valor.

Tratar de basar nuestra autoestima en la opinión ajena tiene tres grandes problemas. El primero es que es extremadamente ineficaz intentar manipular el mundo para que sea de cierta manera solo para que podamos darnos permiso de tener un pensamiento particular. Imagina intentar persuadir, rogar, sobornar o intimidar a alguien para que recoja las llaves de la mesa por ti. Es un derroche de energía cuando tú podrías recogerlas. La diferencia es que, cuando se trata de tus llaves, sabes que puedes recogerlas por tu cuenta. En cambio, cuando se trata de tus pensamientos y sentimientos, aprendiste que no puedes crearlos por ti misma y que necesitas la cooperación de otras personas para pensar y sentir como quieres.

Lo que nos lleva al segundo problema central de dejar que los demás dicten nuestra autoestima: la gente no suele cooperar con nuestro deseo de utilizarlos como máquinas expendedoras de validación (lo cual es muy grosero, pero así es el libre albedrío). A veces la gente simplemente no nos quiere o no nos aprueba, por mucho que queramos. Otras veces sí nos quieren, pero no lo demuestran de la manera que nos gustaría. Puede que quieras que tu pareja te traiga flores para poder pensar: «Tengo una pareja que me quiere lo suficiente como para traerme flores, lo que significa que soy lo suficientemente buena», pero tu pareja está pensando en su estresante día de trabajo y no se le ocurre comprar flores, aunque te quiera mucho. Incluso cuando le pides directamente a la gente que diga ciertas cosas o actúe de cierta manera, no siempre funciona. Por lo general, a la gente no le gusta que la obliguen a comportarse de determinada forma para satisfacer sentimientos ajenos, así como a nosotras no nos gusta que nos manipulen o controlen para el mismo propósito.

Pero el tercer problema, y quizá el mayor, de este planteamiento es que, incluso cuando se obtiene este tipo de validación, es *temporal*. Cuando te comes un chocolate de una máquina expendedora, obtienes un rápido subidón de azúcar y tres horas más tarde sufres un bajón. Si tenías hambre, te sientes saciado temporalmente, pero luego tienes más hambre, porque comer un caramelo con el estómago vacío aumenta y reduce el nivel de azúcar en la sangre. Lo mismo ocurre con la validación. Piensa en cuántas veces te han felicitado por algo en lo que eres buena, por el atuendo que llevas o por cualquier otra cosa. ¿Crees ahora plenamente en lo maravilloso de ese talento o de tu aspecto? No. Porque el subidón de la validación externa siempre se desvanece y vuelven los pensamientos autocríticos.

La clave de la autoestima no es limitarse a manipular cada vez mejor a la gente para que siga llegando el flujo de validación. La solución a la dependencia de la validación externa es crear la propia validación. Cuando confiamos verdaderamente en nosotras, podemos alejarnos de la máquina expendedora; no necesitamos pasar todo nuestro tiempo alimentándola con monedas, y mucho menos patearla cuando la validación se atasca al salir. Cuando necesitamos validación externa para sentirnos bien, convertimos el comportamiento de todo el mundo en un referente sobre nuestro valor. Cuando sabemos cómo crear confianza en nosotras mismas desde el interior, ya no intentamos controlar a los demás y conectamos con nuestro valor en cualquier momento.

BLOQUEOS MENTALES PARA LA VALIDACIÓN INTERNA

Suena genial, ¿verdad? Pero no tan rápido. A menudo las mujeres acuden a mí convencidas de que quieren mejorar su autoestima. Quieren sentirse seguras de sí mismas. Quieren sentirse poderosas. Quieren dejar de preocuparse por lo que piensen los demás.

Luego, cuando empiezo a enseñarles a hacer estas cosas, se sorprenden al descubrir que su cerebro presenta algunas objeciones. De repente, están muy seguras de que en verdad es muy importante tener pensamientos negativos sobre ellas, los cuales a menudo dicen que no son negativos, sino simplemente «realistas». La mayoría de las mujeres ni siquiera se da cuenta de lo autocríticos que son sus pensamientos. De hecho, tienden a enorgullecerse de ser tan «conscientes de sí mismas», porque significa que están íntimamente en sintonía con sus defectos.

A pesar de estar supuestamente tan en contacto con sus defectos, también intentan convencerme de que es extremadamente importante preocuparse por lo que piensen los demás para mantenerse a raya. Con ello se refieren a estar alerta ante cualquier posible crítica que alguien pueda hacerles; no vaya a ser que piensen algo bueno de sí mismas que en realidad no se merecen. Este miedo surge fundamentalmente de la creencia que suelen tener las mujeres de que, si se tratan bien o se quieren incondicionalmente, se convertirán en narcisistas furiosas que abusan de todos los que las rodean. No es de extrañar, ya que las mujeres están especializadas en cuidar de los demás antes que de sí mismas. Atribuir casi la misma importancia a nuestro tiempo o atención nos parece bastante egoísta, y preocuparnos más por la propia felicidad, opiniones o deseos que por los de otra persona (o incluso valorarlos por igual) nos parece sociopático. A los hombres no les enseñan que ser una buena persona significa subordinar sus necesidades o deseos a los ajenos.

Además, a las mujeres nos enseñan a no confiar en nuestros valores, prioridades, instintos o sentimientos. Queremos autoconfianza, pero cuando resulta que eso requiere confiar en nuestras opiniones sobre nosotras mismas por encima de las externas, rápidamente nos sentimos inseguras. Porque, por lo que nos han dicho, nuestras opiniones no son nada dignas de confianza. Entonces, ¿cómo podemos saber si realmente «deberíamos» poder sentirnos o pensar positivamente sobre nosotras?

La respuesta, por supuesto, es que no puedes saberlo. No hay ninguna carta certificada del universo que te diga que eres lo bastante buena como para tener autoconfianza. Tienes que decidir amarte a ti misma antes que odiarte, incluso con tus defectos humanos incluidos. También puedes fijarte en los retornos que obtienes. ¿Cómo actúas cuando te surgen pensamientos de odio hacia ti misma? ¿Cómo actúas cuando tienes pensamientos de autoaceptación?

Según mi experiencia, quererse a una misma no significa ser egocéntrica. De hecho, todo lo contrario. ¿Sabes quiénes pasan mucho tiempo pensando en sí mismas? Las personas que se odian. ¡No pueden parar de pensar en ellas! Cuando te gustas, no necesitas pasar mucho tiempo pensando en ti. Escoge a una amistad que aprecies: cuando piensas en ella, te sientes bien y sigues con tu día. ¿Y qué pasa cuando te empeñas en odiar a alguien? ¡Esa persona ocupa tus pensamientos todo el día! Lo mismo te ocurre a ti. ¿Quieres centrarte en devolverle algo al mundo y ayudar a los demás? Quererte a ti misma es el primer paso. Hablemos de cómo lograrlo.

AUTOVALIDACIÓN: CREANDO TU PROPIO VALOR

Intentar no utilizar a otras personas para obtener validación cuando no sabes cómo crear la tuya es como intentar dejar de fumar de golpe. Lo harás a duras penas y estarás tentada constantemente. Al final, es probable que te rindas y retomes el hábito. Pero cuando sepas cómo validarte a ti misma, podrás alejarte de la máquina expendedora de validación para siempre.

Ejercicio: Mi versión de «El manual»

Este ejemplo es una adaptación del ejemplo original creado por Brooke Castillo, de The Life Coach School, puede ser utilizado por cualquier persona, bajo las siguientes advertencias:

Esta prueba puede utilizarse para tus pensamientos sobre tus hijos, siempre y cuando tengas en cuenta el matiz de que la maternidad incluye, por lo general, comunicarles ciertas expectativas, sin vincular su estabilidad emocional al hecho de que se hayan realizado o no. Si quieres aplicar este ejercicio a lo que piensas sobre alguien que trabaja para ti (un empleado o una empresa privada), lee la nota al pie de página que sigue a esta frase. Finalmente, la advertencia que compartí*

* Tus empleados no son tus hijos, ni debes tratarlos como tal. Son adultos con autonomía humana, como tú. Pero cuando contratas a alguien para que haga un trabajo concreto (o lo gestionas para que lo haga en una organización en la que tú también trabajas), el hecho de que no siga las instrucciones o no se comporte como tú necesitas que se comporte constituye una base adecuada para intervenir. Si el tipo que se sienta a tu lado en la cafetería y al que no conoces para nada no recoge su mesa, no es apropiado perseguirlo y regañarlo. Pero si tienes un empleado que se supone que debe recoger las mesas y no lo está haciendo, es apropiado que le des seguimiento y le expliques tus expectativas y las consecuencias de no cumplirlas. Es apropiado tener expectativas sobre cómo alguien desempeña su papel y sobre su comportamiento interpersonal en el lugar de trabajo, y comunicar y hacer cumplir esas expectativas forma parte de ser jefa. Pero al mismo tiempo, el hilo conductor es el siguiente: que un empleado no se comporte como tú quieres no controla tus emociones. Al igual que en la crianza de los hijos, existen diferentes reglas básicas sobre lo que es apropiado al intentar «controlar» las acciones o el comportamiento de alguien cuando es tu empleado, pero tú

en la introducción sobre usar el trabajo de reflexión para trabajar en relaciones abusivas también aplica en este ejercicio.

Responde a las siguientes indicaciones reflexivas que te ayudarán a ver dónde te resistes emocionalmente a las acciones de las personas, cómo quieres que se comporten y por qué.

1. Piensa en alguien que te gustaría que cambiara (en pequeños o grandes aspectos, cualquier cosa cuenta). Escribe su nombre aquí.
2. Escribe detalladamente lo que quieres que esta persona diga o haga de forma diferente.
3. Para cada punto, escribe por qué quieres que se comporte así.
4. ¿Qué significado atribuyes a que la persona no se comporte como tú quieres?
5. Elige una idea de tu respuesta anterior y veamos los retornos que obtienes.

Ejemplo: Mi *pensamiento* es que mi madre debería pasar más tiempo con sus nietos. Ese pensamiento crea ira. Cuando me enojo debido a esta *emoción*, mi *comportamiento* es que no llamo a mi madre, no la invito a hacer cosas y espero a que ella me proponga reunirnos para que me demuestre que quiere hacerlo. Los *retornos* que obtengo de este comportamiento son que vemos menos a mi madre, ella tiene menos oportunidades de interactuar con sus nietos, y yo quiero pasar menos tiempo con ella.

---

siempre estás a cargo de tus pensamientos y de tu estado emocional sobre su comportamiento.

6. ¿Te gustan los retornos que creas con este pensamiento? ¿Por qué sí o por qué no?
7. ¿Cómo crees que te sentirías si esta persona hiciera o dijera las cosas que has escrito en la respuesta a la segunda pregunta?
8. ¿Qué tendrías que pensar para producir estas emociones?
9. ¿Qué te impide pensar así ahora?
10. ¿Qué pruebas puedes encontrar, fuera de esta situación, que apoyen los pensamientos de la pregunta ocho? Si tu cerebro quiere responder con un «No lo sé», no aceptes esa respuesta; en cambio, desafíate a profundizar un poco más y pregúntate: «Pero ¿y si *lo* supiera?».

Ejercicio: Dejar ir los pensamientos de los demás

Examinar los temores sobre lo que los demás piensan de nosotras puede ser una forma poderosa de descubrir lo que realmente pensamos de nosotras mismas. Recuerda que, cuando nos sentimos de verdad bien con un rasgo o característica propia, no nos preocupa lo que los demás piensen de ella. Nunca me ha preocupado que alguien piense que tengo el cabello demasiado rizado porque me encanta. Pero, antes de aprender a reprogramar mi cerebro, me preocupaba mucho si la gente pensaba que era demasiado ruidosa, demasiado gorda, etc., porque eran aspectos que yo misma me criticaba.

Este ejercicio te ayudará a descubrir tus miedos sobre ti y a cambiar los pensamientos que los generan.

1. ¿Qué te preocupa que los demás piensen de ti? *Si no se te ocurre nada, piensa en alguna ocasión reciente en la que te hayas sentido nerviosa por lo que los demás piensen de ti y reflexiona sobre esa circunstancia concreta.*
2. Para cada pensamiento, escribe por qué no quieres que alguien piense eso de ti.
3. Para cada pensamiento, escribe qué pensamiento relacionado (o idéntico) tienes sobre ti misma. *Por ejemplo, si escribes que la noche anterior alguien en el bar te dijo que hablabas demasiado, tu pensamiento relacionado podría ser «Hablo demasiado» o «La gente no me quiere porque hablo demasiado» o «Soy muy molesta y debería hablar menos», etcétera.*

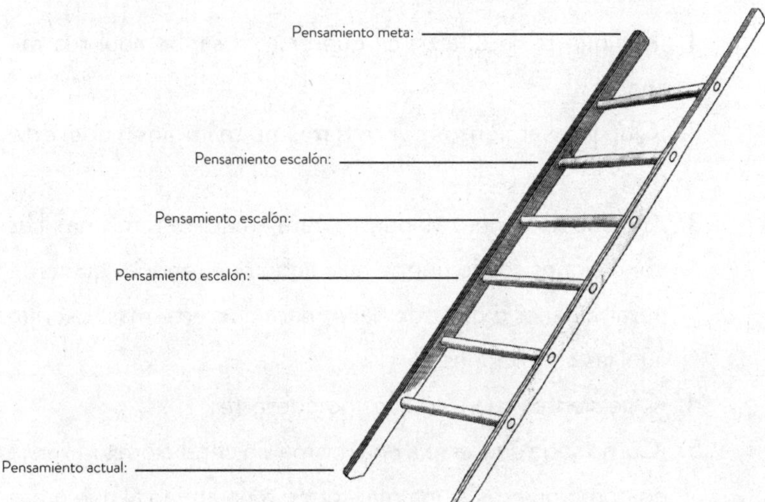

4. Elige uno de estos pensamientos y colócalo en una escalera del pensamiento para crear un nuevo pensamiento que quieras practicar en su lugar. Aplícalo cuantas veces

quieras, para muchos pensamientos diferentes (para un repaso de la escalera del pensamiento, vuelve al capítulo 3).

Ejercicio: Cómo crear amor propio incondicional

La mayoría de nosotras hemos oído hablar del amor incondicional, pero no sabemos cómo crearlo. Utiliza este ejercicio para practicar cómo sería tenerlo. Ten en cuenta que no lo dominarás de inmediato, pues es una nueva habilidad que aprender y practicar.

Consejo profesional: adapta este ejercicio para utilizarlo también con cualquier otra persona a la que te cueste querer.

1. ¿Por qué te resulta difícil quererte? Escribe aquí tus razones.
2. ¿Qué pensamientos sobre ti misma te impiden quererte más?
3. ¿Qué condiciones has puesto para amarte a ti misma? Las condiciones son lo que te has dicho que tendrías que empezar a hacer o dejar de hacer para quererte más. Escribe aquí las condiciones.
4. ¿Qué sientes cuando eliges no quererte?
5. ¿Cómo sería quererse a una misma sin condiciones? Piensa en cómo quieres a una mascota o a un amigo al que amas incondicionalmente. ¿Cómo se vería esto aplicado en ti?
6. Escribe un ejemplo concreto de algo que hagas y por lo que te critiques. ¿Qué haría falta para amarte en ese momento?

7. ¿Por qué tienes miedo de quererte o te resistes a quererte?
8. Si quisieras quererte más, ¿qué pensamiento podrías practicar?

A medida que practiques los ejercicios que acabamos de ver, serás más capaz de detectar cuándo estás intentando controlar los pensamientos, los sentimientos o las acciones de otras personas para sentirte de una determinada manera contigo misma. Podrás redirigir tu energía de la siempre frustrante tarea de intentar controlar a otras personas al proyecto mucho más gratificante de controlar tu mente. Así, a medida que construyas una relación sólida contigo misma y experimentes pensamientos más positivos sobre ti, te encontrarás cada vez menos preocupada por las opiniones ajenas. La verdadera libertad viene de ser capaz de tener una relación positiva contigo misma sin importar lo que los demás piensen, digan o hagan.

CAPÍTULO 7

RECUPERA TU VIDA AMOROSA (¡Y SEXUAL!)

Cuando aprendes que cambiando tus pensamientos también cambian tus emociones y comportamientos, hay muchas opciones atractivas y fáciles de cambiar, aunque los temas que te resulten más fáciles dependerán de tu cerebro. Quizá sea el estrés por las llamadas de tu jefe. ¡Abracadabra! Se acabó. O puede que te sientas mal en traje de baño, pero tras un verano practicando nuevos pensamientos corporales, es difícil recordar por qué solías sentirte insegura.

Pero a veces hay un problema que tarda en resolverse, incluso una vez que has aprendido a reprogramar tu cerebro. Yo llamo a esto tu *ballena blanca*.

Para mí, el amor y las citas eran mi ballena blanca. Tuve citas y relaciones. Algunas fueron cortas; otras, largas. Pero pasara lo que pasara en mi vida amorosa, siempre sentía una gran ansiedad por mi estado sentimental o mi relación, y siempre tenía la sensación de no poder resolverlo. Cada vez que terminaba un vínculo, lo tomaba como una prueba de que estaba haciendo algo mal, de que tenía algún defecto intrínseco o de que no sería capaz de encontrar una relación «normal». A medida que pasaba el tiempo, me sentía cada vez más ansiosa y menos segura de poder encontrar lo que buscaba. Aunque mis inseguridades iban mucho más allá de la piel, salir con una mujer gorda en Nueva York, una ciudad que cuenta con algunas de las personas más profesionalmente bellas del mundo, también me dio muchas «pruebas» de que nadie querría a alguien que se pareciera a mí.

Ni siquiera formarme como *coach* resolvió del todo mi problema. Las herramientas que aprendí me ayudaron a reducir mi ansiedad de un 10 a un 6, pero no se puede vivir así. No cambié mi vida sentimental —ni encontré a la pareja perfecta que tengo ahora (y lo digo como alguien que no creía que eso existiera)— hasta que pude aplicar mis propias herramientas de *coaching* feminista en mi cerebro. Junto con la ayuda de un par de *coaches* de citas que ahora son mis queridas amigas, los conceptos que voy a enseñarte en este capítulo son los que finalmente me ayudaron a vencer a mi ballena blanca.

Vivir en una sociedad sexista significa que a las mujeres les enseñan que toda su razón de ser gira en torno al amor romántico y al atractivo sexual, y que esas son las métricas utilizadas para medir su valor sin importar lo que hagan. En consecuencia, todas nosotras hemos absorbido un profundo condicionamiento sobre la importancia del amor y del sexo, que en realidad bloquea y distorsiona la conexión real y el deseo.

En este capítulo comprenderás cómo los mensajes que recibimos las mujeres sobre el sexo y el amor influyen en nuestras relaciones románticas y sexuales, a la vez que nos hacen sentir inseguras e insatisfechas. Aprenderás a desarrollar tu amor y deseo propios para que puedas conectar con posibles parejas —y contigo misma— desde un lugar interior auténtico y poderoso.

POR QUÉ EL PATRIARCADO QUIERE QUE TE CASES

Podrías pensar que el concepto fundamental del patriarcado es que los hombres son mejores o más importantes que las mujeres. Pero en realidad esa es su segunda premisa. La primera es que «masculino» y «femenino» son dos categorías separadas en las que se puede incluir a todo el mundo, y es esta dualidad la que ordena el universo. A esto le llamamos «heteronormatividad»: la idea de que lo «normal» o «natural» es que haya dos géneros, masculino y femenino, que son compañeros sexuales y románticos entre sí.

Por supuesto, es completamente falso: hay muchos más géneros y no hay tipos «normales» o «naturales» de atracción o formas de relación (entre adultos que consienten) que sean mejores que otras. Sin embargo, esta es la creencia que impregna nuestro sistema. Aunque en los últimos años cada vez somos más los que pensamos que la vida humana es en realidad un hermoso arcoíris de géneros, orientaciones sexuales y tipos de vínculos, seguimos viviendo en una sociedad moldeada en gran medida por la creencia de que solo hay hombres y mujeres que tienen relaciones sexuales y se casan entre sí.

Parte de la heteronormatividad tradicional no es solo que todo el mundo tenga que pertenecer a la categoría masculina o femenina y sentirse atraído sexual o románticamente por la categoría opuesta, sino que todo el mundo tiene que estar en un matrimonio monógamo con alguien del sexo y género opuestos. En esta visión del mundo, el matrimonio heterosexual es la base de la sociedad. El patriarcado depende de que la norma social «normal» sea que las mujeres estén subordinadas a los hombres en las relaciones heterosexuales, y que las mujeres están disponibles para realizar funciones sexuales, domésticas y emocionales para los hombres (normalmente gratis). Si la sociedad reconociera que existe un espectro de géneros y toneladas de estructuras de relación viables, felices y sanas, peligraría un sistema construido sobre la base de permitir que los hombres se beneficien de todas las formas de trabajo no remunerado que las mujeres realizan en las relaciones y en el hogar.

Imagina que cambiar de cultura es como tratar de darle la vuelta a un enorme buque cisterna. Se puede redirigir el rumbo con bastante rapidez, pero girar el barco requiere mucho tiempo. Lo que significa que, incluso hoy en día, recibimos mensajes sutiles de que la máxima aspiración y el objetivo más importante para una mujer es formar pareja, e idealmente casarse, con un hombre. Es decir, ¿cuántas veces hemos oído que una boda es el «mejor día de la vida de una mujer» o «su día especial»? ¿Y cuáles son los mensajes sociales que oímos sobre las mujeres solteras? Claro, quizá esté bien si eres joven y te diviertes, pero ¿qué dice la gente de las mujeres de 30, 40, 50 y más años que no están casadas? Piensa en las implicaciones sociales de la palabra «soltero» (un hombre soltero) comparada con la palabra «solterona» (una mujer soltera mayor). Fíjate en que «soltero» no especifica la edad, porque no se considera peyorativo. «Solterona», por otro lado, solo se utiliza a partir de cierta edad, después de la cual las mujeres ya «deberían» estar casadas, lo que es una forma de compasión o un insulto, pero nunca un cumplido.

Si nos fijamos en el contexto histórico en torno a la mujer y el matrimonio, todo esto tiene sentido. El matrimonio, al menos en el mundo occidental, solía ser un contrato social y económico, no una cuestión de amor. Las mujeres no podían cursar estudios superiores, ganar su propio dinero o incluso controlar su fertilidad. Esencialmente, no podían vivir cómodamente por su cuenta, a menos que fueran independientes y ricas (normalmente por haber enviudado). Esto significaba que convertirse en esposa y madre era su destino y la única vocación reconocida, aparte de ingresar en un convento, quizás.

Pero con la industrialización en Occidente, las mujeres solteras empezaron a tener la posibilidad de una vida económica independiente porque podían trabajar solas en las fábricas de las ciudades. Posteriormente, surgió una ideología del amor romántico como base para el matrimonio y los hijos, que sustituyó a la necesidad económica como motivo para que las mujeres se casaran y mantuvieran el *statu quo* de la heteronormatividad y la distribución desigual del poder que crea.[1]

En la actualidad, vivimos en un mundo de mensajes contradictorios. A las mujeres que solo se preocupan por casarse o tener citas las llaman desesperadas, cazafortunas o *bridezillas*,[*] pero a las que no se preocupan por tener citas o casarse las llaman frígidas y les dicen que deberían temer «morir solas». Se supone

---

[*] *Bridezilla* es una palabra en inglés que combina *bride* (novia) y *Godzilla*, el nombre del monstruo japonés. Se refiere a la conducta «neurótica» que algunas novias presentan durante la organización de su boda. [*N. del t.*].

que una relación romántica heterosexual es muy fácil, natural y algo que todo el mundo debería hacer, sin embargo, hay mensajes constantes sobre cómo las mujeres quieren comprometerse y los hombres no, y que, una vez que te casas, el matrimonio es mucho «trabajo», sin mencionar todos los mensajes sociales en torno a la idea de que hay escasez de «hombres buenos» para motivar a las mujeres a conformarse con relaciones mediocres o incluso abusivas.

Son los signos de una sociedad en transición. En las últimas décadas, hemos ampliado las categorías de identidad de las personas que pueden casarse legalmente, pero la idea del matrimonio como meta rara vez es cuestionada por la sociedad en general. No es de extrañar, ya que hay enormes intereses económicos por continuar la obsesión estadounidense con las bodas, valuada en 70 000 millones de dólares al año.[2]

No importa quién seas, es difícil escapar de la presión de formar parte de una pareja monógama casada, pero, si has sido socializada como mujer, es diez veces más difícil. Y esta presión da lugar a lo que yo llamo las «cuatro trampas de la socialización romántica».

SOCIALIZACIÓN INTERSECCIONAL

Pero antes, una nota importante sobre cómo las distintas personas e identidades reciben estos mensajes. Sería bonito pensar que, si no te atraen los hombres sexual o románticamente,[*] puedes

[*] Utilizo el término «atraída románticamente» para distinguirlo de la atracción sexual hacia los hombres, ya que son orientaciones distintas, aunque a veces se entre-

escapar de las trampas de esta socialización. Pero el problema es que la socialización de género empieza a afectar a tu mente mucho antes de que seas consciente de tu orientación sexual o romántica. Aunque es evidente que el hecho de ser elegida por un hombre no se aplica a las mujeres que no sienten atracción romántica o sexual por los hombres, los mensajes generales que han recibido sobre su valor, determinados por su situación sentimental, sí pueden afectarlas.

Además, si perteneces a una comunidad marginada o a un grupo identitario, es posible que hayas recibido mensajes muy específicos sobre quién eres o deberías ser como pareja romántica, o qué debería importarte a la hora de elegir tus relaciones o de ser elegida, e incluso de qué opciones dispones. Por ejemplo, al crecer como judía, me educaron para casarme con un hombre judío. Debido a la cantidad de judíos en la población, los mensajes de escasez me resultaban mucho más creíbles, y todo el proyecto de «ser elegida» por el hombre «adecuado» me parecía mucho más desalentador. También puede haber realidades estructurales detrás de algunas de estas advertencias. Por ejemplo, en Estados Unidos hay tantos hombres negros encarcelados debido a instituciones policiales y jurídicas racistas que contribuyen a crear, artificialmente, una escasez de hombres negros fuera de la cárcel.[3] Esta escasez puede influir en las diferentes creencias y expectativas en torno al matrimonio y la maternidad

---

crucen. Por ejemplo, puedes ser bisexual (sexualmente atraída hacia hombres y mujeres) y homorromántica, o solo te intereses en relaciones románticas con la misma identidad de género, o viceversa. Hay muchas combinaciones posibles. El punto central es que la atracción sexual y romántica son, a menudo, contiguas, pero no siempre.

en las comunidades negras de ese país, que resultan en una socialización diferente para las mujeres negras que para las mujeres de otras razas.[4]

Al final de este capítulo, haremos un ejercicio que te ayudará a descubrir los mensajes que has absorbido y que son específicos de tu identidad o comunidad. De momento, debes saber que no todas las trampas se aplicarán a tu caso, pero tú sabrás mejor que nadie cómo encajan en tu mente.

LAS CUATRO TRAMPAS DE LA SOCIALIZACIÓN ROMÁNTICA

A pesar de haberme criado en un hogar en el que esperaban que tuviera una carrera exitosa y priorizaban los estudios por encima de las citas o las relaciones, aún interiorizaba el mensaje de que, para ser digna y suficientemente buena, necesitaba tener un cierto tipo de relación romántica exitosa. Cuando este no aparecía por arte de magia, experimentaba los mismos patrones de pensamiento que he visto en tantas otras mujeres desde que empecé a enseñar y asesorar sobre este trabajo. Son las cuatro trampas de la socialización romántica: (1) inseguridad, (2) escasez y conformismo, (3) obsesión y (4) pensamiento mágico.

En esta sección, voy a explicarte cada una de estas trampas. Recuerda que no se trata de rasgos negativos de la personalidad que signifiquen que estás rota y necesitas arreglarte. Son respuestas absolutamente racionales a la forma en que has sido socializada. Se pueden cambiar, pero no es tu culpa caer en ellas y no tienen por qué ser partes permanentes en tu personalidad.

Trampa 1: inseguridad

Cuando mi clienta Sarah se unió a mi programa de *coaching*, una de sus mayores preocupaciones eran las citas. «Cuando me uní a The Feminist Self-Help Society, nunca había estado en una relación oficial y me frustraba que pareciera que todo el mundo supiera mágicamente cómo hacerlo».

No es de extrañar que Sarah se sintiera así. Cuando te enseñan que tu valor se define en función de si te eligen románticamente, vas a sentirte insegura. Si eres soltera y sientes constantemente que hay algo malo en ti por no tener pareja, que no puedes «resolver» algo que a otras parece resultarles fácil, que tienes que arreglarte y mejorar hasta ser lo suficientemente buena como para encontrar pareja, no estás sola. Estos son elementos clásicos de la inseguridad que se crea cuando les enseñamos a las mujeres que su valor proviene de ser elegidas por un hombre.

Cada vez que hablo de esto en redes sociales, recibo un montón de mensajes de varias personas diciéndome que las estadísticas muestran que las mujeres solteras sin hijos son las más felices. Sí, ya lo sé, por supuesto. Por eso la socialización tiene que ser tan fuerte. Lo que muestran los datos de las ciencias sociales es que los hombres heterosexuales se benefician del matrimonio más que las mujeres. Los hombres casados están más sanos[5] y ganan más dinero,[6] los hombres casados con mujeres incluso parecen disfrutar de una mayor longevidad a diferencia de las mujeres casadas con hombres.[7] Por el contrario, el matrimonio es generalmente perjudicial para las mujeres, al menos de entrada: añade trabajo[8] y estrés[9] a su vida mientras están casadas, y debilita sus posiciones financieras tras el divorcio.[10] Pero vivimos en una sociedad dirigida por hombres y construida sobre el trabajo no remunerado y no reconocido de las mujeres en el hogar (por no mencionar el trabajo no remunerado y no reconocido de las personas de color de todos los sexos, especialmente los negros en Estados Unidos). Lo que esto crea en última instancia es una disonancia cognitiva entre las formas prácticas en las que el matrimonio beneficia más a los hombres que a las mujeres, y la implacable socialización para convencer a las mujeres de que valoren, deseen y persigan este trato desigual de todos modos.

Lo peor es que, aunque cumplas todas las expectativas sociales, probablemente no resuelvas tu problema emocional. Porque tus inseguridades las crean tus pensamientos, no el hecho de que lleves un anillo en el dedo. Como muchas de mis clientas, lo más probable es que traslades tu ansiedad por las citas a tu matrimonio. En lugar de preocuparte por encontrar pareja, te preocupará si tu pareja es feliz, si podría dejarte, si te quiere de verdad. Es increíble la cantidad de mujeres a las que he entrenado que piensan que su pareja solo está con ellas porque son demasiado buenos como para romper con ellas, lo cual, por supuesto, no es en realidad la forma en que los hombres están socializados para actuar. Pero cuando te socializaron para creer constantemente que no eres suficiente, y para basar tu autoestima en la inestable base de los pensamientos de otra persona sobre ti, nunca te sentirás estable y segura.

Por eso, el final feliz para Sarah, para mí y para muchas de mis clientas no consiste en encontrar pareja (y lo digo como alguien que encontró y se casó con un esposo perfectamente imperfecto gracias a este trabajo), sino en mucho más que eso.

«Trabajé mucho mi ansiedad en las relaciones y mi apego ansioso y, durante mi segundo año en el grupo, tuve por fin mi primera relación», cuenta Sarah. «Pero esa persona no era mi pareja de vida. Ahora estoy soltera de nuevo y disfruto de verdad de mi soltería por primera vez, algo que nunca habría imaginado. Sé lo que busco en una pareja y me parece bien esperar hasta encontrar a alguien con quien quiera construir una vida».

Para mí es un resultado hermoso. Porque el objetivo final de este trabajo no es que te cases felizmente con tu(s) alma(s) gemela(s). Si eso sucede, genial, pero tú eres la pareja más duradera que tendrás de tu vida. Aprender a cambiar tu inseguridad al cambiar tus pensamientos sobre ti misma significa invertir en la relación más importante de tu vida. Los ejercicios que encontrarás al final de este capítulo te ayudarán a crear ese amor propio inquebrantable que mejorará tu vida, ya estés soltera, en pareja o en cualquier otro punto intermedio.

Trampa 2: escasez y conformismo

¿Cuántas veces has oído que «ya no quedan hombres buenos»? Si eres como mi clienta Zoe, supongo que muchas. Esa frase era una constante en su casa mientras crecía. Su madre y sus tres tías estaban divorciadas, y el mensaje que Zoe asimiló durante su infancia era que nunca había suficientes hombres, al menos no «buenos». Este mensaje fue reforzado por los tópicos sociales de que los hombres solo quieren sexo y nunca compromiso, los chistes sobre hombres que engañan a sus esposas y todas las demás formas en que la sociedad comunica a las mujeres que las expectativas del comportamiento de un hombre heterosexual en una relación están básicamente por los suelos. Así que ahí es donde Zoe puso también su vara. Lo que significaba que saldría con cualquiera que, como ella decía, «tuviera un trabajo, una higiene decente y estuviera dispuesto a salir conmigo». Incluso si no estaba muy entusiasmada con ellos, porque sentía que no podría encontrar a nadie más.

Zoe estaba experimentando la segunda de las cuatro trampas, que es la escasez, por la creencia de que no hay suficiente cantidad de algo, en este caso, de «hombres buenos».

El pensamiento de escasez conduce al conformismo, que es el objetivo de enseñar a las mujeres a pensar así. Si crees que (1) lo más importante en la vida es tener una relación, y que (2) no hay suficientes parejas buenas para todas, estarás motivada para formar cualquier relación que parezca viable, y para permanecer en la que estés, a pesar de que no vaya bien, sea aburrida o incluso abusiva.* La alternativa es vivir con la cacofonía de pensamientos negativos que la sociedad te enseñó sobre lo que significa estar soltera. No es de extrañar que prefieras volver a salir con el tipo aburrido o racionalizar para tus adentros que no pasa nada si tu pareja te grita.

La trampa de la escasez/conformismo también alimenta la trampa de la inseguridad. Si le enseñas a alguien que su valor

* Por supuesto que también puede haber pensamientos de escasez cuando te quedas en relaciones abusivas, pero las cuestiones de seguridad desempeñan un papel importante y la pareja abusiva devalúa la autoestima de la víctima, así como su habilidad para sobrevivir sin ella. No solo se trata de la socialización.

puede medirse por el aspecto, la altura, la cuenta bancaria, el trabajo y el comportamiento de su pareja, creas una situación en la que esa persona utilizará a sus parejas como barómetro de su autoestima. Paradójicamente, esto puede llevarnos a conformarnos —a permanecer en vínculos en los que no queremos estar solo porque pensamos que cualquier relación es mejor que ninguna— y a preocuparnos demasiado por si caemos en esto, porque utilizamos a nuestra pareja como espejo para evaluarnos a nosotras mismas. Desde esa perspectiva, podemos empezar a ver cualquier defecto suyo como una señal de que nos estamos conformando o de que no es lo bastante buena para nosotros.

Esta es una de las tragedias de la socialización sexista: cuando hay un debate sobre si somos lo suficientemente buenas o no, «suficientemente buenas» se convierte también en nuestra métrica universal para evaluar a otras personas. En última instancia, acabamos mercantilizando nuestras relaciones y tratando a los demás como si fueran fichas que tienen un valor determinado, o como si pudieran decirnos algo sobre nuestro valor, en lugar de como seres humanos complejos por derecho propio.

Para algunas de nosotras, el mensaje de «no hay suficientes hombres buenos» puede ser más cierto estadísticamente. Las mujeres negras, por ejemplo, son más propensas a escuchar mensajes que asumen que tienen menos probabilidades de casarse o de ser madres solteras, en parte porque existe un desequilibrio de género muy real dentro de la comunidad negra debido al sistema de justicia penal estadounidense, que criminaliza el comportamiento de las personas negras y encarcela a los hombres negros de forma desproporcionada.[11] Si eres una mujer gorda como yo, existe una discriminación rampante en el mercado de las citas que hace más difícil encontrar pareja.[12]

Pero las estadísticas nos dicen lo que ocurre a nivel de población. No expresan lo que podemos crear en nuestra propia vida si realmente nos centramos en hacerlo realidad. Y tenemos que empezar por reconocer la falsa dicotomía que subyace en la trampa de la escasez. El poder de la «trampa de la escasez» depende de una falsa distinción entre «hombres buenos» y «hombres malos», como si la gente se dividiera fácilmente en este tipo de categorías. La socialización patriarcal nos enseña que los hombres están locos por el sexo y son violentos, que debemos desear desesperadamente su aprobación y también temer su atención. Es cierto que el condicionamiento patriarcal socializa a los hombres, en parte enseñándoles a ver a las mujeres como objetos o recursos disponibles y no como seres humanos con plena autonomía. Pero los hombres también son humanos y no encajan perfectamente en las categorías de «bueno» y «malo». No todos los hombres absorben sin quejarse esta socialización y la exteriorizan de forma tóxica.

El antídoto contra la escasez y el conformismo es la abundancia, es decir, creer que hay suficiente amor mutuo, buen sexo y satisfacción en las relaciones. Puedes empezar a trabajar en este patrón de pensamiento buscando *cualquier* prueba que contradiga tus creencias actuales. Por ejemplo, cuando salía con alguien y buscaba pareja, a mi cerebro le encantaba hablarme de los prejuicios contra la gordura en el mundo de las citas. Así empecé a centrar mi trabajo de creencias en la idea de que no necesitaba que todo el mundo se sintiera atraído por mí. Practiqué pensamientos como «algunas mujeres gordas encuentran el amor» como inicio de mi escalera del pensamiento y me esforcé para llegar a «muchas mujeres gordas encuentran el amor» y, finalmente: «Yo puedo encontrar el amor». Busqué ejemplos en el mundo real y en el virtual, y me convencí de que, aunque podía ser difícil, no era imposible. Y mientras fuera posible, estaba dispuesta a aceptar el reto.

Trampa 3: fijación y obsesión

Durante la mayor parte de la historia de la humanidad, nuestra supervivencia ha dependido de la cooperación de otras personas, especialmente en la prehistoria, cuando era casi imposible sobrevivir solo. ¿Y los humanos primitivos que hacían enojar a los miembros de su tribu? Probablemente desaparecieron. Los que quedamos evolucionamos para estar muy atentos al estatus social y a las relaciones, incluido el hecho de que nuestra comunidad piense que somos valiosos o que valemos la pena. Según mi experiencia, si le enseñas a un cerebro humano que su vínculo romántico es un indicador de su valor a los ojos de los demás, se centrará en demostrar su valor a través de las relaciones románticas. Esto mismo ocurrió con la parte del cerebro orientada a la supervivencia: evolucionó para mantenerte viva. No le importan ni tu autoestima, ni tus sueños y esperanzas, ni nada más.

Así que, si alguna vez te has preguntado por qué no puedes dejar de pensar en ciertos problemas de tu relación, o por qué todavía revisas tu teléfono 531 veces al día para ver si alguien con quien tuviste una cita te envió un mensaje de texto, esta puede ser la razón. No hay nada malo en ti. Tienes una predisposición evolutiva a preocuparte por las opiniones ajenas, y la sociedad te educó para que creas las de tus parejas románticas y sexuales, sobre todo si son hombres heterosexuales, son lo más importante del mundo. Es lógico que tu cerebro esté obsesionado.

La buena noticia es que el trabajo que has estado haciendo y seguirás haciendo en este capítulo sobre la inseguridad y la escasez también te ayudará a dejar de obsesionarte por las relaciones. Si crees en tu valor, y en que hay muchas opciones románticas para ti, se te facilitará dejar ir a una persona —o a diez— que no corresponde tu afecto.

Trampa 4: pensamiento mágico

Toda esta obsesión produce la cuarta trampa en torno a las relaciones, que se ve reforzada por nuestra fetichización cultural del amor romántico: el pensamiento mágico. Suena divertido, lo sé, pero no se trata solo de fantasías oníricas sobre unicornios y elfos. En psicología, el pensamiento mágico es un término que describe la creencia de que los pensamientos o sentimientos influyen en el resultado de una situación que en realidad no podemos controlar.[13] En mi trabajo, el pensamiento mágico se manifiesta como la idea de que, si tenemos cierta idea o emoción, realizamos cierta acción o alcanzamos cierto resultado, nuestra vida se transformará por completo. Por ejemplo: «Si consigo pareja, o me comprometo, o me caso, o tengo un bebé, o compro una casa con mi pareja, por fin me sentiré feliz todo el tiempo, y cualquier emoción negativa que asocie con mis luchas en este ámbito se vaporizará y no volverá jamás». Y en realidad, ¿por qué no íbamos a pensar así? La sociedad nos ha vendido toda la vida que, si nos emparejamos como «se supone que debemos hacerlo», nos sentiremos validadas, plenas y felices para siempre.

Lamentablemente, no existe una rampa de salida de la experiencia humana de las emociones encontradas (créeme, he intentado encontrar una muchas veces). Incluso si establecemos una relación romántica o si es una relación en la que realmente queremos estar y no nos conformamos con ella por una mentalidad de escasez, resulta que no es la píldora mágica que la sociedad nos dice que es. No nos sentiremos perfectamente felices todo el tiempo. No nos sentiremos bien con nosotras mismas a cada momento del día.

De hecho, al contrario, la verdadera intimidad a menudo requiere vulnerabilidad, lo que puede hacer aflorar aún más nuestras inseguridades, ansiedades, traumas infantiles, experiencias de relaciones pasadas y emociones enterradas. Lo he aprendido de primera mano. Conocí a mi esposo unos veinte años después de empezar mi vida romántica, así que ya lo había experimentado todo, desde encuentros de una noche hasta relaciones duraderas, pasando por todo lo demás. No era una novata. También trabajé bastante en todas las trampas de la socialización romántica de este capítulo para poder encontrarlo, reconocerlo y desarrollar una relación con él.

Pero en cuanto la relación se puso seria, perdí la cabeza. Todos los patrones de mi infancia se despertaron con sed de venganza. Todos los traumas de apego que había experimentado en mi vida volvieron rugiendo, y me costó respirar cuando pasamos rápidamente de las citas casuales a la intimidad seria (en la primera cita supe que se acababa de separar de su exesposa y que tenía dos hijos, y yo no tenía hijos por elección, por lo que era solo una aventura casual... y seis semanas después, me dice que se está enamorando de mí).

No solo estaba lidiando con todo este trastorno emocional, sino que me sentía como si me hubieran arrebatado el «vivieron felices para siempre» que me debían. La sociedad me había dicho que, si por fin encontraba a «mi persona», sería feliz por siempre. Pero yo no solía serlo por más de cinco minutos a la vez. Olvidaba que ya llevaba haciendo *coaching* durante años, y sabía intelectualmente que no existe ninguna circunstancia en la tierra que te haga feliz en todos los aspectos durante el resto de tu vida sin volver a tener un sentimiento negativo. Lo sabía en teoría. Desde el punto de vista emocional, seguía creyendo al 30% que encontrar a la pareja perfecta para mí iba a cambiar radicalmente mi estado emocional. El universo me había enviado a alguien que era adecuado para mí, y yo para él, por muy extraño que pareciera, ¿y todavía tenía que sentirme sola, insegura y celosa a veces? *¡Qué grosería!*

Lo manejé de la forma en que uno esperaría que lo hiciera una profesional madura y experimentada del *coaching* cognitivo: ME ENOJÉ MUCHO. Principalmente con él (lo siento, querido). Por suerte, mi mentalidad de *coach* entró en acción para evitar que me juzgara a mí misma, que es el 80% de cualquier batalla de autoentrenamiento. Cuando empecé a prestar atención a mi patrón de pensamiento mágico, me di cuenta de que en realidad tenía mucho sentido. Estaba enojada con el mundo por no haberme proporcionado la felicidad delirante que me daría encontrar pareja, según sus enseñanzas, y me desquitaba con él, creyendo que tal vez, si pudiera «mejorarlo» un poco, aunque fuera de la forma más superficial, esos sentimientos llegarían por fin.

¿Y por qué mi cerebro se obsesionaba con «mejorarlo»? Porque fui socializada para creer que mi valor como mujer podía medirse adecuadamente observando el «tipo de hombre» con el que estaba. Así que cualquier cosa que mi pareja hiciera, que no fuera exactamente lo que yo hubiera querido —lo que yo consideraba atractivo, inteligente o elegante— amenazaba mi valor. Esa amenaza me provocaba miedo, al que yo respondía con ira (por eso llamamos lucha o huida a la activación del sistema nervioso ante un peligro). Necesité mucho autoentrenamiento —y la ayuda de mis entrenadores— para calmarme hasta verlo como un ser humano maravilloso y maravillosamente imperfecto, igual que yo, que tiene su forma de ser, porque no fue puesto en esta tierra para servir de espejo de mi autoestima ni de sistema de entrega a la dicha eterna. En la siguiente sección aprenderás a hacer tú misma esta transición mental crucial.

CONSTRUIR NUEVAS CREENCIAS AMOROSAS

Resulta que encontrar a la pareja «adecuada» (o a las parejas adecuadas, ya que estas cuestiones no son exclusivas de las relaciones monógamas) no es la solución para deshacer las creencias patriarcales sobre el amor, al igual que conseguir el trabajo «adecuado» no curará mágicamente tu síndrome del impostor. En lugar de eso, tienes que aprender a crear por ti misma los sentimientos que deseas en tu(s) relación(es) sentimental(es). Los ejercicios que vienen a continuación están diseñados para ayudarte a descubrir los pensamientos que tal vez ni siquiera sepas que tienes sobre las citas, el matrimonio y las relaciones, para que puedas empezar a cambiarlos. No te preocupes, en la segunda parte de este capítulo hablaremos específicamente del sexo.

Ejercicio: Identifica tus creencias amorosas autolimitantes

Quizás ya reconozcas que has caído en alguna o en todas las trampas en un momento u otro. Pero hay un efecto más poderoso cuando escribes lo que realmente piensas sobre el amor y las relaciones e identificas los pensamientos que se esconden en tu cerebro. Puede que lo que descubras te sorprenda o te incomode porque entra en conflicto con la identidad que elegiste conscientemente como adulta madura, ilustrada y feminista. Todo eso forma parte del proceso.

Básate en las siguientes preguntas para identificar las creencias que tienes sobre el amor. Si te resulta difícil acceder a tus pensamientos, intenta hacerte preguntas como «¿Es difícil o fácil? ¿Hay muchas o pocas? ¿Soy alguien que puede tenerlo/hacerlo bien o no?». Recuerda practicar la curiosidad, no el juicio. Una vez que seas consciente de estos pensamientos, podrás comprender mejor tus emociones y tu comportamiento.

1. ¿Cuáles son tus creencias sobre el amor?
2. ¿Cuáles son tus creencias sobre las relaciones románticas?
3. ¿Qué mensajes recuerdas haber oído sobre el amor romántico y las relaciones mientras crecías?

4. ¿Cuáles son tus creencias sobre ti misma en las relaciones románticas?
5. ¿Qué retorno obtienes de tus creencias?
6. ¿Qué pensamiento quieres poner en práctica para empezar a cambiar tus creencias sobre el amor y las relaciones románticas? Consejo profesional: recuerda que la escalera del pensamiento del capítulo 3 es una forma estupenda de aportar nuevos pensamientos.

Ejercicio: Espejos de relaciones

Nuestro pensamiento sobre las relaciones tiende a manifestarse de dos maneras diferentes, pero ambas convergen en el mismo lugar: nuestros pensamientos sobre nosotras mismas (¡sorpresa!).

El primer tipo de patrón de pensamiento, que yo llamo el «patrón de compromiso», puede llevarnos a entrar y permanecer en relaciones que no son realmente lo que queremos. Si tienes este patrón, quizá tienes pensamientos como:

Bueno, la relación/persona no es lo que yo quería, pero es suficiente.

Preferiría estar en esta situación a tener que lidiar con estar soltera de nuevo. Simplemente, no aguanto las citas.

Es mejor estar con alguien que estar sola.

Debería ir a una tercera cita con esa persona, aunque estoy un poco aburrida; parece una linda persona que quiere una relación.

Soy demasiado exigente; necesito ser realista.

Al segundo patrón de pensamiento le llamo «patrón crítico», porque tiende a hacernos incisivas con nuestra pareja. Lo que he visto una y otra vez en el *coaching* es que, cuando tenemos este patrón, los defectos que percibimos de ella nos significan algo sobre lo dignas o valiosas que somos, porque creemos que las características de nuestra pareja y lo «romántica» que actúa son un reflejo directo de lo dignas y queribles que somos (piensa en todas las comedias románticas que has visto en las que a la heroína, convencionalmente atractiva y adorable, le demuestran un gran gesto romántico al final para reconquistarla, mientras que su amiga, menos atractiva y extravagante, sigue soltera). Es probable que tengas este patrón si piensas cosas como:

Quiero que me envíen flores, notas de amor, o mensajes, para que sepa que me quieren de verdad.

¿Por qué mi pareja no puede ser «normal» y querer ir de vacaciones con la familia, jugar tenis, ir de campamento, [inserta aquí aquello que quisieras que tu pareja hiciera]?

¡Aj!, desearía que mi pareja ________, todo el mundo lo mira y lo juzga. Probablemente piensan que mi pareja es [adjetivo negativo] y que no puedo conseguir a alguien mejor.

Esto puede referirse a cualquier tipo de comportamiento o característica, por ejemplo: *Me gustaría que mi pareja se cortara el cabello/cambiara esa camisa/dejara de hablar tan alto; todo el mundo lo mira y lo juzga. Probablemente piensan que mi pareja es descuidada y que no puedo conseguir a alguien mejor.*

Las siguientes dos series de preguntas de reflexión se centran en cada patrón de pensamiento, pero vale la pena completar ambas, aunque te identifiques más con un patrón que con otro.

Patrones de compromiso: si tiendes a conformarte o te las arreglas en tus relaciones porque temes estar soltera o sola...

1. ¿Qué opinas de tu capacidad para atraer y mantener una relación sentimental increíble?
2. ¿Crees que mereces amor incondicional? ¿Por qué sí o por qué no?
3. ¿Crees que ser tu pareja requiere mucha paciencia o te sientes a menudo agradecida de que tu pareja «te aguante»?
4. ¿Qué temes de la soltería?
5. ¿Qué crees que significaría para ti ser soltera? ¿Qué pensamientos tendrías sobre ti misma?
6. Si realmente creyeras que puedes tener el tipo de relación que deseas en secreto (pero que quizá no crees poder conseguir), ¿estarías en la relación en la que estás?
7. ¿Hay pensamientos o sentimientos que evitas comunicar a tu pareja porque temes las repercusiones? ¿Cuáles son esos pensamientos y sentimientos?
8. ¿Qué temes que pasaría si los compartieras? ¿Qué pensarías y sentirías si ocurriera?
9. Observa tus respuestas. ¿De qué te das cuenta? ¿Hacia dónde quieres llevar tu trabajo de cambio de pensamiento a partir de ahora?

Patrón crítico: si tiendes a criticar a tu pareja porque crees que debería ser diferente o mejor…

1. ¿Cuáles son las cosas que más te molestan de tu pareja?
2. Para cada cosa que hayas anotado, haz una lista de por qué te molesta.
3. ¿Qué quieres decir con que tu pareja tiene esas características, hábitos o comportamientos, etc.?
4. ¿Qué significado sobre ti atribuyes a que tu pareja sea así?
5. ¿Qué crees que llegarías a pensar o sentir si tu pareja cambiara todos esos aspectos?
6. ¿Qué pensamiento puedes practicar ahora, sin que tu pareja cambie en absoluto, que te ayude a pensar y sentir como quieres?

Puntos extra: *vuelve a revisar el ejercicio «Mi versión de "El manual"» del capítulo 6 para contar con otra herramienta cuando quieras que tu pareja actúe diferente.*

HABLEMOS DE SEXO, QUERIDA

El amor romántico resuelve todos nuestros problemas. Es hora de hablar de nuestra otra obsesión biológica y socialmente determinada: EL SEXO.

El sexo, al igual que el matrimonio, ha evolucionado como símbolo y práctica social. Durante la mayor parte de la historia de la sociedad cristiana occidental, el sexo se proclamó públicamente como algo que solo debía practicarse en el matrimonio,[14] aunque, por supuesto, la gente ha tenido relaciones sexuales dentro y fuera de las estructuras de relaciones formales e informales desde el principio de los tiempos. Pero una vez que el cristianismo se apoderó de Occidente y la Biblia se convirtió en el documento social y religioso dominante, el sexo fuera del matrimonio se asoció con el pecado.[15] En la antigua filosofía grecorromana, las mujeres se relacionaban con el cuerpo, mientras que los hombres, con la mente,[16] y el cristianismo superpuso la idea del pecado a ese modelo, convirtiendo a las mujeres en la fuente del «pecado original» en el sentido bíblico. En este esquema, los hombres son racionales, lógicos y representan el pensamiento de orden superior, mientras que las mujeres son físicas, pecaminosas y representan la naturaleza animal del cuerpo, que debe ser oprimida y controlada para ascender a la virtud.[17] La sociedad occidental moderna se construyó sobre este marco, y aún hoy organiza nuestro orden social.

Curiosamente, este marco coexiste con otra historia contradictoria sobre el sexo en nuestra sociedad. Por un lado, a la mujer se le asocia con el sexo y el cuerpo, como una seductora que pone en peligro la virtud del hombre. Pero, por otro lado, nos enseñan que los hombres desean y quieren tener sexo solo porque sí —es una de las características esenciales atribuidas a los hombres en una concepción heteronormativa de la masculinidad—, mientras que las mujeres no quieren tener sexo solo por hacerlo. Por el contrario, nos dicen que las mujeres quieren amor, compromiso o dinero, y que consentirán el sexo si les ofrecen esas cosas o lo utilizarán para conseguirlas. Como si el amor, el compromiso o el dinero fuera algo que los hombres quisieran conservar para sí mismos, pero que las mujeres pueden conseguir con sus cuerpos. En resumen: las mujeres son demasiado sexuales y tientan a los hombres a pecar, *pero* tampoco les gusta para nada el sexo, *pero* también utilizan el sexo para manipular a los hombres y así conseguir amor, dinero o compromiso, *o* son manipuladas para tener relaciones sexuales con hombres que les prometen esas cosas. Este es el complejo conjunto de socializaciones superpuestas que produce un mundo en el que las mujeres se sienten presionadas para ser sexuales (¡no seas frígida!), pero no demasiado sexuales (¡no seas una zorra!), y sexuales solo en las formas adecuadas con las personas adecuadas en el momento adecuado; una ecuación que parece imposible de resolver.

Dicho lo anterior, no es de extrañar que nos sintamos confundidas con el sexo.

Lo que todos estos mensajes contradictorios tienen en común es su resultado: mujeres que nos hemos alienado al propio cuerpo y al propio placer. Cuando vemos nuestro cuerpo como un objeto controlado por nosotras, deseado por los demás y utilizado para prestar servicios (sexo, maternidad o crianza de los hijos, tareas domésticas), desarrollamos una relación alienada con él. En el caso de las mujeres, esta suele ser confrontativa. Sentimos que nuestros cuerpos no cooperan como se supone que deben para que nos sintamos aceptadas y queridas. No tienen el aspecto que deberían de tener. Son demasiado gordos o están gordos en los sitios equivocados, tienen demasiado vello, demasiadas venas, evidencian demasiado que son animales vivos. No se comportan como se supone que deben hacerlo. No llegan al orgasmo como nos dicen que deberían (con la penetración y de inmediato, sin juegos previos). Se ponen tensos o se paralizan cuando no se sienten seguros. No desempeñan mágicamente el imposible papel de gatita sexual que, de alguna manera, también es apropiadamente casta.

Cuando se trata de sexo, las mujeres son educadas para sentirse avergonzadas de sus cuerpos y agobiadas por sus necesidades o deseos sexuales. He entrenado a muchas mujeres que no dejaban que sus parejas iniciaran el encuentro sexual porque estaban preocupadas por cómo sabían u olían, o porque eran conscientes de «cuánto tiempo» tardaban en llegar al clímax. Estamos tan condicionadas a creer que debemos hacer lo que sea necesario para que los hombres sean felices, y que ellos no deben hacer nada por nuestra felicidad, que muchas mujeres heterosexuales se sienten incapaces de relajarse lo suficiente como para dejar que incluso una pareja apasionada les dé placer.

Las mujeres también están socializadas para tener una excitación basada en la «afirmación del objeto de deseo». En pocas palabras, esto significa que las mujeres se excitan cuando *son vistas como un objeto de deseo.* En un estudio sobre el deseo sexual de las mujeres, se descubrió que este era el único y más importante predictor positivo (es decir, la única variable que realmente influía en el deseo).[18] Esto no debería sorprendernos, porque desde la perspectiva de la teoría feminista, las mujeres también están socializadas para verse a sí mismas como objetos sexuales basados en su apariencia, en lugar de como agentes con deseo (esto a veces se denomina «teoría de la autoobjetificación»).[19] Estamos socializadas para creer que ser deseadas es sexi. A menudo entreno a mujeres que afirman no «sentirse sexis», porque su pareja no inicia el sexo, y que si la pareja (normalmente un hombre) lo hiciera, entonces se sentirían más sexuales. Esto sitúa a las mujeres en una posición pasiva y receptiva, solo capaces de experimentar deseo en función de algo que ocurre fuera de ellas mismas. Si alienas a alguien a su cuerpo, le enseñas que es un objeto que otras personas pueden desear, y la entrenas para que se preocupe mucho más por ser deseada que por su propio deseo, ¿es de extrañar que se sienta así? A las mujeres nos enseñan desde pequeñas que ser deseadas es la forma de sentirnos poderosas, así que, por supuesto, acabamos centrándonos mucho más en cómo ser deseables para los demás que en lo que deseamos o en cómo desearnos a nosotras mismas (¿desearnos a nosotras mismas?, sí, hablaremos de ello más adelante).

Esta socialización puede ser un arma de doble filo. He entrenado a muchas mujeres en relaciones con desequilibrios de la libido, y nuestra socialización sexual es una joda mental en ambas direcciones. Las mujeres que tienen la libido más baja en una relación pueden sentirse culpables o avergonzadas por no desear el sexo, o pueden enojarse con sus parejas por desearlo más que ellas o porque no hacen lo suficiente para «provocar» que sientan deseo («provocar» entre comillas, porque, como se enseña en este capítulo, otras personas no provocan nuestro deseo). En el caso de las mujeres que tienen la libido más alta en una relación, pueden sentirse frustradas porque han sido socializadas para creer que los hombres siempre quieren sexo, y punto. Así que, si su pareja masculina no lo hace, sienten que él es deficiente. O pueden sentirse inseguras porque han sido socializadas para creer que, si le gustas a un hombre, siempre querrá tener sexo contigo. Por lo tanto, si su pareja no desea tanto tener relaciones sexuales, debe haber algo malo o poco atractivo en ellas. Por supuesto, las personas en relaciones de todo tipo de combinación de género y orientación sexual pueden experimentar libidos desajustadas, que generan dramas mentales al respecto.

El drama mental que surge de la socialización relacionada con el sexo también puede trascender el dormitorio. En una sociedad que enseña a las mujeres que sus cuerpos son objetos que existen para complacer a otras personas, se borra el placer femenino. Y no me refiero solo al placer sexual, que si bien es una parte importante de la vida para cualquiera que quiera experimentarlo, a las mujeres les enseñan fundamentalmente a desconectarse de la mayoría de los placeres de la vida.

No debemos comer por placer, eso nos hará engordar. No se supone que bebamos por placer, eso nos hace descuidadas y, si nos pasa algo, será culpa nuestra. No debemos tener relaciones sexuales por placer, eso nos convierte en unas zorras. No debemos descansar por placer, eso nos hace flojas. No se supone que queramos experimentar placer en absoluto, eso nos hace codiciosas. No nos lo hemos ganado; no lo merecemos. Nos enseñan que el placer es un derecho que debemos ganarnos portándonos bien y esforzándonos lo suficiente. Pero cuando has condicionado a tu cerebro para sentir culpa y vergüenza por el placer, esas vías neuronales no pueden «apagarse» con un chasquido de dedos. Así que nunca sientes que has hecho lo suficiente para merecer sentirte bien.

Por eso, para aumentar nuestra capacidad de sentir placer, no empezamos por el cuerpo, sino por el cerebro, y lo aprenderemos a hacer a continuación.

RECUPERA TU PLACER

Cuando se trata de comunicarse con alguna pareja, establecer límites o experimentar más placer, cambiar tus pensamientos es la clave. Hay tres formas principales de reconfigurar tu cerebro para crear las experiencias sexuales que deseas:

1. Cambia tu visión sobre el sexo de ser algo que existe para beneficio de los demás, o como fuente de poder sobre los demás, a algo que existe para tu propio placer y expresión.
2. Aprende a sentirte deseable y sexi siempre que quieras, y a lidiar con la incomodidad y el miedo que esto puede generar.
3. Siéntete lo suficientemente cómoda con tu cuerpo como para saber lo que te gusta y quieres sexualmente, y lo suficientemente cómoda contigo misma como para pedirlo (y también con la frustración, para soportar no conseguirlo).

RECUPERA TU PLACER SEXUAL

Incluso cuando nos estusiasma conectar con alguien sexualmente, nuestra socialización puede hacernos sentir que necesitamos permiso (de nuestra pareja, familia, religión, etc.) para que se nos permita experimentar excitación o placer. Tal vez pensemos que tenemos que ser lo suficientemente atractivas, y de la manera correcta, para permitirnos tener relaciones sexuales. O que tenemos que ser virtuosas y sexuales al mismo tiempo y en la justa medida. O puede que solo nos permitamos ciertos tipos de deseos sexuales heteronormativos o comunes, pero no deseos *queer* o atrevidos.

Se trata de un resultado natural de nuestra socialización que, cuando lo observas detenidamente, resulta absurdo. Intentemos sustituirlo por un sistema corporal que destaque lo extraña que es la enseñanza que nos dan sobre el deseo sexual. Por ejemplo, no tendría sentido decir que tu sistema digestivo depende de alguien más, o que necesitas el permiso de otra persona para respirar o para filtrar toxinas a través de tus riñones. Del mismo modo, tu capacidad de sentir placer y excitación sexual te pertenece a ti y solo a ti. Es tan tuya como la filtración para tu riñón o la digestión para tu estómago. La excitación sexual es una experiencia física, mental y emocional que puedes tener solo porque tienes un cuerpo físico capaz de experimentarla.

Piensa en un gato estirándose y ronroneando bajo el sol. Lo hace simplemente porque se siente bien, porque millones de años de evolución han moldeado su cuerpo y su cerebro para sentir placer con un buen estiramiento bajo el sol. Quiero que pienses en tu sexualidad como ese gato. Tu versión puede ser tan linda como la de un gato al sol o un poco más atrevida; no importa. La cuestión es que el gato no se estira para que otros disfruten o por obligación, simplemente disfruta de la sensación, y nunca pensaríamos que no se merece disfrutarla. Lo mismo ocurre contigo y tu cuerpo.

Por supuesto, esto no quiere decir que el cuerpo de todo el mundo tenga los mismos mecanismos de excitación, o que todos quieran sentir excitación sexual. Algunas personas son asexuales o demisexuales. Tu historia, sobre todo si has experimentado un trauma sexual, puede complicar estos sistemas, y de ser el caso, vale la pena trabajar con un terapeuta especializado en traumas o un terapeuta sexual somático para sanar estas respuestas. Aun así, los ejercicios de este capítulo pueden ser útiles; si estás lidiando con una socialización común y corriente, y no con una historia de trauma sexual, te llevarán lejos.

Ejercicio: Cómo recuperar el placer sexual

Aquí tienes algunas preguntas que te ayudarán a recuperar tu sexualidad.

1. ¿Qué finalidad tienen para ti las experiencias sexuales?
2. ¿Qué te excita?
3. ¿Qué te hace sentir sexi?
4. ¿Qué te resulta placentero a nivel físico, sexual u otro?
5. ¿Qué crees acerca de experimentar placer sexual? ¿Qué emociones surgen cuando piensas en ello?
6. ¿Cómo te sentirías si toda tu interacción sexual se centrara únicamente en hacerte sentir bien? ¿Por qué?
7. Imagina tu encuentro sexual ideal. ¿Qué ocurre? ¿Cómo se siente?
8. ¿Qué te gustaría creer sobre las experiencias sexuales y el placer?
9. ¿En qué pensamiento puedes empezar a creer hoy para dar el primer paso hacia esa visión?

Ejercicio: Pedir lo que quieres

Si el tipo de relaciones sexuales que tienes con tu pareja no te excita, o no tiene el ritmo que quieres, o no incluye el tipo de actos, palabras o la sensación de conexión que deseas, entonces vas a estar insatisfecha pase lo que pase. ¿Para qué te esforzarías si Netflix te satisfará sin que tengas que levantarte del sillón?

El siguiente ejercicio te ayudará a articular qué quieres intentar y por qué tienes miedo de pedirlo, y también a crear el valor emocional para expresarte. En el mejor de los casos, conseguirás lo que quieres. En el peor de los casos, aprenderás algo sobre la voluntad o la capacidad de tu pareja para satisfacerte de esta manera, pero es un conocimiento importante que debes tener sobre tu relación. Si rehúyes esa información, tienes que pensar por qué no quieres saberla.

1. ¿Qué te gustaría experimentar en la intimidad sexual o física que no estés experimentando?
2. Cuando piensas en pedir esa experiencia, ¿qué emociones te surgen? ¿Qué pensamiento(s) te provoca(n) esa(s) emoción(es)?
3. ¿Qué respuesta temes recibir?
4. ¿Qué pensarás y sentirás si esa es la respuesta que obtienes?
5. Si fueras a pedir lo que quieres, ¿qué necesitarías sentir para emprender esa acción?
6. ¿Qué pensamiento puedes practicar para crear esa sensación?

7. Si se lo pides, y tu pareja responde de la forma que temes, ¿cómo quieres sentirte?
8. ¿Qué pensamientos puedes poner en práctica con antelación para prepararte para ese posible resultado?

RECUPERA TU AUTONOMÍA SEXUAL

A las mujeres nos enseñan a creer que no tenemos permiso de negarnos al sexo si no queremos o que es peligroso negarnos. Y seamos realistas: a veces es peligroso decir que no. La violencia sexual es muy común[20] y, a veces, lo más seguro y lo que más nos protege es aceptarla para que no nos lastimen. Si eso ocurre o te ha ocurrido, lo siento mucho. Puedes utilizar las herramientas de este libro para ayudarte a cambiar la culpa y la vergüenza que tantas víctimas de agresiones sexuales experimentan, pero, de nuevo te insto a que busques un terapeuta u otro profesional especializado en traumas para obtener la ayuda que necesites.

A veces, sin embargo, es del todo seguro físicamente decir que no al sexo que no queremos tener, pero la sociedad nos ha enseñado a creer que es grosero marcar el límite. Puede que nos sintamos así, ya sea porque estábamos interesadas en experimentar alguna interacción sexual, pero no en todas sus formas, o porque estábamos interesadas en una interacción y cambiamos de opinión, o porque nunca estuvimos interesadas en absoluto, pero tuvimos que lidiar con otra persona que sí lo estaba. Este ejercicio te ayudará a reforzar tus límites en torno a la interacción sexual en situaciones en las que estés físicamente segura.

Incluso si le temes al impacto emocional de una pareja enojada o una consecuencia económica (por ejemplo, si es un cliente potencial o tu jefe quien te está coqueteando), creo que reforzar tu confianza en tu propia resiliencia y capacidad para cuidar de ti misma es crucial para ayudarte a manejar esas situaciones difíciles.

Ejercicio: Cómo recuperar tu autonomía sexual

Responde a las siguientes preguntas de reflexión para ser más consciente de los pensamientos que te llevan a decir que sí a relaciones sexuales que no quieres tener, de modo que puedas trabajar para cambiarlos.

1. ¿Cuándo tiendes a aceptar tener sexo que no quieres tener?
2. ¿Por qué dices que sí en ese caso?
3. ¿Qué temes que ocurra si dices que no?
4. ¿Qué pensarás/sentirás si eso ocurre?
5. Supongamos que ocurre, ¿cómo podrías afrontarlo? ¿Qué harías si supieras que puedes cuidar de ti misma (emocional, logísticamente, etc.) pase lo que pase?
6. ¿Qué tendrías que pensar y sentir para producir esas acciones?
7. ¿Qué pensamiento pondrás en práctica para sentirte más capaz de decir que no?

Ejercicio: Crea tu propio deseo

Como ya vimos antes, a las mujeres nos enseñan a tener una excitación basada en la afirmación del objeto de deseo: estamos socializadas para creer que nos excita *sentirnos deseadas*. En consecuencia, para muchas de nosotras, eso se vuelve una realidad. Recuerda que el cerebro es una máquina de hacer predicciones. Si le dices que algo va a suceder mental o físicamente, es más probable que lo experimentes.

Pero piensa en lo que ocurre cuando te desea alguien a quien no deseas. ¿Te sientes sexi? Tal vez. Pero es más probable que te sientas molesta, amenazada o incluso disgustada, porque alguien que consideras indeseable exprese deseo por ti. Lo que esto nos dice es que no es la existencia del deseo de otra persona lo que nos hace sentir sexis y deseables, sino nuestros *pensamientos* al respecto. Por eso también puedes sentirte deseable o excitada solo con pensar que otra persona te desea si tú apruebas ese deseo y quieres corresponderlo.

Quizás parezca sorprendente, pero en realidad es una buena noticia. Significa que puedes sentirte deseable y sexi en cualquier momento, independientemente de cómo actúen las personas que te rodean. Si estás soltera, no necesitas encontrar pareja para sentirte deseable. Y si estás en pareja, tu pareja no tiene que actuar de ninguna manera específica para que te sientas deseable o interesada en el sexo.

Muchas de nosotras, cuyos cerebros han sido programados con este tipo de deseo autoobjetificado, terminamos en un círculo vicioso en el que queremos tener más sexo con nuestra pareja, pero nuestra pareja no coopera con las palabras o acciones que creemos que nos harán sentir sexis. Así que acabamos negándonos la experiencia sexual, porque pensamos que tenemos que esperar a que otra persona la cree para nosotras. Pero esto nos genera resentimiento y enojo con nuestra pareja por no «hacernos sentir sexis», lo que obviamente no conduce a más sexo.

Aquí tienes algunas preguntas que te ayudarán a enfocar tu dinámica sexual de otra manera.

1. Piensa en alguna ocasión en la que te hayas sentido sexi o deseable. Escribe aquí la situación. ¿Dónde estabas, qué llevabas puesto, qué estabas haciendo, etcétera?
2. ¿Por qué te sentías deseable? ¿Te deseaba alguien? Si es así, ¿quién? ¿Cómo lo supiste?
3. ¿Qué sentiste? ¿Qué emociones o sensaciones percibiste en tu cuerpo?
4. ¿Qué pensabas que te hizo sentir deseable?
5. ¿Qué acciones tienden a corresponderse con ese tipo de pensamientos? ¿Algo que llevas puesto; algo que miras, escuchas, ves; algo que piensas (tus pensamientos crean esa emoción, pero ciertos desencadenantes pueden ayudarnos a recordar lo que pensábamos, como una prenda con la que nos sentimos sexis, cierta música, etc.)?
6. Elige algunas cosas de esa lista para practicar esta semana y crear el sentimiento de deseo.
7. ¿Cuándo y cómo las practicarás?
8. ¿Qué pensamientos correspondientes vas a practicar?

CREAR DESEO EN OTRA PERSONA

El deseo sexual es un fenómeno complejo en el que intervienen elementos no cognitivos, como las feromonas, las experiencias de apego en la infancia, las hormonas y la impronta sexual desde la juventud. Hay mucho en juego. Pero no necesitamos más estímulos para pensar en el deseo como una misteriosa experiencia física. Lo que necesitamos es ayuda para comprender que el deseo sexual también está influido por nuestros pensamientos, los cuales tienen un impacto mayor de lo que crees. Así que, por supuesto, hazte un examen físico y pruebas hormonales si tu libido se desplomó recientemente, pero también prueba el trabajo mental para aumentar tu deseo sexual.

Piensa en lo habitual que es que las parejas tengan mucho sexo cuando se conocen, y que luego el ritmo sexual disminuya. Nos dicen que esto es simplemente «natural» e «inevitable». Pero cuando entreno a mujeres cuyo deseo por su pareja ha cambiado, siempre resulta que sus pensamientos sobre su pareja y el sexo también han cambiado. Lo que significa que cambiar lo que piensan a propósito puede reavivar ese deseo, y si bien no puedes controlar el cerebro de tu pareja, aumentar tu deseo o cambiar tu enfoque, de su insuficiencia a tu propia sensualidad, a menudo tiene un impacto positivo en tu dinámica sexual. Aunque no cambie tu relación, influye en tu experiencia como un ser sexual en el mundo, y eso también es relevante.

Advertencia importante: durante milenios, las mujeres han estado obligadas a tener relaciones sexuales sin consentimiento; la violación conyugal no fue un delito en todo Estados Unidos hasta 1993.[21] Así que siempre me es necesario recalcar que aquí no hay «deberías». No *deberías* tener relaciones sexuales con alguien, ni *desear* tenerlas, no importa si se trata de un desconocido o de tu cónyuge. Si intentas crear más deseo sexual en ti para complacer a otra persona, te va a salir el tiro por la culata. Vas a sentir obligación, aunada a la ansiedad o pesadez, y tu mente in/subconsciente, que no *quiere* más sexo, te saboteará.

Si te das cuenta de que intentas aumentar tu deseo sexual por ansiedad u obligación, es fundamental que te detengas y te preguntes por qué lo haces. ¿Se debe a la socialización patriarcal que has absorbido sobre lo que el sexo debe ser o lo que debes hacer para hacer feliz a otra persona? ¿Es para evitar conflictos? ¿Es para complacer a la gente? Si tu motivación no es otra que el deseo genuino de disfrutar de una mayor intimidad sexual, primero debes trabajar en tu motivación. Preocúpate de la parte sexual después.

Ejercicio: Cómo crear más deseo

Si quieres crear más deseo por tu pareja o por el sexo, y te sientes bien con tus razones, aquí tienes algunas preguntas a las que responder que te ayudarán a conseguirlo.

1. ¿A quién quieres desear o desear más?
2. ¿Por qué no deseas a esa persona tanto como quisieras?
3. Sabemos que esos pensamientos no crean el deseo que quieres, o no estarías haciendo este ejercicio. Si queremos crear deseo, debemos pensar diferente. Aquí tienes algunas preguntas que te ayudarán.

a) ¿Has deseado alguna vez a esta persona? Si es así, ¿qué pensabas de ella en el pasado?
b) ¿Puedes creer ahora en alguno de estos pensamientos sobre esa persona? De ser el caso, ¿en cuál?
c) Si nunca la has deseado, intenta imaginar a otra persona deseándola, alguien que se sienta atraído por las cosas que esta persona ya tiene. ¿Qué estaría pensando esa persona que le produciría deseo?

Incluí una cuarta pregunta porque he visto a muchas mujeres ser aconsejadas por terapeutas o entrenadores sexuales para que estén dispuestas a tener relaciones sexuales cuando su estado de ánimo no es proactivo, porque pueden excitarse una vez que comienzan. Esto se conoce como la teoría del «deseo receptivo». Aunque tiendo a enseñar a crear deseo cambiando los pensamientos, esta técnica funciona para algunas personas; no obstante, creo fundamental hacer el trabajo de reflexión para ser capaz de entrar a un encuentro sexual con una mente abierta y la voluntad de detener la interacción si lo deseas. La mayoría de las mujeres tienen problemas con eso, así que he incluido la pregunta 4 para ayudar con ese desafío.

4. ¿Estás dispuesta a experimentar tener sexo cuando no tienes ganas para ver si así se despierta tu deseo? ¿Te sientes cómoda diciendo «basta» en caso de que no funcione? Si la respuesta a alguna de estas preguntas es negativa, ¿por qué no? ¿Qué pensamientos tendrías que cambiar?

La programación social en torno a las relaciones románticas y sexuales empieza pronto y es profunda. Es difícil no tomarse personal lo que ocurre en tu vida romántica o sexual y no hacer que signifique algo sobre ti. También resulta complicado ver a las parejas románticas y sexuales como seres humanos cuando tenemos tan arraigado el condicionamiento para considerar el sexo como algo instrumental o unilateral. Pero si cambias tus pensamientos, puedes aprender a vincularte con más autenticidad en tus relaciones románticas y sexuales: cómo defender tus necesidades y deseos, cómo buscar solo experiencias que realmente te llenen de luz y cómo quererte a ti misma pase lo que pase.

CAPÍTULO 8

RECUPERA TU MENTALIDAD FINANCIERA

La mayoría de las mujeres creen que no son buenas para el dinero: que no se les da bien ganarlo, que no se les da bien ahorrarlo y que no se les da bien invertirlo o conservarlo. Este era el caso de mi clienta Verónica. Cuando empezó a aprender a reconfigurar su cerebro, sentía mucha vergüenza por el dinero, desde lo que ganaba, hasta lo que gastaba y ahorraba. Ella dijo: «Me sentía como si me ahogara en la vergüenza y empujara una pesada roca montaña arriba, como Sísifo. Llevaba mis deudas como una carga, y nunca sentí que ganaba en la vida, en el trabajo o a la hora de ahorrar dinero».

Mi clienta Amanda pensaba lo mismo: «Cuando llegué al *coaching*, estaba muy preocupada por mis finanzas personales. Era superresponsable en teoría, pero seguía sintiendo pánico cada vez que veía los saldos de mis cuentas, y siempre me angustiaba gastar dinero».

Las experiencias de Verónica y Amanda ilustran la forma en que las mujeres estamos socializadas para pensar sobre el dinero: que somos intrínsecamente malas con él, que estamos haciendo algo mal (seamos o no inversoras, ahorradoras, ganadoras o gastadoras inteligentes) y que somos incapaces de aprender a hacerlo mejor. Esta socialización nos impide alcanzar nuestro potencial financiero, ya sea como empleadas, empresarias o inversoras. Nos lleva a tomar decisiones financieras irracionales, tanto en lo que respecta al ahorro como al gasto, o a escondernos por completo de nuestras finanzas.

No estoy aquí para decirte que *debes* crear riqueza, pero me importa que tomes tus decisiones sobre cómo valorar el dinero. Quiero que creas en tu capacidad para hacer posible cualquier retorno que desees, financiero o de otro tipo. En este capítulo aprenderás cómo la sociedad ha influido en tu «mentalidad financiera» y cómo empezar a reestructurar tu cerebro para sentirte capacitada en lo que respecta a las finanzas en cualquier área de tu vida.

EL DINERO HABLA: POR QUÉ EL PATRIARCADO QUIERE MANTENER A LAS MUJERES IGNORANTES EN MATERIA FINANCIERA

Para entender lo que te han enseñado sobre el dinero, tienes que conocer un poco el contexto histórico, porque las lecciones que las mujeres aprendemos sobre el dinero *no* se han puesto al día con nuestros derechos legales y oportunidades de empleo. De hecho, las creencias que absorbemos de la sociedad sobre el dinero datan, en su mayoría, de una época anterior a que se permitiera a las mujeres tener sus propias cuentas bancarias. Y todavía hoy nos afectan.

Los derechos económicos de la mujer han variado a lo largo de la historia. En el antiguo Egipto, las mujeres tenían los mismos que los hombres, mientras que en la antigua Grecia no podían heredar propiedades. En Europa, a principios de la Edad Media, las mujeres tenían permitido poseer propiedades, y en las sociedades nórdicas, eran libres de hacer negocios en igualdad con los hombres. Pero, hacia el año 1100, se desarrolló el derecho consuetudinario inglés, que combinaba las tradiciones normandas (francesas del norte) y anglosajonas. Así surgió el concepto de «cobertura», o cuando un hombre y una mujer se convierten en una sola entidad financiera una vez casados. Con el tiempo, la cobertura se convirtió en incapacidad financiera para las mujeres. Las casadas no podían poseer bienes, dirigir empresas ni interponer demandas ante los tribunales.[1] El régimen jurídico por defecto era que cualquier bien o herencia que una mujer tuviera antes del matrimonio o recibiera durante este pasaba automáticamente a ser de su esposo. Solo las solteronas y las viudas podían tener una independencia económica limitada.[2]

Con el tiempo, las mujeres empezaron a ser consideradas propiedad de sus esposos, y un conjunto de creencias culturales sobre la capacidad intelectual y financiera de las mujeres evolucionó para apoyar esta premisa legal. Se creía que eran irracionales, emocionales, incapaces de comprender asuntos financieros complejos y demasiado inmaduras mental y emocionalmente para hacerse cargo de sus propios asuntos. Nos veían como niñas pequeñas a las que no se les podía confiar la toma de decisiones financieras y que necesitaban la sabia administración masculina cuando se trataba de estos asuntos, incluso si habíamos ganado el dinero en cuestión.[3]

Estas creencias sobre la capacidad financiera de la mujer —analfabetismo en el mejor de los casos, e incapacidad en el peor— se trasladaron de Inglaterra a las primeras colonias y estados norteamericanos. No fue hasta 1839 cuando Mississippi aprobó la primera ley de propiedad de la mujer casada en Estados Unidos, que permitía a una mujer casada, entre otras cosas, firmar contratos y recibir herencias por derecho propio. En otras palabras, por fin las mujeres podían mantener los derechos de un agente económico individual a pesar de estar casadas.[4] A lo largo de los siguientes cincuenta años, el resto de los estados siguieron su ejemplo.

Pero incluso hasta los años setenta, los bancos estadounidenses seguían exigiendo a las mujeres solteras (solteras, viudas o divorciadas) que un hombre avalara cualquier solicitud de crédito, independientemente de sus ingresos; las mujeres casadas, obviamente, tenían que ser avaladas por sus esposos. Los bancos también solían descontar hasta un 50% del salario de la mujer a la hora de decidir el límite de crédito para una tarjeta o un préstamo, en comparación con el importe concedido a los hombres con un salario similar. No fue hasta que se estableció la ley de igualdad de oportunidades de crédito, en 1974, que una mujer pudo adquirir legalmente una tarjeta de crédito en este país en igualdad de condiciones, sin un cosignatario masculino.[5] Tal vez tú hayas nacido antes de que las mujeres tuvieran este derecho.

La conclusión es que, durante gran parte del último milenio de la historia occidental, las mujeres necesitaban literalmente a los hombres para sobrevivir. No podíamos llevar una vida económica independiente, por lo que la aceptación y el apoyo de los hombres en nuestra vida era de verdad una cuestión de vida o muerte, incluso en «buenas» relaciones familiares o matrimonios en los que no había violencia física ni peligro. Se esperaba que las mujeres se ganaran el sustento con su trabajo físico doméstico, como el cuidado de la casa, el sexo y la crianza de los hijos. Incluso ahora, fuera del hogar, las mujeres están socializadas para creer que la principal contribución que pueden hacer en un lugar de trabajo es su duro esfuerzo y ayudar a todos los que la rodean. Es muy raro que una mujer diga: «Oh, tengo éxito gracias a mis brillantes ideas. Tengo la mejor estrategia del juego». He entrenado a cientos de mujeres sobre sus ideas en torno al trabajo, y casi todas han atribuido su éxito a su ética laboral, a que le agradan personalmente a los demás o incluso simplemente a la suerte. Obviamente, esta socialización influye en los tipos de empleo para los que aplicamos, en cómo nos presentamos en el lugar de trabajo y en cómo negociamos la remuneración.

Esta historia también influye en las oportunidades a las que tenemos acceso en el mundo laboral, independientemente de lo que pensemos. Hoy en día, las mujeres en general ganan 82 centavos por dólar en comparación con los hombres. Las mujeres conforman un gran porcentaje de las ocupaciones peor pagadas en relación con su parte proporcional de la población activa, tienen empleos peor pagados que los hombres incluso cuando trabajan en sectores mejor pagados, y son las primeras de la familia en renunciar a su trabajo para hacerse cargo de las responsabilidades de cuidado en el hogar, como nos demostró hace muy poco la pandemia de COVID-19. Como señala una fuente, cuando la pandemia empezó a cerrar las escuelas, «entre marzo y abril de 2020, unos 3.5 millones de madres que vivían con niños en edad escolar dejaron el trabajo activo, ya sea pasando a una baja remunerada o no remunerada, perdiendo su empleo o abandonando el mercado laboral por completo». Casi una de cada dos madres con hijos en edad escolar no trabajaba activamente en abril de 2020. El porcentaje de madres que abandonaron o perdieron su empleo fue un 30% superior al de hombres durante este periodo.[6]

Por supuesto, el género no es el único factor que influye en el poder económico y financiero de las mujeres. El racismo desempeña un papel fundamental en la vida económica de las mujeres de color. Por ejemplo, no se puede hablar de la situación económica de las mujeres negras en Estados Unidos sin tener en cuenta el legado de la esclavitud, la Reconstrucción, las líneas rojas y las leyes de Jim Crow. Como resultado del racismo estructural, existen importantes diferencias económicas entre las mujeres de distintas razas, sobre todo en lo que respecta a las disparidades salariales. Cuando se desglosa la brecha salarial por razas, por cada dólar que gana un hombre blanco no latino, una mujer aapi (asiático-americanos e isleños del pacífico) gana ochenta centavos, una mujer blanca no latina gana 73 centavos, una mujer negra gana 64 centavos, una mujer nativa americana gana 51 centavos, y una mujer latina gana 54 centavos.[7] Es importante destacar que estas diferencias no se explican por la educación. Las mujeres latinas con doctorado, por ejemplo, tienen la mayor diferencia salarial con respecto a sus homólogos profesionales blancos, hombres no latinos. Esto es cierto incluso en el mismo trabajo: las enfermeras latinas cobran, en promedio, un 16% menos que los enfermeros blancos no latinos.[8] Y estas diferencias se acumulan con el tiempo.[*]

También es importante señalar que la brecha de riqueza racial persiste principalmente debido a la ventaja que las familias blancas han tenido a lo largo de los años en la acumulación de riqueza intergeneracional.[9] Además, es más común que las familias negras con ingresos más altos los vean disminuir en las recesiones económicas,[10] y que tengan que mantener a miembros de la familia extendida debido a las discrepancias generales de ingresos y riqueza.[11]

Aunque la raza es un factor especialmente destacado dada la discriminación histórica estadounidense contra las personas de color, no es el único factor que influye en las disparidades económicas. Cuantas más identidades marginales tenga una mujer, mayor será el impacto en sus finanzas. Las personas LGBTQIA+,

[*] Por ejemplo, los hombres blancos solteros tienen un patrimonio neto medio de 28 900 dólares, casi el doble que las mujeres blancas, que tienen un patrimonio medio de 15 640 dólares. Pero el de las mujeres negras solteras de Estados Unidos es de solo 200 dólares, y el de las latinas solteras, de solo 100 dólares. No son erratas. Esto significa que la cantidad media de dinero que una mujer negra o latina tiene ahorrada en bancos comerciales en este país es de 200 o 100 dólares. Véase: «Racial Wealth Divide Snapshot: Women and the Racial Wealth Divide», *Prosperity Now* (blog), 29 de marzo de 2018, <prosperitynow.org/blog/racial-wealth-divide-snapshot-women-and-racial-wealth-divide>. Esto también significa que el nivel de riqueza de las familias blancas es casi 8 veces mayor que el de las familias negras, y casi 5.5 veces mayor que el de las familias hispanas. Véase Emily Moss, Kriston McIntosh, Wendy Edelberg y Kristen Broady, «The Black-White Wealth Gap Left Black Households More Vulnerable», *Brookings Institution,* 8 de diciembre de 2020, <brookings.edu/articles/the-black-white-wealth-gap-left-black-households-more-vulnerable>; y Tonantzin Carmona, «Understanding Latino Wealth to Address Disparities and Design Better Policies», *Brookings Institution*, 13 de julio de 2023, <brookings.edu/articles/understanding-latino-wealth>.

inmigrantes, con discapacidad y las personas con sobrepeso también sufren penalizaciones salariales por estas características.*[12]

LAS MENTIRAS SOBRE EL DINERO: LO QUE NOS HAN ENSEÑADO A CREER

La socialización que reciben las mujeres en torno a las finanzas genera una serie de creencias que las frenan a nivel inconsciente. Señalar estas «mentiras sobre el dinero» nos ayuda a ver cómo estamos pensando sobre él en formas que sirven a los poderes fácticos, pero no a nosotras.

Mentira 1: el dinero es cosa de hombres

En la actualidad, las mujeres gozan de plena igualdad financiera en cuanto a derechos legales en gran parte del mundo occidental, pero no la tenemos en lo social o económico. Y a las mujeres les siguen enseñando que generar riqueza —y la influencia que conlleva— es algo que es mejor dejarles a los hombres.

Por desgracia, esta programación comienza muy pronto en la vida. Una encuesta realizada a mil padres y madres reveló que era más probable que enseñaran a las niñas a ahorrar dinero,

* Las mujeres «obesas», por ejemplo, ganan salarios un 6% inferiores a los de las mujeres delgadas por el mismo trabajo (mientras que los hombres «obesos» tienen la mitad de esa diferencia, un 3%). Véase: David Lempert, *Women's Increasing Wage Penalties from Being Overweight and Obese* (Boston/Nueva York: Departamento de Trabajo de Estados Unidos, 2007).

mientras que a los niños les enseñaban a crear riqueza.[13] Nuestras instituciones financieras promueven estos mensajes sexistas. Un estudio de 2018 de Starling Bank analizó trescientos artículos de finanzas de varios países y descubrió que el 65% de los artículos dirigidos a las mujeres las caracterizaban como «derrochadoras». Alrededor del 90% de los artículos financieros dirigidos a mujeres les aconsejaban «recortar» sus gastos.[14] Aquí se pueden hacer conexiones con la cultura de las dietas, ya que constantemente les dice a las mujeres que tienden por naturaleza a los excesos y que necesitan restringirse y contenerse para «mantenerse pequeñas» y ser buenas.

El estudio también descubrió que el lenguaje utilizado para hablarles a las mujeres sobre asuntos financieros difería del utilizado para hablarles a los hombres. Los artículos escritos para mujeres presentaban la planificación financiera como algo abrumador, estresante o aterrador, pintándonos como víctimas emocionales del dinero. En cambio, los artículos dirigidos a los hombres hablaban más de términos y conceptos financieros reales, como carteras y asunción calculada de riesgos, y evocaban imágenes de fuerza o poder.[15]

No es de extrañar, pues, que los hombres digan que se sienten más cómodos y confiados al momento de tomar decisiones financieras, ni que *más de la mitad* de las mujeres en relaciones heterosexuales prefieran delegarle las decisiones de inversión a sus esposos.[16] Este prejuicio está tan arraigado en nosotros que un estudio demostró que imbuir a las mujeres universitarias con los conceptos de «dinero» y «feminidad» disminuía sus resultados cognitivos en los exámenes.[17] En otras palabras, activaba las creencias de no ser lo suficientemente inteligentes, lo que hacía que obtuvieran peores resultados en un examen que las mujeres que no habían sido imbuidas con esos conceptos.

Esto nos lleva a sentir que dependemos de otras personas (especialmente de los hombres) para nuestra salud financiera. A las mujeres nos enseñan a pensar que debemos ser conservadoras y cuidadosas con el dinero que otra persona nos dé o nos pague, y a juzgarnos por gastar «demasiado», aunque los estudios demuestren que hombres y mujeres «gastan de más» en porcentajes similares (entre comillas, pues, en primer lugar, se trata de un concepto subjetivo).[18] No nos enseñan a creer en la abundancia financiera, en que podemos crear riqueza asumiendo riesgos calculados y realizando inversiones, o en generar capital y poder social y económico a través de la educación financiera y asumiendo la responsabilidad de nuestra propia vida financiera.

No es de extrañar, entonces, que tantas mujeres sean como mi clienta Jenni. Como empresaria, podía estar a cargo de su propia vida financiera. Pero en lugar de tomar esa libertad, se construyó una cárcel mental de dinero.

«Básicamente estaba complaciendo a la gente a diestra y siniestra, pensando que así era como avanzaría en mi negocio y ganaría dinero», me dijo. «En cambio me estaba agotando. Tenía crisis por el dinero, creaba catástrofes en mi cabeza y lloraba boca abajo en la cama. Dejaba que las figuras de autoridad masculinas se hicieran cargo de mis decisiones porque temía no poder tomar las decisiones "correctas". Me sentía impotente en mi propio negocio».

Ninguno de estos pensamientos era cierto, por supuesto. Los estudios demuestran que, en realidad y en general, las mujeres administran mejor el dinero que los hombres.[19] Por ejemplo, cuando las mujeres controlan más los ingresos del hogar, ya sea a través de sus salarios o de transferencias de efectivo, gastan más en alimentos y educación para sus hijos que cuando los hombres están a cargo de los ingresos familiares.[20] Y no es solo en la esfera doméstica. Se ha demostrado que las mujeres son mejores inversoras que los hombres y obtienen mejores resultados financieros.[21]

El punto es que nuestras creencias sobre nosotras mismas y el dinero no son ciertas. Son propaganda al servicio de las estructuras de poder existentes, no de nosotras.

Mentira 2: preocuparte o desear el dinero te hace malagradecida, egoísta o mala

Llegué a la iniciativa empresarial desde el mundo de la justicia social. En los trabajos jurídicos sin ánimo de lucro, ganar lo menos posible es casi una insignia de honor. En un lugar como Manhattan, esto solo significa que, funcionalmente, muchas de las personas que trabajaban en organizaciones sin fines de lucro a largo plazo tenían dinero de la familia o un socio que las apoyaba económicamente. Preocuparse por cuánto dinero ganaban se consideraba desleal a la causa. Tenías que fingir que no te importaba el dinero y juzgar a cualquiera que pareciera que sí.

No es casualidad que el mundo de las organizaciones sin fines de lucro esté formado mayoritariamente por mujeres. A ellas, en particular, las socializan para creer que preocuparse por ganar dinero significa algo malo, porque se supone que solo deben interesarse en ayudar a los demás. Las mujeres tienden a dedicarse de forma desproporcionada a las profesiones de «cuidado»,[22] tanto por las barreras estructurales que las separan de otros sectores como porque la socialización temprana de creer que su destino es cuidar de los demás tiende a extenderse a la vida profesional. En esas profesiones, a menudo existe la ética de que preocuparse por cuánto se gana, o querer ganar más de lo estrictamente necesario, no es una buena idea, es señal de avaricia o de motivaciones equivocadas. Tiene que haber algún intercambio económico por nuestros servicios, pero luego se nos dice que debemos hacerlo por amor a la causa, no por dinero (como si alguien pudiera funcionar o vivir sin dinero en una sociedad capitalista).

Muchas mujeres no trabajan en profesiones de cuidado, por supuesto, pero esta socialización nos afecta igualmente. Las mujeres tienen un 25% menos de probabilidades que los hombres de pedir una cantidad específica cuando negocian un aumento de sueldo, en parte porque tienden a creer que, si trabajan duro, su esfuerzo se verá recompensado sin necesidad de negociación.[23] Esto está totalmente en consonancia con la socialización de «niña buena» que recibimos. Las mujeres también solemos pensar que debemos estar agradecidas por haber sido contratadas o tener un empleo, y que intentar negociar un salario más alto, un mejor título o mayores beneficios nos haría parecer codiciosas y desagradecidas. Como estamos socializadas para creer que nuestro valor depende de lo que piensen de nosotras, dejaremos dinero sobre la mesa y reduciremos nuestros ingresos potenciales para evitar la ansiedad de preocuparnos por esas opiniones si pedimos más.

Nuestros pensamientos no son la única barrera. Incluso cuando abogamos por nosotras mismas, nos encontramos con resistencias o juicios de valor. Necesitamos cambios políticos en materia de transparencia salarial, permisos parentales y no discriminación para igualar realmente las condiciones. Pero si nos sentamos a esperar todo eso, puede que sea por un largo tiempo. Tenemos que crear autoconfianza, resiliencia para afrontar los retos, así como tomar decisiones creativas y estratégicas que nos permitan alcanzar nuestros objetivos (más adelante en este mismo capítulo). Mientras tanto, hay que mejorar nuestra mentalidad, y para ello necesitamos ver el dinero con claridad.

Nuestra mentalidad en blanco y negro puede hacernos creer que nuestras desigualdades económicas actuales, agravadas por la forma en que los multimillonarios ultrarricos explotan los sistemas fiscales y políticos, significa que todo capitalismo y toda creación de riqueza es mala. Y escucha, entiendo. Yo era una académica legal de izquierdas que solía tener un análisis marxista estructural del mundo. Pero ahora, que he tenido experiencias vitales y profesionales más variadas, veo que hay más matices en la realidad.

El dinero es como cualquier otro recurso: puede hacer mucho bien o mucho mal, dependiendo de cómo se utilice. El fuego puede cocinar y calentar un hogar, o puede quemar una casa. La forma en que utilizamos el dinero que creamos determina el impacto de esa creación.

Mi amiga Trudi Lebrón, *coach* empresarial antirracista, hace una importante distinción entre lo que ella llama «capitalismo tóxico» y «comercio justo». El capitalismo tóxico, dice, es el conjunto de normas y políticas que permiten a la gente explotar el trabajo y abusar del poder para evitar pagar su parte de los costos de funcionamiento de una sociedad que permita a todos acceder a un nivel de vida mínimo aceptable. En cambio, el comercio justo se centra en la equidad. Incluye otras métricas y normas para evaluar el éxito más allá de la cuenta de resultados.[24] En otras palabras, no es el dinero en concreto lo que es malo, y ni siquiera los negocios son intrínsecamente problemáticos. Hay formas de crear un mundo económico más justo y abundante para todos nosotros. Pero si queremos participar en la creación de ese mundo, tenemos que implicarnos en él. Tenemos que decidir si vamos a optar por cruzarnos de brazos o por participar, tanto para crear las vidas que queremos para nosotras mismas como para ser capaces de tener un mayor impacto cambiando las reglas del juego en beneficio de todos.

Mentira 3: no hay forma de ganar, así que es mejor no intentarlo

Una preocupación que escucho a menudo de mis alumnas sobre cómo pedir un aumento es el miedo a ser vistas como demasiado «agresivas»; una inquietud válida. Los estudios demuestran que las mujeres más asertivas en el lugar de trabajo son menos apreciadas, lo que puede acarrear consecuencias profesionales por transgredir los roles de género.[25]

Tengo dos ideas al respecto. En primer lugar, si intentas ser asertiva sin cambiar tu ansiedad por la negociación, tu resentimiento por el sexismo o tu estrés por lo que tu jefe piense de ti, no vas a mostrarte realmente segura de ti. A veces, cuando creo que estoy siendo asertiva al «defenderme», lo hago desde un lugar de rabia o miedo que no he procesado o desde una mente no controlada. Desde ahí, me muestro impulsiva y hostil. Sorprendentemente, no suelo obtener grandes resultados. Cuando trabajo mis pensamientos y sentimientos en torno a algo que quiero negociar, suelo mostrarme de una manera más centrada y confiada en torno a mí misma.

Dicho esto, no podemos controlar cómo reaccionarán los demás ante nosotras, por mucho que controlemos nuestra mente. Pero si has hecho tu trabajo para presentarte tal como quieres y tu jefe responde mal, esta es información importante sobre tu lugar de trabajo que debería influir en si quieres quedarte allí. Porque otra de las formas insidiosas en que la socialización influye en los patrones de pensamiento de las mujeres es convenciéndonos de que siempre debemos estar agradecidas por cualquier puesto que consigamos, y de que debemos conformarnos con cualquier lugar de trabajo, por más sexista que sea.

Mentira. Hay empresas increíbles con fantásticas oportunidades para personas de todos los géneros e identidades, y si tu lugar de trabajo no responde positivamente cuando te muestras como eres, entonces es hora de buscar otro lugar para trabajar. Cuando aceptamos la premisa de conformarnos porque no podemos hacerlo mejor —en el amor, en el trabajo o en cualquier otro sitio— estamos oprimiéndonos. Cuando estamos dispuestas a alejarnos para encontrar lo que nos conviene, ayudamos a aumentar las expectativas culturales generales y a dificultar que las empresas actúen de forma discriminatoria.

UN NUEVO PRONÓSTICO ECONÓMICO: LOS PRINCIPIOS DE LA MENTALIDAD FINANCIERA

Ahora que aprendimos por qué muchos de tus pensamientos sobre ti misma y el dinero probablemente no son de fiar, ¿con qué deberías sustituirlos? Echemos un vistazo a los tres principios más importantes de la mentalidad del dinero que considero que puedes tener.

Recuerda que el cerebro de cada persona funciona de un modo distinto, así que, si algunas de estas ideas no encajan contigo, ¡no pasa nada! Siempre puedes utilizar las herramientas del capítulo 3 de este libro para adaptar las ideas aquí expuestas al lenguaje de tu cerebro o para crear tus propias ideas. Cualquiera que sea la idea que se le ocurra a tu mente, vale la pena intentarlo. En última instancia, es a través del proceso de experimentar con nuestros pensamientos una y otra vez como aprendemos sobre nuestro cerebro y nos convertimos en expertos para cambiarlo.

Principio de mentalidad financiera 1: comprender el precio de nuestros pensamientos financieros

Muchas de nosotras tememos reclamar nuestro poder financiero porque tememos vernos como egoístas, codiciosas o malas. Pero cuando las mujeres y otros grupos marginados se niegan incluso a intentar crear la riqueza que desean por miedo a ser juzgadas, esto significa que las personas que ya están en la cima (en su mayoría hombres blancos cisgénero) conservan sus recursos desproporcionados. Cuando rehúyes este trabajo, no solo dejas a la sociedad como está, sino que también estás contribuyendo a que beneficie injustamente a las personas que ya tienen más riqueza y poder. En otras palabras, no solo dejas dinero sobre la mesa que nadie va a tomar, sino que pones dinero en los bolsillos de quienes ya tienen una parte desproporcionada de este, y que pueden no compartir tus prioridades y valores.

No todo el mundo tiene que preocuparse por ganar dinero o crear riqueza. Pero somos demasiadas las que nos decimos que no nos interesa, sin hacer el trabajo de indagar en nuestra socialización para averiguar si realmente es así o simplemente nos han enseñado a no preocuparnos o a fingir que no nos importa. Muchas de nosotras simplemente optamos por rendirnos, sin darnos cuenta de que, en realidad, optamos por aceptar el sistema y la distribución de recursos actual.

Como aprendimos antes, el dinero es una herramienta y un recurso. Como cualquier otra cosa, puede utilizarse para fines con los que estemos de acuerdo o en desacuerdo. Un martillo puede servir para construir una casa o para golpear a alguien en la cabeza con la fuerza suficiente para matarlo. No consideramos que los martillos sean intrínsecamente problemáticos, y el dinero tampoco lo es.

Ejercicio: Principios de la mentalidad financiera

Para tomar decisiones claras sobre el dinero, tenemos que esclarecer nuestros pensamientos al respecto. Las siguientes preguntas te ayudarán a descubrir cuáles son los tuyos sobre el dinero y qué nuevas creencias quieres construir en su lugar.

1. ¿El dinero es bueno o malo?
2. ¿Es fácil o difícil ganar dinero?

3. ¿Qué opinas de la gente que tiene o quiere ganar mucho dinero?
4. ¿Qué opinas de las personas que no tienen o no generan dinero?
5. ¿Quieres ganar más dinero? ¿Por qué sí o por qué no?
6. ¿Te gustan estas razones? ¿Por qué sí o por qué no?
7. ¿Qué crees que significa tu respuesta a la pregunta 5 sobre ti? ¿Te gusta esa respuesta?
8. ¿Qué quieres creer sobre el dinero?
9. Si el pensamiento de la pregunta 8 no te parece creíble ahora, ¿cuál es un pensamiento en la escalera que puedes practicar sobre el dinero?

Principio de la mentalidad financiera 2: conoce tu valor (¡pero no de la forma que crees!)

Un consejo financiero muy común que reciben las mujeres es «saber lo que valen», que pretende ser una herramienta de motivación para la negociación. La idea es que debemos creer en nosotras mismas para negociar que nos paguen o reconozcan «lo que valemos».

Odio esta idea.

He aquí por qué. Esta idea condensa los conceptos de valor financiero y valor humano en una sola cosa, y por ello tu cerebro no puede mantenerlos separados. Cuando las mujeres creen que tienen que negociar su valor económico como un ejercicio para demostrar su *valor personal*, entonces las emociones personales se mezclan en las negociaciones financieras. Esto, en realidad, conduce a más drama emocional, no menos.

Piénsalo de este modo. Si crees que pedir un aumento de sueldo o un ascenso consiste en demostrar tu valor y tu valía personal, entonces lo que está en juego va a ser muy importante. Si otra persona no quiere darte un aumento, contratarte o pagarte tu tarifa de *freelance*, vas a sentir que te está diciendo que no eres lo suficientemente buena como ser humano. Será muy doloroso porque se centra en tu valor personal.

Pero tu valor como ser humano no se puede medir. No es cuantificable ni financiero. Los seres humanos valen solo por existir, no por lo que han logrado. Así que tu valor personal es un hecho. Pero cuando instamos a las mujeres a que «conozcan su valía» y la negocien, estamos utilizando un lenguaje que activa este paradigma de valía/valor en nuestros cerebros, de tipo emocional, espiritual y existencial.

Esto es un problema porque lo que realmente estamos negociando es solo el valor financiero de lo que le vendemos a la otra parte del trato. Las negociaciones financieras tienen que ver con el *valor económico y financiero*. Si tu jefe no ve el valor económico de tu trabajo, eso no refleja tu valor personal. Ni siquiera es un reflejo del valor económico de tu rendimiento, objetivamente, sino de lo que él piensa sobre el valor económico de tu trabajo.

Cuando consideras las negociaciones financieras desde esta perspectiva, puedes argumentar mucho mejor para demostrar el valor económico de tu trabajo a tu jefe o a cualquier otra persona. Si no lo aprecian, puedes optar por ceder y aceptar el valor económico que ellos ven, o buscar a otra persona que reconozca el que tú ves en él. Elijas lo que elijas, se trata simplemente de matemáticas monetarias, no de un drama personal existencial.

Ejercicio: ¿Qué significado le das al dinero?

Si tienes dificultades en una negociación o conversación financiera, hazte estas preguntas.

1. ¿Qué creo que está en juego más allá del dinero?
2. ¿Qué significará para mí recibir la cantidad de dinero que quiero?
3. ¿Qué imagino que pensaré y sentiré si consigo la cantidad de dinero que quiero?
4. ¿Qué imagino que pensaré y sentiré si no consigo la cantidad de dinero que quiero?
5. ¿Qué voy a hacer que signifique sobre mí si no consigo la cantidad de dinero que quiero?
6. ¿Qué puedo practicar para separar mi valor personal de mi valor financiero?

Principio 3 de la mentalidad financiera: reconociendo por qué tu trabajo importa

Para emprender con éxito una negociación financiera, hay que saber comunicar el valor de lo que se ofrece. No importa si estás limpiando casas, vendiendo artículos del mercado negro o trabajando en una oficina. La gente intercambia dinero por cosas que consideran valiosas y, si eres tú quien las vende, tienes que explicarles por qué lo son.

Las mujeres suelen tener muchos problemas cuando lo que venden es su trabajo, ya sea trabajo físico, propiedad intelectual o ideas creativas, porque nos han educado para dudar y subestimar el valor de nuestras contribuciones. Y como nos enseñan que nuestro valor viene de ayudar a los demás, puede parecer indecente poner límites a nuestras «obras de amor».

El resultado es que, cuando las mujeres nos vendemos, lo cual hacemos cuando negociamos la compensación económica de nuestro esfuerzo, partimos de la creencia inconsciente de que lo que vendemos no vale tanto, la cual no es una buena táctica de negociación.

Cada vez que enseño este concepto, pienso en mi alumna Meredith. Era una abogada de alto nivel y socia de un gran despacho, que se apuntó al *coaching* porque estaba muy estresada por tener que tomar la licencia de maternidad. Su despacho la apoyaba totalmente para que lo hiciera, pero temía que, si lo hacía, el bufete se diera cuenta de que no la necesitaban y la corrieran.

Cuando indagamos en sus pensamientos, resultó que la teoría inconsciente de Meredith era que su único valor para la empresa era su capacidad de trabajar duro. Por lo tanto, si ella no se esforzaba, no tenía ningún valor. Si otras personas se hacían cargo de su trabajo temporalmente, eso anularía toda su contribución a la empresa.

Llamo a este patrón de pensamiento el «burro de carga», porque muchas mujeres creen que su valor reside en serlo. He asesorado a muchísimas mujeres exitosas en su vida profesional. Todas me han dicho que han llegado a donde están por trabajar duro y que su valor reside en su nivel de productividad. Nunca me han dicho que su valor provenga de su visión estratégica, su pensamiento creativo o sus ideas brillantes. Esto no es un reflejo exacto de la realidad, sino del modo en que están socializadas para pensar en sí mismas y en lo que pueden ofrecer.

Cuando le dije a Meredith que era posible que su empresa encontrara valor económico en sus ideas y conocimientos, se quedó boquiabierta. Nunca se le había ocurrido. Y es probable que a ti tampoco se te haya ocurrido. Si crees que solo tus horas de trabajo o tu esfuerzo físico crean valor, trabajarás en exceso, siempre sentirás que tienes que ser más productiva y no te tomarás vacaciones ni permisos por enfermedad (al menos no sin sentirte culpable). Esto también afecta a tu vida financiera, porque no puedes vender algo cuando no ves su verdadero valor.

Lo anterior aplica incluso si eres una esposa o madre que se queda en casa. Las mujeres tienden a no valorar el trabajo doméstico que realizan dentro del hogar como una verdadera contribución económica a este. Pero es importante reconocer el beneficio económico del trabajo doméstico que realizas, especialmente si participas en negociaciones dentro de tus relaciones domésticas sobre acuerdos financieros y económicos. Un estudio realizado por Salary.com en 2021 utilizó datos recopilados sobre el tipo de trabajo que realizan las madres que se quedan en casa, junto con el valor de mercado de ese trabajo, para proyectar que el valor de mercado de una de ellas equivale a unos ingresos medios anuales de 184 820 dólares.[26] Estos cálculos no suelen incluir el valor económico del embarazo y el parto, que pueden adquirir un costo directo si los realizan madres sustitutas remuneradas, y que contribuyen indirectamente al crecimiento económico al generar también mano de obra.

Cuando empieces a buscar y apreciar intencionadamente la forma en que creas valor único, podrás convertirlo en mayor valor financiero mucho más directamente. Eso es lo que mi clienta Sarah experimentó: «Antes de empezar a desafiar mis creencias autolimitantes y cambiar mis pensamientos, un salario de 100 000 dólares me parecía imposible. En dos años, pasé de un trabajo por el que me pagaban 60 000 dólares a otro por el que me pagaban 105 000 dólares. La gente me decía que no negociara el salario con el nuevo empleador, por miedo a perder el trabajo. Acepté que algunos empleadores pudieran rescindir una oferta basándose en mi cifra, pero utilicé el trabajo de reflexión, la confianza recién descubierta en mi experiencia anterior y confié en mí misma para ser mi mejor defensora. Y valió la pena, literalmente».

Ejercicio: Expresa tu valor económico

Ser capaz de articular el valor de tu trabajo para ti misma es el primer paso para hacerlo ante cualquier otra persona, ya sea tu jefe, tus clientes, tu pareja o los jueces de *Shark Tank*. Si piensas que tu trabajo no es importante o que tú eres incompetente, eso se reflejará en tus resultados. Estos consejos te ayudarán a pensar mejor sobre el valor de tu trabajo.

1. Anota el trabajo que haces o la profesión que ejerces, o si te quedas en casa.
2. ¿Qué crees que hace que alguien sea bueno en el trabajo que mencionaste? Haz una lista de características, cualidades o acciones.

3. Repasa esa lista. ¿Cuáles de ellas coinciden contigo, al menos a veces?
4. ¿Cómo te sientes cuando lees esa lista y piensas que tú misma cumples esos criterios?
5. ¿Qué valor añade tu trabajo al mundo o a la vida de otras personas?
6. ¿Qué diría otra persona que es tu toque especial, algo que se te da excepcionalmente bien en este puesto? Si no se te ocurre nada, pregúntaselo a alguien.
7. ¿Cómo crees que te mostrarías si te basaras en esos criterios y valores?

Las ideas que la sociedad te ha metido en la cabeza sobre el dinero no te benefician ni sirven. Les sirven a los intereses financieros establecidos (masculinos). Vivimos en una sociedad capitalista, y salirse de ella no es realmente una opción, a menos que quieras vivir fuera de la red. Así que, si quieres participar en la sociedad, tienes que entender que, cuando evitas los temas financieros por miedo o inseguridad, no haces más que aprobar el sistema actual. La verdad es que eres totalmente capaz de entender el dinero y de crear más riqueza, y eres totalmente digna de confianza para dirigir tu futuro financiero y tu vida. Para que todo empiece, solo debes cambiar tus pensamientos sobre el dinero.

CAPÍTULO 9

RECUPERA TU TIEMPO

Muchas de mis clientas acuden a mí porque se sienten ocupadas y abrumadas con razón. Los hombres, en promedio, tienen más tiempo libre al día que las mujeres porque las mujeres se ocupan más de las tareas domésticas, el cuidado de los niños, la compra de alimentos y otras labores del hogar y de cuidado.[1] Esta diferencia se mantiene incluso cuando están casadas, e incluso cuando son las que más dinero ganan en una relación heterosexual.[2]

Si tú eres una madre trabajadora, es probable que constantemente hagas malabares con estas dos partes de tu vida, mientras te sientes inadecuada en ambas. Puede parecer que tienes que trabajar como si no tuvieras hijos y ser madre como si no tuvieras trabajo. Pero las madres que se quedan en casa tampoco se sienten relajadas. Además del trabajo constante de criar y mantener a los hijos, crear una infancia perfectamente estimulante que produzca un niño mental y emocionalmente feliz, así como académicamente exitoso, es una presión abrumadora. Y aunque las mujeres que no están casadas y no tienen hijos disponen técnicamente de más tiempo libre (e ingresos), la mayoría de las que conozco siguen sintiéndose demasiado ocupadas casi todo el tiempo, posiblemente porque, si eres una mujer soltera y sin hijos, te tratan como si fueras un recurso público cuyo tiempo debería pertenecer a cualquiera y a todos los que pudieran necesitarlo o desearlo.

Muchas de nosotras creemos que solo necesitamos ser más organizadas o tener mejores habilidades de gestión del tiempo para sentirnos menos ocupadas. Pero, en realidad, nuestros problemas con el tiempo son mucho más profundos. Es obvio que cuestiones estructurales como la falta de guarderías asequibles y las políticas laborales inflexibles producen parte de este conflicto, y hablaré más de ello en la segunda mitad de este capítulo. Pero cuando casi todas las mujeres —independientemente de su profesión o de si tienen hijos— se sienten constantemente rezagadas, improductivas, desorganizadas y abrumadas, el problema no son solo las políticas. Es la socialización que recibimos en una sociedad capitalista, que crea la creencia de que debemos ser constantemente productivas y que el tiempo de las mujeres es un recurso que pertenece a todos menos a ellas. No es de extrañar que estemos sobrecargadas de trabajo, de horarios y de obligaciones.

En este capítulo aprenderás a cambiar tu forma de pensar sobre el único recurso que realmente es finito: tu tiempo. Aprenderás a sentirte más presente en tu vida, a hacer más cosas con menos estrés y a desconectarte cuando quieras relajarte. En otras palabras, este capítulo será sobre el tiempo bien empleado.

CAPITALISMO + PATRIARCADO = UN PANTANO MENTAL

Vivimos en una sociedad que ha sido dramáticamente influenciada por el capitalismo avanzado y la revolución industrial. Nos enseñan a vernos, ante todo como, trabajadores: el fruto de nuestro trabajo justifica nuestro derecho a existir. Esto puede sonar extremo, pero piensa cómo te sentirías si tomaras una siesta en lugar de avanzar en tu lista de tareas pendientes. Si tu respuesta es «mal», «culpable» o «floja», enhorabuena: ¡has sido socializada por el capitalismo! La idea de que la productividad es intrínsecamente buena no es una verdad sobre el mundo, sino una creencia específica que proviene de sistemas de creencias concretos: la creencia cristiana de que la pereza es pecado y la necesidad capitalista de que la actividad laboral constante produzca cada vez más resultados y beneficios para las empresas.

La sociedad enseña a las personas de todos los géneros a sentirse mal por descansar, por estar enfermas y por dedicar tiempo a las cosas que les gustan, y a sentirse verdaderamente virtuosas y buenas solo cuando trabajan (o realizan las pocas actividades que socialmente se considera que te convierten en una buena persona, como hacer ejercicio). Pero las mujeres sufren una capa adicional de socialización que intensifica este sistema de creencias. Estamos socializadas para creer que los demás tienen derecho a nuestro tiempo y energía, y para poner las necesidades de los demás por encima de las nuestras.

En la oficina, eso se traduce a menudo en hacer un montón de tareas no remuneradas que no son directamente relevantes para nuestro desempeño, como organizar reuniones de oficina y formar parte de comités. Es evidente que no hay nada malo en realizarlas si te gustan, y contribuir a la vida de la comunidad tiene su valor. Pero cuando lo haces por obligación y a expensas de tu trabajo fundamental, estás dejando que el miedo a las emociones negativas te lleve a tomar decisiones que en realidad no se ajustan a tus objetivos.

En casa el panorama no es mejor. Quizá prefieras pasar el sábado por la tarde tumbada en el sillón, e incluso puede que hayas completado suficientes tareas en una semana determinada como para sentir que tienes permiso de relajarte. Pero entonces un amigo te pide que vayas a su inauguración de arte, o tu madre te pide que salgas a comer con ella, y sientes que no puedes negarte. Así que acabas yendo, aun cuando no querías, porque te han enseñado a creer que no está bien decirle que no a alguien cuando en teoría, si todo es posible, podrías aceptar.

La socialización de las mujeres también nos hace más propensas a la hipervigilancia en lo que respecta a la comunicación y la cooperación: respondemos de inmediato a los correos electrónicos, por ejemplo, o dedicamos tiempo a cualquiera que nos lo pida. De nuevo, la comunicación y la cooperación pueden ser habilidades hermosas, sin embargo, si respondes con rapidez porque temes que, si algún día no lo haces, alguien pueda enojarse contigo, estás sacrificando tu capacidad de concentración por una urgencia basada en agradar a la gente.

Como analizamos anteriormente, las mujeres estamos socializadas para creer que nuestro valor proviene de nuestro trabajo y no de nuestras ideas brillantes o estratégicas o de nuestro talento creativo a gran escala. Así que estamos preparadas para sentirnos culpables, perezosas o improductivas si alguna vez nos tomamos tiempo libre. Esto crea un ciclo completo de fatiga en la esfera profesional, en el que las mujeres no solo se agotan al tratar con las fuerzas estructurales, sino también tratando de satisfacer al capataz de la socialización en nuestra mente.

Cuando mi clienta, Theodora, se apuntó al *coaching*, llevaba varios años trabajando en su empresa. Quería progresar y ascender en la empresa, pero le costaba priorizar proyectos importantes que la hicieran destacar en la cadena. En cambio, tenía una política de puertas abiertas y hablaba con cualquiera que se acercara a su oficina en cualquier momento. Siempre respondía a los correos electrónicos en cuanto llegaban y contestaba el teléfono cuando sonaba. Se enorgullecía de distinguirse por su servicio, responsabilidad y disponibilidad, lo cual estaba muy bien, pero, al hacerlas sus máximas prioridades, estaba restándole importancia a concentrarse, ser estratégica y tener impacto sin saberlo.

Por supuesto, Theodora pensaba que esto era absolutamente necesario para su desempeño en particular. Trabajaba en Recursos Humanos para representantes de ventas que estaban de viaje todo el tiempo y tenían muy pocas posibilidades de pasar por la oficina para mantener una conversación confidencial en persona. Por eso, me explicó, debía tener la puerta abierta todo el tiempo para cualquiera que quisiera presentar una queja, porque todos los representantes tenían horarios diferentes y su trabajo consistía en hablar con ellos. La gente entraba y salía todo el día, y ella no podía hacer nada, me dijo, no había forma de evitarlo.

Por suerte para ella, tengo por norma no estar nunca de acuerdo con lo que piensa mi clienta sin pruebas, ¡de lo contrario no serviría de nada como *coach*! Le encomendé la sencilla tarea de llevar la cuenta del tiempo que dedicaba realmente a hablar con las personas que aparecían de improviso para presentar sus quejas. Theodora empezó nuestra llamada de la semana siguiente riéndose. Cuando hizo el recuento, había hablado con cinco personas que necesitaron hablar con ella sí o sí, por un total de setenta y cinco minutos en toda una semana de cuarenta horas. De repente, se evidenció que la razón por la Theodora no avanzaba en sus objetivos laborales a gran escala no era que la acosaran constantemente las interrupciones. Era porque *creía* que este era el motivo, *creía* que nunca tenía tiempo para trabajar, y así su cerebro lo volvió realidad para ella. Su mente le decía que no tenía sentido cerrar la puerta, que la gente necesitaba hablar con ella (y aparentemente no podían tocar la puerta), así que se distraía con cada persona que pasaba y con cada sonido en la oficina. Su cerebro le decía que no tenía sentido cerrar el correo electrónico para trabajar en un gran proyecto, porque alguien la interrumpiría, así que desperdiciaba su tiempo contestando correos, haciendo tareas administrativas y revisando las redes sociales.

Muchas de nosotras, como Theodora, pensamos que queremos dejar de priorizar a los demás y de descuidarnos a nosotras. Pero, de manera sigilosa, puede que estemos apegadas a hacerlo porque parece noble y una excusa práctica para evitar el tipo de trabajo que nos asusta. No es el miedo de correr por una casa embrujada, sino el de «Me pongo ansiosa cuando pienso en intentarlo y fracasar». En ciertos tipos de trabajo pueden surgir muchos miedos in/subconscientes, y ser la persona que siempre responde rápidamente a los correos electrónicos de los demás, que siempre está disponible para charlar, que siempre ayuda a los demás con su trabajo o que se encarga de tareas administrativas no remuneradas en la oficina es una forma de evitar centrarnos en los proyectos más grandes o en los objetivos ambiciosos que nos asustan.

Una vez que Theodora hizo una auditoría del tiempo —un ejercicio que te explicaré al final de este capítulo—, se dio cuenta de que tenía mucho más tiempo para trabajar del que pensaba. Por lo tanto, debía elegir entre seguir perdiendo el tiempo como hasta entonces o enfrentarse a sus miedos inconscientes a emprender proyectos de mayor envergadura que su cerebro había intentado evitar, distrayéndola (no te preocupes, también te ofrezco un ejercicio para vencerlo).

La socialización patriarcal y capitalista que afectaba a Theodora, y que nos afecta a todas, se manifiesta de dos maneras principales, tanto personal como profesionalmente: (1) evitando cosas que en verdad tenemos que hacer, y (2) diciendo que sí a cosas que no queremos ni necesitamos hacer, pero que creemos que deberíamos hacer.

PROCRASTINACIÓN Y EVASIÓN

Algunas de ustedes podrían estar asintiendo por sentirse identificadas con la historia de Theodora: «Sí, estoy segura de que estoy haciendo algo parecido». Pero algunas de ustedes podrían fruncir el ceño: «Está bien por ella, pero no es *mi* caso. Realmente tengo mucho que hacer y poco tiempo para hacerlo».

Créeme, sé lo que se siente. He entrenado a muchas mujeres —incluyéndome— que se sentían exactamente igual. Y sí, *de vez en cuando*, puede que tengas más cosas pendientes que tiempo para hacerlas. Cuando ese es el caso, tienes que mentalizarte sobre qué estás dispuesta a dejar de lado, si pedir ayuda, cambiar de trabajo o cualquier otra cosa que necesites hacer para afrontar los hechos reales, inalterables e imposibles. Pero incluso si te identificas con esto, quiero animarte a que sigas leyendo el resto de este capítulo y repases los ejercicios para asegurarte de si estás evaluando tu situación correctamente. Después de todo, si nuestros cerebros fueran siempre fiables, ¡este libro no existiría!

A veces sabemos que estamos procrastinando. Pero a veces ni siquiera sabemos que nos mantenemos ocupadas para evitar un trabajo que nos asusta o abruma. Simplemente, tenemos un proyecto que seguimos aplazando o que «parece que nunca podemos hacer», o que permanece en nuestra lista de pendientes durante seis meses. A veces somos vagamente conscientes de que no queremos hacer algo, de que seguimos «posponiéndolo» o nos decimos que trabajaremos en él la semana que viene y, sin embargo, nunca lo hacemos. Quizás seguimos teniendo ideas de lo que pensamos que queremos hacer, pero nunca lo llevamos a cabo, y creemos que nuestra justificación para cada proyecto abandonado es sólida.

Lo que no solemos entender es *por qué* procrastinamos. Pensamos que se trata de un proceso místico que no controlamos o de la naturaleza de la tarea en sí (es difícil, aburrida, complicada, no nos gusta, etc.). Pero la verdad es que son nuestros pensamientos sobre la tarea los que crean este tipo de comportamientos de procrastinación y evitación. Sí, claro, el ciclo de noticias de 24 horas es desalentador y las redes sociales están diseñadas para crear adicción, pero la mayoría de nosotras no navegamos por las redes sociales ni encendemos la televisión mientras tenemos sexo. Nos sentimos atraídas hacia esas cosas cuando intentamos evitar una emoción, la cual está causada por lo que pensamos sobre la tarea o el proyecto que estamos posponiendo.

Para realmente poner las tareas en marcha, es necesario descubrir cuál es el pensamiento que nos bloquea, de modo que podamos cambiarlo. A lo largo mi carrera, he entrenado a cientos de mujeres sobre este tipo de autosabotaje. Alerta de *spoiler*: el pensamiento en cuestión suele ser uno de los siguientes, que en realidad son variaciones de la misma inseguridad:

1. No sé cómo hacer esto.
2. Será complicado.
3. Podría hacer un mal trabajo y fracasar, y entonces todo el mundo sabría que no sé lo que hago o que soy mala en lo que estoy intentando hacer.

Cuando tenemos uno de estos pensamientos, el cerebro reacciona tal como ha evolucionado durante millones de años para responder ante las amenazas: inunda nuestro cuerpo de hormonas del estrés. Dependiendo de nuestro sistema y de nuestras experiencias, estas hormonas pueden hacer que nos sintamos estresadas o ansiosas. Cuando estás estresada, tu cerebro empieza a ver estas tareas como amenazas y, así como cualquier cerebro inteligente que quiere seguir vivo, te hace *evitar* la amenaza, por lo que es posible que quieras huir o que te cierres y te paralices, incapaz de moverte o pensar.[3] No vas a correr por una llanura cubierta de hierba si tu cerebro ve, en medio de ella, a un león esperando para comerte. Y no avanzarás en un puesto que te asusta por la misma razón. No importa lo importante que sea el trabajo, lo perjudicial que sea posponerlo o evitarlo, o lo irracional que parezca el miedo. Por supuesto, tu corteza prefrontal sabe que una hoja de cálculo no puede matarte, pero tus sistemas neuronales más primitivos, que responden a situaciones de vida o muerte, ni siquiera reconocen qué es una hoja de cálculo. Lo único que saben es que le temes, así que la evitan a toda costa.

Es crucial entender esto, porque estamos socializadas para creer que la procrastinación y la evasión son defectos de carácter. Nos enseñan a pensar que somos flojas, indisciplinadas o que tenemos una mala gestión del tiempo si no terminamos una tarea en el lapso que queríamos. Pero la mayoría de las veces no es así. Todo eso es consecuencia de no entender que nuestro cerebro tiene miedo y de no saber cómo controlarlo. Resulta fundamental resolver este problema, porque nuestro cerebro tiende a reaccionar así más a menudo ante cosas que son nuevas o en las que hay mucho en juego; en otras palabras, las tareas y trabajos con más probabilidades de ayudarte a desarrollar nuevas habilidades, tener un gran impacto y avanzar en tu carrera. Por lo tanto, es imprescindible que aprendamos a identificar los pensamientos que producen estos resultados para poder cambiarlos.

Ejercicio: Cómo dejar de posponer o evitar

Los siguientes consejos te ayudarán a reducir la procrastinación y la evasión para que puedas hacer más tareas en menos tiempo y, además, con menor ansiedad.

1. ¿Cuál es el tipo de tarea o proyecto que a menudo procrastinas o evitas?
2. ¿Por qué procrastinas o evitas esa tarea? Enumera todos tus pensamientos sobre el trabajo en cuestión.
3. Para cada pensamiento, escribe cómo te sientes cuando lo piensas.
4. Ahora, para cada par de pensamiento/emoción, escribe lo que haces o dejas de hacer cuando piensas y sientes de esa manera.
5. Si quisieras llevar a cabo esa tarea sin rodeos, ¿qué necesitarías sentir?
6. ¿Qué pensamiento necesitarías para crear esa sensación?
7. Escribe cuándo y cómo pondrás en práctica tu nueva creencia.

LLENAR NUESTRAS AGENDAS CON «DEBERÍAS»

Cada minuto que pasas haciendo algo por culpa, vergüenza u obligación es un minuto que no puedes dedicar a lo que te importa. Es fácil estar de acuerdo con este sentimiento en teoría, pero, a la hora de tomar decisiones difíciles en la vida, es complicado no creer todas las razones por las que la sociedad dice que, en tu situación particular, tienes que realizar todo lo que no quieres hacer. Sin embargo, si no cambias la forma en que piensa tu cerebro, no podrás cambiar la forma en que pasas el tiempo.

Uno de los mayores retos a la hora de alejarse de las «Olimpiadas de la ocupación», en las que todas intentamos estar lo más ocupadas posible para demostrarnos que trabajamos lo suficiente como para que se nos permita existir, es que a algunas nos da miedo tener más tiempo libre. Tememos relajarnos por tres razones.

En primer lugar, si no estamos ocupadas, quizás tengamos que reflexionar sobre nuestra vida, enfrentarnos a pensamientos y emociones que hemos reprimido durante años o a la realidad de lo que pensamos y sentimos, que a menudo es muy autocrítica. Nuestro cerebro prefiere mantenernos ocupadas antes que enfrentarnos a ello.

En segundo lugar, si nos socializaron como mujeres, a menudo no estamos seguras de lo que nos gustaría hacer si *pudiéramos* hacer lo que quisiéramos. Incluso algo tan pequeño como preguntarnos a nosotras mismas qué es lo que realmente disfrutamos o encontramos placentero puede desencadenar un inesperado ajuste de cuentas interno. Durante miles de años, la sociedad nos ha enseñado que el placer es inmoral, pecaminoso y posiblemente la causa de la caída de toda humanidad (¡hola, Adán y Eva!). Así que no es de extrañar que nuestra relación con el placer sea complicada. Estamos desconectadas de lo que en verdad nos gusta y nos incomoda hacer algo solo porque nos place. Como dijo mi alumna Anja cuando empezó su proceso de coaching: «Hasta que bajé el ritmo, ni siquiera sabía qué cosas me gustaban porque solo me permitía que me gustara lo que los demás consideraban genial o aceptable».

En tercer lugar, muchas nos sentimos culpables cuando descansamos. La fijación constante en la productividad que surge de la ideología capitalista nos hace pensar que siempre deberíamos estar trabajando o haciendo alguna otra cosa «productiva»[4] (esta es una categoría variable que a menudo he observado en algunas de mis alumnas, quienes incluyen hacer ejercicio, por ejemplo, pero no dormir, aunque ambas cosas sean buenas para su salud y nunca sean directamente productivas desde el punto de vista económico, porque la productividad ha sustituido aquello que consideramos bueno desde el punto de vista moral).

En resumen, puede haber mucha incertidumbre y miedo a tener suficiente tiempo libre para hacernos las preguntas difíciles y asumir la responsabilidad de las decisiones que tomamos en nuestra vida. Es más fácil atender y preocuparnos sobre lo que la sociedad nos manda, que ralentizarnos lo suficiente como para conocer realmente qué queremos hacer y quiénes queremos ser. Si no sacamos a la superficie este miedo y lo afrontamos conscientemente, a menudo saboteará nuestros intentos por descansar, porque siempre es posible encontrar *algo* pendiente si nos da miedo no hacer nada. Los ejercicios al final de este capítulo te ayudarán a ordenar los pensamientos y sentimientos que suelen surgir cuando te tomas tiempo para descansar. Pero antes, tenemos que abordar uno de los mayores obstáculos para el descanso de las mujeres: sus familias.

PATRIARCADO EN EL HOGAR: PATERNIDAD Y TRABAJO DOMÉSTICO

Encontrar los recursos emocionales, mentales y prácticos para cambiar la forma en que valoramos y gestionamos nuestro tiempo puede ser más difícil para las mujeres, especialmente en Estados Unidos. Según la *World Population Review*, «Estados Unidos tiene menos protecciones y prestaciones por licencia de maternidad que cualquier otro país de la OCDE, una alianza internacional que incluye a muchos de los países más desarrollados y con mayores ingresos del mundo».[5] Las parejas en Estados Unidos gastan más de una cuarta parte de sus ingresos en el cuidado de sus hijos, y las familias monoparentales gastan *más de la mitad*; en Dinamarca, esas cifras corresponden al 10.7% y al 2.9%, respectivamente.[6] Para sorpresa de nadie, la carga económica y de tiempo que supone criar a los hijos es mayor para las mujeres que para los hombres.[7]

Todas estas cuestiones requieren una acción política y social para resolverse. Sin embargo, no sucederá mañana, y cuando se resuelvan, será por personas como nosotras, utilizando su cerebro para crear nuevas formas de exigir el cambio. Así que, te repito, tenemos que hacer el trabajo mental interno para (1) aprender a prosperar ahora, y (2) crear la energía y las ideas que cambiarán el futuro.

Quiero contarte una historia sobre mi clienta Trudy, para ejemplificar hasta qué punto estas formas de pensar moldean nuestro comportamiento y cómo estas dinámicas se manifiestan en nuestra vida.

Trudy vino a mí porque tenía problemas con la división de las tareas domésticas. Su esposo trabajaba en una empresa de ingeniería de software muy bien remunerada y ella era diseñadora gráfica y artista (más bien, como puntualizó, «fue» artista). Trudy siempre había tenido la intención de seguir trabajando después de tener hijos, pero su primer hijo nació justo cuando empezó la pandemia por COVID-19. Ella y su esposo acordaron que de ninguna manera inscribirían a su hijo en una guardería en medio de este escenario, aunque pudieran encontrar una en funciones y con disponibilidad. El esposo de Trudy trabajaba desde casa, y ella también tuvo que hacerlo, lo que significaba que nadie podía cuidar del bebé. Así que se convirtió en la cuidadora principal, poniendo en pausa su trabajo como *freelance*, ya que no podía garantizar el cumplimiento de los plazos. Había estado trabajando en una serie de cuadros en los que el tiempo no era un factor importante, pero también dejó de hacerlo. No es de extrañar que, al cabo de un año más o menos sin que la situación cambiara, Trudy se sintiera resentida y atrapada. También se sentía triste por lo que consideraba la pérdida de su carrera y su proceso creativo.

La historia de Trudy resume perfectamente las fuerzas estructurales en juego.

En primer lugar, la disparidad de ingresos. Los hombres suelen tener empleos mejor pagados que las mujeres debido a siglos de marginación en el mercado laboral. Las mujeres han sido empujadas a trabajos peor pagados durante cientos de años, y las mujeres de clase media y alta también han sido socializadas para esperar que exista la posibilidad de que, si se casan, los ingresos de su esposo sean mayores que los suyos, y a que les permitan trabajar en empleos peor pagados o a no dejarlas trabajar fuera de casa en absoluto.

En segundo lugar, la licencia de paternidad remunerada. Trudy ya era una trabajadora *freelance*, pero, si ella y su esposo hubieran tenido trabajos de oficina, habría sido complicado que Trudy consiguiera una licencia de maternidad remunerada, ya que muchas empresas estadounidenses no las ofrecen (y ni hablar si tienes un empleo de servicios, como contratista independiente o cualquier otro sin prestaciones). El esposo de Trudy habría tenido aún menos probabilidades de disfrutar de una licencia parental remunerada, sobre todo si hubiera trabajado fuera del sector del software.

En tercer lugar, está la suposición, creada tanto por estos factores como por la socialización, de que las mujeres asumirán las tareas de cuidado de los hijos más que los hombres. La pandemia fue obviamente un factor de confusión inesperado en esta historia, pero tuvo un impacto desproporcionado en el empleo de las mujeres debido a estas desigualdades preexistentes. En abril de 2020, la proporción de madres trabajadoras en la población activa era un 21.1% inferior a la del mes anterior, mientras que la proporción de padres era solo un 14.7% inferior que en el mes anterior.[8] En abril de 2022, todavía había un millón de mujeres menos en la población activa que antes de la pandemia.[9]

Una de las formas insidiosas en que los factores estructurales influyen en nuestra vida es que crean expectativas a las que recurrimos cuando hay una sorpresa o un cambio. Por eso no fue un accidente que a Trudy le pareciera «natural» convertirse en la cuidadora principal de su hijo. Aunque en ese momento pareciera una decisión económica, también estaba respaldada por milenios de socialización según la cual es «natural» que las mujeres se encarguen de los niños y que abandonen cualquier carrera o actividad profesional para cuidar de su familia. En la generación de mi abuela, eso ocurría en cuanto las mujeres se casaban, incluso antes de tener hijos; ahora es más probable que ocurra cuando las mujeres tienen hijos, pero sigue siendo habitual preguntarles a ellas y no a los hombres: «¿Seguirás trabajando después de tener hijos?». Y estadísticamente tiene sentido, ya que los estudios demuestran que el 26% de las madres se quedan en casa a tiempo completo, pero solo el 7% de los padres hacen lo mismo.[10]

Todos estos factores estructurales estaban presentes en la vida de Trudy, pero no eran la historia completa, como rara vez lo son. Porque la historia de Trudy también resume a la perfección el modo en que las mujeres interiorizamos la socialización en detrimento propio y luego actuamos de formas que la refuerzan.

Cuando asesoré a Trudy sobre esta situación, me dijo que no tenía tiempo para pintar porque estaba constantemente cuidando de su bebé. Cuando la bebé dormía la siesta, ella intentaba lavar los platos, doblar la ropa o simplemente mirar la pared para tener un momento para sí misma. Yo necesitaba saber si su esposo se negaba a ayudarla, o si ella no le había pedido que lo hiciera, para saber cómo aconsejarla. Le pregunté: «¿Le has pedido a tu esposo que cuide de la bebé cuando no trabaja para que tú puedas trabajar? ¿Qué te dijo?».

Trudy hizo una pausa y luego admitió tímidamente: «Bueno, en realidad intenta llevarse a la bebé todo el tiempo, incluso cuando puede hacer descansos a escondidas durante su jornada laboral, pero yo siempre le digo que no».

Le pregunté a Trudy por qué se negaba cuando su esposo se ofrecía a quedarse con la bebé. Su respuesta fue una cadena de pensamientos creados por el perfeccionismo, el pensamiento en blanco y negro y la socialización de género:

Me siento culpable, porque él también trabaja duro y merece descansar. Cuidar a la bebé supuestamente debe sentirse natural para mí.

No vale la pena trabajar una hora a la vez.

No quiero lidiar con lo que voy a sentir si intento volver al trabajo y me siento abrumada o atrasada.

No creo que lo diga en serio, así que, si acepto, se molestará conmigo.

Si no la cuido todo el tiempo o si no la pongo antes que a mi trabajo, soy una mala madre.

Si jugáramos a la lotería de «Reconoce tus pensamientos» a partir de esta lista, la mayoría de nosotras probablemente tendríamos una buena racha. Las mujeres estamos socializadas para creer que la carga del cuidado de los hijos recae naturalmente sobre nosotras y que, si una pareja masculina cuida de su hijo, le está «ayudando» a la madre, en lugar de verlo como paternidad compartida. Muchas de nosotras diríamos que creemos lo contrario de esto como cuestión conceptual, pero lo que he visto al entrenar a mujeres sobre la maternidad es que, cuando empiezan a tener hijos, toda esa socialización y programación tempranas se despiertan y empiezan a funcionar en sus cerebros.

Trudy tenía la creencia fundamental de que cuidar de la bebé era más su trabajo que el de su esposo, algo que la socialización le había enseñado. También creía que era injusto e incorrecto, algo que le había transmitido su conciencia política, y con razón. Las creencias contradictorias de que esto era injusto e incorrecto, y también algo natural e inmutable, la habían estancado. Este es un ejemplo perfecto de la brecha mental, por la cual, cuando alguien (su esposo) le propuso una forma de hacerse tiempo para pintar, inconscientemente se le ocurrieron un montón de razones para rechazar esas oportunidades con el fin de preservar su bienestar (eso es lo que hacen los cerebros para evitar la disonancia cognitiva). Así es como la socialización nos afecta de las formas más insidiosas. La opresión externa es más fácil de detectar: se nos complica reconocer que interiorizamos los mensajes y contribuimos a reproducir las mismas normas de las que queremos escapar. Incluso una vez que tomamos conciencia de ello, puede ser difícil cambiarlo.

A las mujeres también nos enseñan que somos las únicas responsables de mantener un hogar perfectamente gestionado y de criar a unos hijos perfectamente educados, lo que hace que sea muy difícil meter la pata si no confiamos en que nuestra pareja la saque perfectamente (es decir, como lo haríamos nosotras). Las mujeres estamos socializadas para creer que la limpieza y el aspecto de nuestra casa, el comportamiento y las actividades de nuestros hijos y el perfecto funcionamiento del hogar son una parte integral de nuestro valor. A veces, nuestras parejas no hacen lo que deben, otras, simplemente no se preocupan por algunas de estas cosas tanto como nosotras, y, a veces, puede que estén dispuestos a hacer más, pero no somos capaces de permitírselos. Porque si creemos que hay una forma correcta de hacer las cosas, y que nuestro valor está en juego, no seremos capaces de ceder el control. En consecuencia, solemos enojarnos con nuestras parejas cuando nunca hemos tenido una conversación clara sobre lo que está pasando.

Mi clienta Shimmy me dijo: «Desde que aprendí estas herramientas, soy capaz de entender cómo los puntos débiles de mi relación romántica estaban arraigados en comportamientos que yo tenía, de manera in/subconsciente, exactamente igual que mis padres, y que eran reforzados por las normas de género de la sociedad. Por ejemplo, yo limpiaba más de la mitad de lo que me correspondía y me enojaba cuando mi pareja ni siquiera reconocía el trabajo. Lo que entiendo ahora es que necesitábamos crear una visión clara y factible de cómo enfocar las tareas domésticas».

Trabajar en nuestros pensamientos cuando se trata de las expectativas de la sociedad sobre la responsabilidad de las mujeres en el hogar puede ayudarnos a ver lo que es realmente necesario (todo el mundo necesita alimentarse a diario y bañarse de vez en cuando) frente a lo que es nuestro estándar perfeccionista (la casa tiene que estar impecable en todo momento o estamos fallando). También puede ayudarnos a determinar si hacemos algo porque en verdad nos gusta (cocinamos porque nos relaja) o porque creemos que debemos hacerlo (cocinamos porque creemos que comprar comida congelada nos convierte en malas madres). Incluso podríamos explorar la ansiedad que sentimos si no cumplimos con los propios estándares perfeccionistas, o si nuestra pareja asume algunas de las responsabilidades y luego no las ejecuta como lo haríamos nosotras, o no las realiza en absoluto. Algunas, por supuesto, no tenemos una pareja que nos ayude con la crianza, lo que dificulta conseguir ayuda y vuelve la gestión del tiempo algo mucho más crucial.

Aquí hay una advertencia importante: la libertad de cometer errores es un privilegio que no todas las mujeres pueden darse. Una cosa es acordar con tu pareja que se encargue de preparar los almuerzos de los niños y tolerar el riesgo de que un día tengan que comprarlo en la escuela. Pero otra cosa es que no te alcance el dinero para que tu hijo compre el almuerzo en la escuela, o que pertenezcas a un grupo minoritario excesivamente vigilado y sepas que bastará con que tu hijo no lleve almuerzo para que alguien llame a los servicios de protección de menores y abra una investigación. Como siempre, estas herramientas deben utilizarse en el contexto de tu identidad y tu realidad. No obstante, todo el mundo tiene aspectos en los que trabajar para discernir lo importante y separar su socialización de las creencias que quiere tener sobre lo que importa y cómo quiere pasar su tiempo.

Tal vez te preguntes: pero ¿qué pasa con los hombres que consideran que su participación es «ayudar» a sus esposas, o que no están dispuestos a «ayudar» para nada? Así como las mujeres han sido socializadas para ver las tareas domésticas y el cuidado de los niños como su trabajo, los hombres han sido socializados para considerarlos roles naturales de las mujeres, sobre todo en el contexto matrimonial: los estudios demuestran que los hombres que conviven con sus parejas, pero no están casados con ellas, realizan más tareas domésticas que los hombres que sí están casados.[11] Las mujeres están socializadas para soportar esto y verlo como algo natural y normal (la generación de mi abuela), o molesto pero comprensible (la generación de mi madre), o inaceptable pero, de alguna manera, inevitable (mi generación). Y algunos hombres pueden incluso incurrir en una «incompetencia deliberada»: hacer mal una tarea a propósito para que no se la pidan en el futuro.[12]

¿Cómo puede ayudarnos asumir la responsabilidad de nuestros pensamientos cuando nuestra pareja no valora nuestro tiempo? En primer lugar, puede ayudarnos a decidir si queremos estar en una relación en la que se espera que la mujer asuma la mayor parte del trabajo doméstico. Esta elección no se produce en el vacío. En las relaciones entre personas del mismo sexo hay un reparto más equitativo de las tareas,[13] así que no se supone que en todos los vínculos uno de los miembros tiene que encargarse de casi todo. Estamos socializadas para aceptarlo como algo normal, o al menos común, solo en las relaciones heterosexuales.

Estamos socializadas para verlo como un asunto por el que posiblemente valga la pena pelearse, pero por el que quizás no valga la pena separarse. Pero eso lo decides tú.

La verdad es que para unas personas el trabajo desigual en el hogar es una molestia, para algunas es un gran problema y para otras no lo es en absoluto. Solo depende de los pensamientos, prioridades, valores y preferencias de las personas de la relación. Tenemos el poder de tomar nuestras decisiones sobre lo que más nos importa. Y si vamos a estar en una relación que no tiene una división del trabajo perfectamente equitativa —o que *aún* no la tiene—, elegir nuestros pensamientos a propósito nos ayudará a decidir con qué tipo de división del trabajo podemos vivir y a reconciliarnos con la carga si la hemos elegido a propósito y nos gustan nuestras razones. También nos es útil al negociar estas conversaciones con más destreza para llevar nuestra relación al equilibrio que deseamos, o al tener la autoconfianza y fuerza necesarias para poner fin a una relación si no podemos resolver un problema que rompe el acuerdo.

Al fin y al cabo, seas madre o no, tengas pareja o no, tengas mucho o poco tiempo libre, tengas muchas o pocas responsabilidades, entender en qué se te va el tiempo y cómo puedes priorizarlo mejor te ayudará a vivir tu vida con más intención. En ello trabajaremos a continuación.

RECUPERA TU TIEMPO

Los siguientes ejercicios pretenden ayudarte a tomar una serie de decisiones importantes sobre a qué le das prioridad, cómo empleas tu tiempo y qué creas en tu vida con ese tiempo.

Ejercicio: Realiza una auditoría de tu tiempo

El primer paso para tomar el control de tu tiempo es saber cómo lo gastas realmente. La mayoría de nosotras no tenemos ni idea de cómo lo empleamos. *Creemos* que lo sabemos, pero a menudo estamos muy equivocadas. Cada vez que les pido a mis clientas que durante una semana utilicen una herramienta de seguimiento del tiempo para ver adónde se va el suyo, se quedan sorprendidas. Así es como te sugiero que lo hagas:

PASO 1

Agenda todo lo que quieres hacer en una semana: trabajo, vida social, cosas de familia, entrenamientos, tiempo de relajación, etcétera.

PASO 2

Durante una semana, registra lo que realmente haces. Puedes hacerlo en un cuaderno, en el calendario de tu celular o por medio de una aplicación de gestión del tiempo como Timeular.

PASO 3

Compara tu planificación y lo que has hecho. Responde a las siguientes preguntas a modo de control al final de la semana:

1. ¿Qué aspectos de mi calendario cumplí? ¿Por qué? ¿En qué pensaba entonces?
2. ¿En cuáles hay lagunas en las que no seguí mi calendario?

3. ¿Qué hice en su lugar? ¿Por qué? ¿En qué pensaba entonces?
4. ¿Qué quiero creer para la próxima vez?
5. ¿Qué quiero hacer diferente la semana que viene?

Ejercicio: Identifica tus prioridades

Debido a que las mujeres estamos socializadas para creer que debemos hacerlo todo para ser lo suficientemente buenas, puede ser muy difícil enfrentarse a la realidad de nuestro tiempo limitado en la Tierra y reconciliarnos con lo que nos es posible hacer. La buena noticia es que, si trabajas para crear tu propia validación, como aprendiste en el capítulo 6, no te sentirás tan dependiente de «hacer algo» para sentirte digna. Pero seguirás teniendo que lidiar con la verdadera cuestión de cómo quieres pasar tu limitado tiempo en la Tierra. No rehúyas este ejercicio, que si bien puede ser duro, vale la pena no llegar al final de tu vida y descubrir que la pasaste siguiendo reglas inconscientes en las que ni siquiera habías pensado y que no te estaban haciendo ningún bien.

Las siguientes preguntas pueden ayudarte a aclarar tus valores y deseos más profundos. Puedes hacerlo con respecto a tu relación con el trabajo, con los demás o contigo misma.

1. Cuando se trata de [tu trabajo, afición, actividad, tu relación con una persona o grupo específico, tu tiempo libre, etc.], ¿qué haces actualmente? No tienes que enumerar todas y cada una de las tareas, pero escribe los componentes principales de cómo empleas tu tiempo en el área en la que estás trabajando.

2. Al mirar esta lista, ¿qué te gusta y quieres seguir haciendo?
3. Al mirar esta lista, ¿hay algo que quieras hacer menos o dejar de hacer del todo?
4. ¿Qué pensamientos te impiden hacer menos o detenerte? Enumera todas las razones que tienes para ello.
5. ¿Quieres seguir creyendo en esos pensamientos? ¿Cuál es el precio para tu vida si no los cambias?
6. Si pudieras cambiar esos pensamientos ¿qué querrías creer en su lugar?
7. Al mirar la lista, ¿hay algo que quieras añadir?
8. Si es así, ¿hay que quitar algo más para hacerle espacio? ¿Qué sería?
9. ¿Qué obstáculos persistirán al realizar estos cambios?
10. ¿Qué pensamientos practicarás cuando te enfrentes a obstáculos que no coincidan con tus prioridades?

Ejercicio: Mete la pata

El siguiente ejercicio te ayudará a trabajar el «drama» cerebral que surge cuando decides dejar de hacer cosas porque «deberías» y no porque realmente quieras o te importen. Esto significa ir más allá y cambiar tus acciones, por lo que puede requerir experimentación y ajustes. Desarrollé este ejercicio en intervalos de una semana para animarte a jugar con él.

Conforme realizas este ejercicio, recuerda que no tomarás decisiones para siempre. Solo por ahora. Este proceso consiste en probar y fallar, ajustar y volver a probar, hasta que encuentres un sistema que te funcione.

1. Basándote en las prioridades que estableciste en el ejercicio anterior, ¿qué estás dispuesta a dejar ir esta semana?
2. ¿Qué pensamientos anticipas que surgirán en el transcurso de la semana acerca de dejar ir esas cosas (o una sola cosa)? Escríbelos.
3. Piensa en una idea que puedas utilizar cada vez que surjan esos pensamientos. Escríbela.

Tras una semana, repórtate.

4. ¿Lo dejaste pasar? ¿Qué pensamientos surgieron? ¿Cómo los manejaste?
5. Si no fuiste capaz de dejarlo pasar, ¿por qué? ¿Qué pensaste?
6. ¿Cómo procederás? ¿Quieres intentarlo de nuevo, practicando otro pensamiento?

Ejercicio: Redefinir el descanso y la pereza

El descanso parece algo natural. La mayoría de los animales descansan sin mucho drama psicológico, por lo que sabemos. Pero ¿los humanos en nuestra sociedad? No tanto. El descanso se ha convertido en una experiencia tensa para muchos de nosotros, y es normal que nos cueste realizar esta sencilla actividad debido a todo el significado que le hemos atribuido. Pero por muy productiva que seas, el descanso es una parte importante de tu vida. Este ejercicio te ayudará a descubrir lo que piensas al respecto para que puedas cambiarlo y permitirte un verdadero rejuvenecimiento.

1. ¿Qué opinas del descanso?
2. Teniendo en cuenta tu respuesta a la pregunta 1, ¿notas algún mensaje social internalizado? ¿Cómo te afecta?
3. ¿Qué opinas de las personas que priorizan el descanso y la relajación en su vida?
4. ¿Qué se te ocurre cuando piensas en dar prioridad al descanso en tu vida?
5. ¿Qué te parece relajante? ¿Qué tipos de descanso y relajación te interesan?
6. ¿Te permites hacer o experimentar estas cosas? ¿Por qué sí o por qué no?
7. Si tuvieras todo el tiempo y el dinero del mundo, y ningún juicio, ¿cómo cambiarías tu forma de trabajar y descansar?
8. ¿Qué pensamiento puedes poner en práctica para permitirte añadir algún descanso o relajación esta semana? (Asegúrate de programarlo en el calendario, para que te obligues a cumplirlo o a explicarte a ti misma por qué no lo has hecho).

El modo en que las mujeres estamos socializadas para pensar sobre nosotras se infiltra en cada decisión que tomamos, incluida la de en qué gastamos nuestro recurso más limitado: el tiempo. Con las herramientas que has aprendido en este capítulo puedes empezar a relacionarte con el tiempo de forma más eficiente, a crear más productividad y a centrarte en las cosas que realmente te importan.

CAPÍTULO 10

RECUPERA EL MUNDO

Como mujeres estamos socializadas para creer que centrarnos en nuestra salud mental o emocional es egoísta, superficial o privilegiado. Nos enseñan que deberíamos enfocar nuestra atención y energía en otras personas, y que nuestro dolor emocional no es relevante o que no debería existir en primer lugar. La verdad es que tú eres importante y significativa, y al cambiar tu propia vida, le das un uso increíble a tu tiempo y energía en la Tierra. Pero trabajar en liberar tu propio cerebro de la socialización que nunca pediste y de las creencias que ni siquiera sabías que tenías es también lo más radical que puedes hacer por el mundo. Porque cerrar propia tu brecha mental te hará estar en el mundo para reducir la de las generaciones futuras.

Te lo dice alguien que fue una bienhechora profesional la primera mitad de mi carrera. El trabajo que hice por los derechos reproductivos, en las calles y en los tribunales, fue muy importante. Siempre estaré orgullosa de ello. Pero hasta que no aprendí a cambiar la forma en que la sociedad me había enseñado a pensar, no pude convertirme en la mujer —y en la transformadora del mundo— que estaba destinada a ser. Mi camino no es el camino de todos. Para algunas personas, ser litigante en materia de derechos reproductivos es exactamente el trabajo que están destinadas a hacer en el mundo. Para otras, puede ser crear arte, liderar movimientos políticos, ascender en la escalera empresarial o cambiar la forma de criar a sus hijos para que la próxima generación crezca con mejores ideas que la anterior. Pero hagas lo que hagas con lo que Mary Oliver llamó tu «única, salvaje y preciosa vida», impactarás al mundo más allá de ti. El trabajo de reflexión determina cómo te presentas ante él y qué eliges hacer para mejorarlo en beneficio de todos.

Mi alumna Anna compartió conmigo esta hermosa historia que resume cómo cambiar tu forma de pensar puede tener un efecto dominó en el mundo:

> Acudí al *coaching* porque odiar mi cuerpo estaba afectando todas las áreas de mi vida. Lo saboteaba todo, desde adónde iba hasta cómo me sentaba, con quién salía o cómo me presentaba ante mí misma. Hasta que trabajé contigo, no tenía ni un solo recuerdo de haberme llevado comida a la boca sin sentirme culpable y merecedora de un castigo. Cada vez que comía, me sentía fracasada. Es increíble que haya sobrevivido tanto tiempo así.
>
> Después de cambiar mi imagen corporal, ya no pierdo tanto tiempo siendo tan mala conmigo misma, lo que significa que les he dado más espacio a proyectos que elevan mi corazón. Ahora dirijo un programa de talleres para sobrevivientes de violencia doméstica, violencia sexual y de abusos sexistas. Tengo un negocio de fotografía que se basa en animar a la gente a mostrarse tal como son y a que las vean en el cuerpo que tienen, lo que, por supuesto,

engloba muchas de las lecciones que he aprendido a lo largo de mi viaje, y también dirijo un programa de confianza para personas que odian ser fotografiadas, para que descubran cómo esto forma parte de los estándares patriarcales, blancos, cisgénero, heterosexuales, delgados y sin discapacidades de belleza; de modo que quieran desafiarlos y dar la cara por sí mismas.

Nunca habría sido capaz de ver todo el potencial y las posibilidades si me hubiera mantenido tan increíblemente cruel conmigo misma, aferrándome a mi propia mierda patriarcal y, francamente, estando hambrienta. Cambiar mis pensamientos era lo que necesitaba en verdad para que se abriera todo un mundo de posibilidades.

En este capítulo hablaremos de por qué liberar nuestras mentes es realmente crucial para producir cualquier cambio social, y de cómo puedes utilizar las herramientas que has aprendido en este libro para contribuir a que el mundo sea un mejor lugar para todos.

ELEGIR NUESTRO COMBUSTIBLE EMOCIONAL

En los últimos cincuenta años, hemos hecho enormes progresos sociales en el desmantelamiento del sexismo institucional en muchos aspectos. Sin embargo, las mujeres aún tienen menor seguridad física en un mundo construido para los hombres y dominado por ellos. Aproximadamente el 30% de las mujeres a nivel mundial ha sido víctima de violencia física o sexual por parte de su pareja en algún momento de su vida.[1] En todo el mundo, al menos 12 millones de niñas se casan cada año antes de cumplir los 18 años, es decir, cada minuto se casan 23 niñas.[2] Si estás leyendo esto desde un lugar donde no hay muchos matrimonios infantiles, los problemas del sexismo pueden presentarse de otra manera, pero siguen siendo peligrosos. Tomemos, por ejemplo, un estudio de 2011 que demostró que las mujeres tienen un 47% más de probabilidades que los hombres de sufrir lesiones graves en accidentes automovilísticos cuando llevan puesto el cinturón de seguridad, porque los dispositivos de seguridad de los automóviles están diseñados para los hombres.[3]

Económicamente, las mujeres también se llevan la peor parte. En Estados Unidos, las mujeres tienen más probabilidades de vivir en la pobreza que los hombres[4] y de experimentar grave inseguridad alimentaria.[5] Cuanto más se asciende en la jerarquía económica y política, mayor es el desequilibrio de género: las mujeres solo representan el 29% de la Cámara de Representantes, el 25% del Senado de Estados Unidos[6] y el 8.8 % de las direcciones ejecutivas de las empresas de la lista Fortune 500.[7] Además de cobrar menos por el trabajo fuera de casa, las mujeres realizan más trabajo dentro del hogar: las mujeres y las niñas dedican un 50% más de tiempo que los hombres al cuidado no remunerado y al trabajo doméstico.[8]

Las estadísticas económicas empeoran para las mujeres de color. Algo menos de dos tercios de los trabajadores que cobran el salario mínimo o menos son mujeres; solo un poco más de un tercio son hombres.[9] Una vez que se supera el salario mínimo, la brecha salarial sigue vivita y coleando, ya que las mujeres ganan unos 82 centavos por cada dólar que ganan los hombres. Por cada dólar que gana un hombre blanco, las mujeres negras ganan 64 centavos y las mujeres latinas no blancas, 54 centavos.[10]

Cuando ves cuánto hay que arreglar en este mundo, es fácil sentirse abrumada o enojada. Y no hay nada malo en ello. La ira es una reacción humana normal ante la injusticia. Pero a nuestra sociedad no le gusta que las mujeres se enojen. A los hombres se lo permiten y, de hecho, estamos socializadas para ver la ira masculina como una manifestación de fuerza y poder. Pero cuando las mujeres se enojan, es otra historia. Las llaman histéricas, irracionales, ruidosas o, como cuando las mujeres negras en Estados Unidos expresan su ira, incluso atemorizantes y peligrosas. El precio social que hay que pagar por enojarnos es muy alto; vemos la ira en las mujeres como irracional y destructiva. ¿Un hombre que se enfurece por la injusticia y se enoja por la opresión? Es un líder y un héroe. ¿Una mujer que hace lo mismo, especialmente si trata de una injusticia sexista? Está loca y necesita calmarse.

Como alguien que se gana la vida trabajando con las mentalidades de las personas, sé que la ira puede ser justa y poderosa. Puede ser una señal de fortaleza cuando se traspasa un límite o nos tratan injustamente. También sé que a veces la ira puede ser simplemente un indicio de un sistema nervioso activado o de una mente no controlada. Y, en cualquier caso, puede hacer metástasis. He visto muchos casos como este en mi carrera como abogada litigante en materia de justicia social. Ninguna emoción se manifiesta de una sola manera ni tiene un solo resultado. Algunas personas experimentan la ira como un fuego justiciero poderoso e iluminador que las dirige hacia sus objetivos con claridad e ímpetu. Y otras la experimentan como un resentimiento ardiente que drena su energía y su visión y que las deja en un estado de estrés crónico. Solo tú puedes saber cómo te está afectando tu ira.

No estoy aquí para decirte que no te enojes si tu enojo te sirve. El autocoaching no consiste en hacer las paces con la opresión. De hecho, se trata de aprender a ser más fuerte y estar más arraigada en una misma para responder mejor a ella. Mi clienta Ayesha experimentó esta transformación de primera mano. Sobre sus razones para buscar *coaching* feminista, me dijo:

> Como persona de color, es una lucha constante navegar por el mundo sin encogerme o sentir que debo tolerar cualquier comentario de odio o trato verbal abusivo por parte de cualquiera, independientemente de su posición y supuesto poder. Quería ser lo que era y lo que soy sin pedir disculpas. Después de aprender a entrenarme, aprendí a no disculparme por lo que soy. Hablé más y denuncié comportamientos [racistas] sin sentir que no tenía derecho a hacerlo. Ahora estoy orgullosa de enfrentarme a la gente.

Aprender a hacerle frente a la injusticia y mantener la resiliencia y el poder implica cambiar nuestra forma de pensar, y también —¡vaya, vaya!— hacer las paces con nuestros sentimientos. Irónicamente, creo que el feminismo a veces contribuye al estrés de las mujeres al crear conciencia del sexismo, pero sin darles las herramientas para procesar emocionalmente esa conciencia. Lo digo como una feminista orgullosa.

El movimiento feminista estadounidense dominante se ha centrado históricamente en objetivos políticos externos: derechos reproductivos, leyes que prohíban el acoso sexual, políticas de baja parental, prevención de la violencia sexual, etc., que son objetivos importantes y loables. Necesitamos cambios sociales para crear un mundo más justo e igualitario para todos.

Los cambios sociales, sin embargo, no bastan. Para muchas mujeres, el feminismo es un despertar. La teoría feminista explica por qué parece que los hombres tienen más libertades que las mujeres, por qué las mujeres se sienten acosadas o explotadas, por qué los hombres se sientan en el sillón mientras las mujeres persiguen a los niños. Es poderosa porque explica mucho de lo que intuitivamente parece injusto en la vida de las mujeres. Provee alivio y solidaridad.

Pero el feminismo político no ha proporcionado históricamente una solución a la experiencia emocional que esta toma de conciencia crea. No les ha enseñado a las mujeres qué hacer con todas esas emociones y cómo manejar la integración de la conciencia de injusticia con las circunstancias de su vida real. Al fin y al cabo, la mayoría de nosotras no nos uniremos a comunidades separatistas de mujeres en el bosque, que nunca llegaron a ser populares ni siquiera en su época de esplendor. Seguimos viviendo en sociedad; la mayoría tenemos familia, amigos, colegas, jefes, hijos o parejas masculinas, y muchas de nosotras queremos saber cómo podemos mejorar nuestra vida aquí y ahora, no rendirnos a un destino funesto creado por fuerzas mayores que nosotras.

Así que, si tu ira parece arrasar contigo sin impulsarte a hacer mucho bien a tu alrededor, quizá quieras cambiarla. Lo mismo ocurre con el agobio, que puede dejarte paralizada y sin esperanza ante todos los problemas del mundo. La buena noticia es que los conceptos que has aprendido a lo largo de este libro sobre cómo cambiar tu forma de pensar para producir sentimientos y acciones diferentes también funcionarán en este contexto. Así que hablemos de cómo cerrar tu propia brecha mental te ayudará a cerrar también las brechas injustas que existen en el mundo exterior.

CÓMO CAMBIAMOS EL MUNDO

Como has ido aprendiendo a lo largo de este libro, cualquier idea que haya tenido un ser humano procede de su cerebro. Las pirámides del antiguo Egipto. El transbordador espacial. Las licuadoras de inmersión. Los barcos. El rímel. Todo lo que se ha inventado ha tenido que crearlo una mente humana.[11] Lo que significa que todas las soluciones a nuestros problemas proceden de nuestros cerebros.

Si vivimos en la brecha mental, nuestro cerebro no funciona con pleno rendimiento, porque, si no confiamos en nuestro pensamiento, no podemos aportar las ideas que el mundo necesita. Cuando pasas toda tu vida absorbiendo mensajes explícitos e implícitos sobre tus limitaciones e insuficiencias, esto afecta tu capacidad para pensar de forma creativa y para creer en tus ideas, talentos, habilidades y valía. Esto significa que puedes tener una gran idea para resolver un problema (ya sea en la junta de padres o en la Casa Blanca), pero no tienes la confianza para hablar de ella, defenderla cuando te critican y seguir compartiéndola hasta que convenzas a los demás de que también es genial. Peor aún, si estás agotada, sufres estrés crónico o no puedes descansar, es posible que ni siquiera se te ocurra la idea.

Por eso, todo el trabajo que hemos realizado hasta ahora en este libro es crucial, no solo para mejorar tu propia vida, sino para crear un mundo mejor para el resto. Desarrollar la autoconfianza y la autoestima te ayudará a concebir y promover ideas que mejoren el mundo que te rodea. Eso significa que tal vez te atreverás a decirle a tu pareja que es importante enseñar a sus hijos a modelar un conflicto sano, o que solicites financiación del Gobierno para una nueva investigación sobre la adicción a las sustancias. Significa dar rienda suelta a tu perspicacia, tus ideas, tu creatividad y tu brillantez por el bien de todos.

Una de las cosas más insidiosas de la socialización es que influye no solo en lo que pensamos de nosotras mismas, sino también en lo que pensamos de los demás. Así que, si eres mujer, la socialización sobre el valor de las contribuciones intelectuales o la autoridad de las mujeres no solo influye en cómo piensas sobre tus contribuciones o autoridad, sino también en cómo percibes inconscientemente a otras mujeres, sus contribuciones y su autoridad. La socialización hace que estés más dispuesta a confiar en las ideas o el liderazgo de un hombre, al menos en ciertos ámbitos, no solo por encima de los tuyos, sino por encima de los de otras mujeres.

Ahora bien, puede que rechaces esta idea, yo también lo hago. Sin embargo, si observo atentamente mis pensamientos y practico la curiosidad compasiva sobre ellos, advierto que todavía les doy cierta deferencia no merecida a los hombres en determinadas áreas, como las finanzas, la contabilidad o la dirección ejecutiva de las empresas. Sé que no soy la única que lo hace, ¡aunque literalmente soy la propietaria y directora ejecutiva de una empresa multimillonaria que yo misma construí desde cero!

Además, aunque de alguna manera fueras completamente inmune a la socialización que has recibido sobre tu(s) identidad(es), también te han afectado los mensajes sobre otras personas con identidades diferentes. No se nos socializa solo con mensajes sobre el género; también sobre raza y etnia, tamaño y tipo de cuerpo, capacidades físicas o discapacidades, edad, orientación sexual, identidad de género, nacionalidad y muchas otras características. Y por muy conscientes que seamos de la necesidad de eliminar sesgos perjudiciales de nuestro cerebro, siempre será un trabajo constante. Siempre tendremos que deshacer creencias sesgadas que moldearon nuestro cerebro sin que nos diéramos cuenta.

Este es el punto: si no hacemos el trabajo de reconocer cómo la socialización ha impactado en nuestros cerebros y de cambiar a propósito la forma en que pensamos, entonces estamos tratando de resolver nuestros problemas personales, así como los de la sociedad, con mentes limitadas por las mismas creencias problemáticas que crearon las circunstancias y los resultados que queremos cambiar. En otras palabras, estamos intentando resolver cosas como el sexismo, el racismo o la discriminación por el peso corporal, con un cerebro condicionado y afectado por esos mismos sistemas problemáticos y las creencias que los apoyan, lo que hace muy difícil alcanzar los objetivos de efectuar un cambio real.

La activista y filósofa Angela Davis dijo: «Tenemos que hablar tanto de liberar las mentes como de liberar la sociedad».[12] Todas las grandes ideas que han mejorado la humanidad proceden de personas que creyeron más allá de lo que les enseñaron que era posible. Se negaron a creer que no era posible construir un avión que funcionara. Se negaron a creer que la Tierra era plana. Se negaron a creer que no era posible prevenir la viruela.

Y cuando las personas oprimidas luchan y ganan para obtener nuevos derechos, es porque no aceptaron las creencias que la sociedad intentó trasmitirles y que supuestamente justificaban su opresión. Los negros esclavizados y sus aliados abolicionistas se negaron a creer que la religión o la ciencia justificaran su opresión. Las mujeres y sus aliados masculinos se negaron a creer que no se podía confiar en ellas para votar y que eran más estúpidas y menos responsables que los hombres.

La mayoría de las veces nos enseñan que la emoción negativa es lo que nos impulsará a crear el cambio. Esto tiene cierta lógica, ya que los seres humanos tienden a buscar el placer y a evitar el dolor. Pero, como hemos visto a lo largo de este libro, las emociones y los pensamientos negativos no controlados también causan estrés y perpetúan estados de huida, lucha o congelación, desde los que ni siquiera podemos mejorar la propia vida y mucho menos salvar el mundo. La buena noticia es que hay otra manera. Es posible preocuparse por hacer del mundo un lugar mejor y, al mismo tiempo, mantener la serenidad emocional y la resiliencia necesarias para hacerlo y disfrutar de tu propia vida. Permíteme presentarte un par de conceptos que trabajan juntos: la aceptación radical y la acción radical.

ACEPTACIÓN RADICAL

Es un error común pensar que el odio o la ira hacia algo es la única manera de motivar un cambio positivo. No obstante, cuando odiamos nuestro cuerpo, no lo cuidamos bien; cuando les gritamos a nuestros hijos, podemos asustarlos y activar su respuesta de lucha o huida, lo que puede hacerlos aún más propensos a actuar impulsivamente o a perder la concentración en lo que queremos que hagan. Así, cuando nos enfrascamos en la ira y la resistencia, no solemos crear cambios positivos en el mundo. Entonces, ¿cómo podemos utilizar nuestros pensamientos y sentimientos como un poderoso combustible para hacer del mundo un lugar mejor?

Irónicamente, tenemos que empezar por la *aceptación*. Los linajes de la filosofía budista llevan mucho tiempo enseñando la «aceptación radical», que se define de distintas maneras, pero que normalmente se reduce a abandonar nuestra resistencia (¡completamente normal y humana!) a que el mundo no siempre es como nosotros queremos. Mi trabajo sobre la aceptación emocional se basa en gran medida en estas enseñanzas, pero también las amplía y las ramifica.

La aceptación radical nos enseña que nuestro sufrimiento no está causado por las cosas dolorosas de nuestra vida, sino por nuestro apego al sufrimiento. Suena raro, ¿verdad? Normalmente pensamos que nos haría mucha ilusión que desapareciera nuestro sufrimiento, ¡no queremos aferrarnos a él! Pero las enseñanzas budistas distinguen entre dolor y sufrimiento.

El dolor es inevitable en la vida humana; el dolor incluye emociones como la pena, la pérdida, la tristeza, etc. El sufrimiento, en este modelo, es algo diferente: es la angustia emocional causada por nuestra creencia de que no deberíamos sentir dolor, de que el dolor no debería ocurrir y de que el mundo debería ser diferente para no sentirlo en absoluto[13] (en otras palabras, se parece mucho a la resistencia de la que hablamos en el capítulo 2). El apego a nuestro sufrimiento significa que lo que realmente lo causa es la inversión que hacemos en creer que el mundo debería ser diferente.

La aceptación radical es aceptar que el mundo es como es, sin implicar *consentirlo*. No significa que lo aceptemos en el sentido de que pensemos que está bien y no tengamos pensamientos o sentimientos negativos al respecto. Significa, más bien, que reconozcamos que es así para invertir energía en acciones más productivas capaces de cambiarlo. En otras palabras, la resistencia se produce cuando luchamos mentalmente contra los hechos de la realidad, cuando gastamos nuestro tiempo y energía pensando que deberían ser diferentes, en algún sentido objetivo. La aceptación radical significa dejar ir esa resistencia.

De un modo extraño, creo que nos aferramos a creer que las cosas *deberían* ser diferentes precisamente porque hemos sido socializadas para creer que nuestras necesidades, deseos, sentimientos, valores y esperanzas no son relevantes o importantes para el mundo. Nos socializan para creer que, por lo general, todo lo hacemos mal; que nuestros deseos o necesidades importan menos que los de los demás, y que la única vez que merecen algún tipo de apoyo o validación es cuando demuestran, de algún modo, que están objetivamente en lo correcto. Por supuesto, interiorizamos la tendencia, y nos aferramos a la idea de que algo «debería» ser diferente de cierto modo objetivo para intentar legitimar nuestros sentimientos.

Tus sentimientos están «permitidos» solo porque los tienes. Los sentimientos no están bien o mal, no son válidos o inválidos: no hay forma de evaluar si «deberías» tener un uno determinado o si «tienes permiso». Sería como intentar evaluar si deberías liberar enzimas para digerir la comida que acabas de comer. La verdad es que no es una cuestión de «deberías», es solo un proceso natural de tu cuerpo que ocurre en respuesta a cierto estímulo. Tus sentimientos tienen permiso para existir. Pero si están causando daño, vale la pena considerar la posibilidad de cambiar los pensamientos que los generan.

Liberarse de la creencia de que algo debería o no debería haber sucedido puede ser todo un reto. Puede darte la sensación de que, de alguna manera, tu experiencia emocional lo está justificando o invalidando. Quiero invitarte a que consideres cambiar tu proceso de reconocer tus emociones en lugar de obsesionarte con cambiar la realidad. Una forma de observar esta distinción es en las diferentes sensaciones de tu cuerpo cuando piensas «Las cosas *deberían* ser así» y cuando piensas «*Me gustaría* que las cosas fueran así» o «*Quisiera* que esto sucediera de otra manera».

Cuando creemos que algo «debería» ser de una determinada manera y no lo es, nos sentimos enojadas, frustradas e impotentes. Nos sentimos víctimas de nuestras circunstancias. Puede que incluso seamos víctimas en un sentido literal: nos ocurrió algo malo que no es culpa nuestra. Pero resistirnos a la realidad de lo que ocurrió o sentirnos impotentes por ello no nos ayuda. En mi experiencia como *coach* de mujeres de todo el mundo, sentirse impotente es una de las emociones más dolorosas y menos útiles que puede tener un ser humano; nos sume en la parálisis y la desesperanza más rápido que cualquier otra cosa. Cuando cambiamos el enfoque para reconocer que *deseamos* que algo no hubiera ocurrido, estamos practicando irónicamente la aceptación. Aceptamos que efectivamente pasó y también aceptamos nuestra reacción emocional ante ello, sin malgastar energía emocional resistiéndonos a ninguna de las dos cosas.

Cuando nos centramos en nuestra experiencia emocional, tenemos la oportunidad de estar con nosotras mismas, de estar presentes con la propia humanidad, con la pena, el dolor, la confusión o la indignación. Todas son experiencias humanas; por eso, en lugar de minimizar lo ocurrido, esto nos conecta con nuestra experiencia y nos orienta hacia lo que podemos controlar: nuestra reacción.

Recuerda que siempre puedes elegir. No estoy aquí para decirte que no debes enojarte, ni sentirte abrumada, ni tener otros sentimientos que quieras tener durante el tiempo que quieras tenerlos. Pero, si quieres salirte de la constante obsesión y resistencia en torno a algo que ha sucedido o no ha sucedido en tu vida, la aceptación radical es el camino. Si podemos estar presentes con nuestras verdaderas emociones, podemos realmente recibirlas, y movernos a través de ellas. Es cuando estamos listas para emprender acciones productivas.

A veces, resulta más sencillo ver esto cuando se trata de otras personas que no podemos controlar. Piensa en la sección sobre el ejercicio de «El manual» en un capítulo previo. Si gastas toda tu energía luchando mentalmente contra el hecho de que tu hijo siga haciendo berrinches, solo... desperdiciarás bastante energía y nada cambiará. Cuando aceptes que no puedes hacer que los berrinches cesen solo resistiéndote a ellos, serás capaz de dirigir esa energía hacia la búsqueda de soluciones que funcionen para ti.

Los mismos principios se aplican a nuestra reacción ante sistemas e injusticias de mayor envergadura. Supongamos que te despiden y sospechas que ha sido porque hablaste abiertamente de cuestiones de igualdad de género en tu lugar de trabajo. ¿Cómo aplicamos la aceptación radical aquí? «Aceptarlo» no significa que decidas que está bien y no hagas nada al respecto. Pero, si te pasaras todo el tiempo hirviendo de rabia por cómo no debió haber ocurrido y obsesionándote con la persona que te despidió, quemarías mucha energía que de otro modo podrías utilizar para avanzar en tu vida. No se trata de si esto fue justo o correcto ni de estar de acuerdo con que haya ocurrido.

Se trata de lo que vas a elegir hacer con tu tiempo y energía una vez que aceptes el hecho de que ocurrió, y ahora tu elección es cómo reaccionar. Tal vez vayas a contratar a un abogado; tal vez escribas una carta a un editor y hacer público lo que ocurrió; tal vez decidas seguir adelante, pero desde un lugar de empoderamiento, no de impotencia. Y eso puede marcar la diferencia para lo que venga después. Existe todo un campo de estudio sobre un fenómeno llamado «crecimiento postraumático» que documenta lo que ocurre cuando las personas deciden crear un significado y un propósito a partir de la tragedia o la injusticia.[14]

No existe una respuesta objetiva correcta sobre qué *hacer* en una situación particular. Pero cuando decides qué *pensar* a propósito, tu acción fluye sin esfuerzo. Sabrás lo que tienes que hacer por ti misma. En este contexto, lo opuesto a la resistencia es la *resiliencia,* la cual se crea al aceptar la realidad y al elegir cómo responder. Ahí es donde entra en juego la acción radical.

ACCIÓN RADICAL

Una vez que hayas realizado la práctica de la aceptación radical, puede que descubras que estás preparada para cambiar tus pensamientos y tomar algunas *acciones radicales.* He aquí algunos replanteamientos y prácticas que te ayudarán a dar un paso adelante, no solo por tu propio bien, sino por el bien del mundo.

NO PERSONALICES LA POLÍTICA

Lo sé, lo sé, previamente en este libro dije que lo personal es político, porque nuestro trabajo personal para liberar nuestras mentes de la socialización es lo que nos ayudará a cambiar también la política del mundo. Lo sostengo. Y también utilizo esta abreviatura —lo político no es personal— para ayudar a mi cerebro a distinguir entre lo sistémico y lo individual. Los seres humanos somos increíblemente resistentes y, cuando nos sentimos inspirados y capacitados, asumimos enormes retos. Recordemos a Viktor Frankl, de cuyos escritos sobre resiliencia hablamos antes; él aplicó cierto trabajo mental para mantener la cordura durante un trauma geopolítico y personal que la mayoría de nosotros, afortunadamente, nunca experimentaremos.

Nos atascamos cuando nos sentimos personalmente impotentes y sin esperanza, lo cual suele ocurrir cuando recibimos información sobre enormes problemas sistémicos o estructurales y olvidamos que seguimos teniendo capacidad de acción individual. He asesorado a cientos de mujeres sobre sus interacciones con la desigualdad estructural, y la distinción más eficaz es entre lo que es cierto a nivel estadístico de la población y lo que ellas hacen que esa verdad signifique para su capacidad de actuar en su propia vida. Permíteme darte un ejemplo personal. Cuando tenía citas en busca de mi compañero de vida, era muy consciente de la discriminación social contra las personas con sobrepeso. Aunque había muchos datos y estudios sociológicos que la respaldaban, no necesitaba consultar la literatura académica para darme cuenta. No estaba oculto. Los perfiles de los sitios de citas eran muy específicos en cuanto a «no gordas» o la versión ligeramente más amable: «Solo me interesan las mujeres de estatura y peso proporcionales». Incluso «con curvas» solía significar «puedes ser talla 8 con nalgas». Y no era de extrañar, ya que la discriminación por peso y talla es rampante en nuestra sociedad. La gordofobia sigue siendo socialmente aceptable.

Si me hubiera centrado en el hecho de que la gran mayoría de las parejas potenciales me declaraban indeseable desde el principio debido a mi identidad marginada, me habría sentido desesperada e inadecuada. Y sé que es cierto porque así es como he enfocado mi pensamiento, desde el momento en que empecé a ser consciente de que me gustaban los hombres hasta el día en que empecé a trabajar en este patrón de pensamiento (serán, ya sabes, unos 35 años.) Cuando decidí cambiar mi mentalidad, tuve que hacer un hueco entre mi conocimiento de las cuestiones sistémicas y mi objetivo personal. Tuve que practicar pensamientos que me ayudaran a creer que lo que era cierto a nivel estadístico-poblacional no determinaba lo que yo podía lograr a nivel personal. Utilicé la escalera del pensamiento que aprendiste en el capítulo 3 para trabajar en pensamientos como «A algunos hombres les atraen las mujeres gordas», «Algunas mujeres gordas encuentran el amor» y «No necesito que todo el mundo quiera salir conmigo, solo necesito que una persona sea compatible conmigo» (incluso si no eres monógama, no necesitas a todo el mundo, ¡solo a unos pocos!). Estos pensamientos no me obligaban a fingir que la realidad de la discriminación contra las mujeres gordas en las citas no existe. Solo me obligaban a creer que las normas estadísticas no eran lo ÚNICO que determinaría mi destino.

Cuando separas lo personal de lo estadístico, no estás ignorando el problema mayor ni te estás desentendiendo de él. En mi caso, creer en mi capacidad de ser amada como mujer gorda me ha permitido no solo encontrar a mi marido, sino enseñar a muchas otras mujeres gordas a rescatar su autoestima de los estragos de la gordofobia y la cultura de las dietas. Me ha permitido mostrarme públicamente para mostrarles a otras mujeres gordas que no tienen por qué estar delgadas para encontrar el amor o una pareja, o para tener una familia o una carrera de éxito sin ocultarse. Esa confianza se extenderá a todos los demás ámbitos de su vida.

No trabajo directamente para deshacer los problemas de gordura en la política pública, como la discriminación en el sistema sanitario. Ese es el llamado de otros. Pero para que esas cosas cambien, las personas con sobrepeso tienen que creer en su propio valor y derecho a vivir una vida plena y libre, y mi trabajo les ayuda a conseguirlo. Tu trabajo en el mundo puede ser muy diferente, pero este es un ejemplo de un ciclo positivo. En primer lugar, haces tu trabajo para creer que puedes obtener los beneficios que deseas en tu vida, incluso cuando las cosas están en tu contra. En segundo lugar, retribuyes en ayudar a otras personas a obtener beneficios similares en su vida. En tercer lugar, todas esas personas influyen positivamente en su entorno, y así es como cambiamos el mundo.

A veces ese impacto se produce en las personas más cercanas a nosotros, como ilustra esta historia de mi alumna Caris:

> Iba a salir con mis hijos, se nos hacía tarde y yo estaba tensa y cortante con ellos. Mi hija de 5 años se contagió de mis emociones y se enojó. Normalmente, en esta situación, intentaría tranquilizarla y decirle que todo estaba bien y que lamentaba haber estado tensa, pero esa vez intenté algo diferente. Le dije: «Lo que siento es porque pienso que no quiero llegar tarde. Ese pensamiento es de mamá y tú no eres responsable de él, no es culpa tuya. *Pero* puedo cambiar ese pensamiento si quiero». Se le iluminó la cara y me di cuenta de que se había estado sintiendo responsable de mis sentimientos (como me pasa a menudo con otras personas) y lo que necesitaba era saber que no era su responsabilidad y que este pensamiento (y los sentimientos que le siguen) era opcional. El mero hecho de darme cuenta de lo que está pasando, nombrarlo y liberar a mi hija de cualquier responsabilidad por lo que sucedía en mi cabeza ya está ayudándome a sanar nuestra relación y cambiará cómo ella afronta su vida.

Y a veces puede afectar a alguien que ni siquiera conoces. Un mensaje que recibí de Elizabeth, mi alumna que ahora es *coach*, lo ilustra muy bien:

> Una chica latina de 20 años vino hoy a la consulta y empezó a hablar de sus estudios (estudiante universitaria... estudios premédicos... superinteligente... primera de la familia en ir a la universidad... arrasando con sus calificaciones, etc.) y empezó a expresar: «Los demás son más listos que yo... han hecho más que yo... están más cualificados que yo». ¡¡¡¡¡¡POR DIOS!!!!!!! Gracias a tu trabajo, pude hablar con esta fabulosa persona para que volviera a la realidad. Fue un VERDADERO PRIVILEGIO verla desmantelar su

> propia socialización y ver cómo distinguía la realidad de la ficción. Hablamos sobre el «síndrome del impostor» y se sintió muy identificada. Estoy ansiosa por ver a esta jovencita ir al exterior y arrasar. Este trabajo está cambiando a la próxima generación. CORRAN LA VOZ.

El efecto dominó de cerrar la brecha mental en tu mente es un hermoso fractal que se despliega más allá de lo que puedes ver. ¿Pero qué pasa si quieres trabajar activamente para cambiar, de forma directa, algo en el mundo? No te preocupes, también tengo algo para ti.

ENCUENTRA TU CARRIL Y CONCÉNTRATE

Crecí con el concepto judío de «tikkun olam», que básicamente es una enseñanza de que el mundo está roto y depende de todos nosotros.[15] La enseñanza no es, fundamentalmente, que el mundo está roto y que solo depende de mí arreglarlo todo. Ninguna de nosotras diría racionalmente que se supone que debemos resolver todos los problemas del mundo. Pero cuando nos centramos en el alcance de los problemas mundiales, con facilidad podemos perder de vista el hecho de que no estamos solas en nuestros esfuerzos por crear un cambio.

El entorno mediático moderno se aprovecha de esta pérdida de perspectiva. El cerebro y el sistema nervioso no evolucionaron para hacer frente a un diluvio de información ininterrumpida sobre todo lo que ha ido o podría ir mal en cualquier rincón del mundo. Tu cerebro evolucionó para saber lo que ocurría en el pueblo a tu alrededor, más o menos.[16] Aunque hubiera una inundación, una hambruna o una enfermedad que afectara a tu pueblo, no recibías un flujo visual y auditivo ininterrumpido de todas las inundaciones, hambrunas y enfermedades que ocurrían en cualquier parte del mundo al mismo tiempo. Basándome en mi comprensión del cerebro y en mi experiencia en el asesoramiento de mujeres ansiosas ante los acontecimientos internacionales, creo que una de las razones por las que esto es tan estresante se debe a que tu sistema nervioso evolucionó para responder a las amenazas en tu entorno inmediato, y puede que no sepa distinguir del todo entre las amenazas en la puerta vecina y las amenazas en el otro lado del mundo.

Las redes sociales exacerban la situación, ya que sustituyen el cambio y la acción en las calles con la señalización de virtudes y el discurso sobre los problemas. Llega a parecer un imperativo moral estar lo más «informada» posible, así como sentirse lo más indignada y peor posible en todo momento. Pero, paradójicamente, esto absorbe tu energía, creatividad, motivación e impulso. Así que acabas haciendo menos por ayudar al mundo de lo que podrías hacer si no estuvieras constantemente revisando tus redes sociales y abrumándote.

Si realmente quieres hacer cambios, tienes que limitar todas las malas noticias que tu cerebro absorbe y centrarte. Decide qué te importa por ti misma; qué quieres ayudar a cambiar y cuáles son tus dones y talentos específicos para lograrlo. Tienes que concentrarte en los resultados. Leer noticias que te agotan y deprimen cada mañana puede parecer un requisito porque tienes el pensamiento in/subconsciente de que tienes que estar al tanto de las noticias para ser una buena persona que se preocupa por el mundo. Pero piensa en el modelo que hemos aprendido a lo largo de todo este libro: ¿qué emoción, comportamiento y retorno crea eso? Si te deja emocionalmente exhausta incluso antes de que empiece el día, ¿cuál es el beneficio?

Así que aquí tienes una pregunta mejor que «¿De qué desastre puede informarme mi teléfono antes de las siete de la mañana de hoy?»: ¿qué cambiaría si eligieras un aspecto de tu vida o de tu comunidad que realmente quisieras mejorar, y al que le dedicaras media hora cada mañana para pensar y probar ideas? ¿Podrías crear un centro de acopio local de alimentos? ¿Escribir un artículo de opinión sobre el cambio climático? ¿Iniciar una campaña de recaudación de fondos para una escuela que necesita libros para su biblioteca? ¿Qué cambio concreto puedes hacer?

Si tu cerebro protesta diciendo que no es suficiente, recuerda que te socializaron para ser perfeccionista. Te enseñaron a creer que nada es suficiente, que nunca haces lo indispensable y que siempre deberías hacer más y mejor, lo que paradójicamente puede llevarte a no hacer nada en absoluto, al sentirte abrumada y paralizada.

Así que ten la voluntad de hacer algo pequeño, de elegir algo que parezca insignificante en el contexto de todos los problemas de tu vida o del mundo, y a trabajar en ello de todos modos. Utiliza la escalera del pensamiento para encontrar un pensamiento que apoye tu meta. Así es como construyes el «músculo» cerebral de la autoconfianza, el empoderamiento y la acción. Cuando se trata de todo lo que te he enseñado en este libro, empezar poco a poco es siempre la clave si quieres cambiar tanto un hábito como el mundo. Estar dispuesta a empezar poco a poco y creer en tu capacidad para triunfar son las claves de todo enorme éxito y sueño que quieras alcanzar.

A lo largo de este libro has aprendido que lo personal es político en muchos sentidos. Los sistemas que estructuran nuestra sociedad nos enseñan qué y cómo pensar sobre nosotras mismas, influyendo no solo en las experiencias emocionales, sino también en cómo nos presentamos para vivir nuestra vida e influir en el mundo. La brecha mental refleja y perpetúa muchas desigualdades de género en nuestro mundo, porque el *statu quo* depende de que participemos en la propia opresión y de que estemos de acuerdo en mantenernos pequeñas, en contenernos, en menospreciarnos.

Puedes ser una ama de casa en una granja o la directora general políglota de una multinacional. Puedes tener diez hijos o ninguno. Puede que estés casada con tu amor de la preparatoria o que vivas en una comuna poliamorosa. Puede que vistas solo ropa de diseñador o que vivas en pantalones de yoga de Target. Seas quien seas, vivas como vivas, tienes un brillo sin pulir, un potencial sin explorar, unos dones sin desarrollar... y todo eso lo puedes liberar cambiando tu forma de pensar.

Nuestra sociedad desigual e injusta depende de que te mantengas pequeña. Pero tu liberación —y el progreso del mundo— depende de que cierres tu brecha mental y aprendas a ocupar espacio. Las herramientas de este libro te ayudarán a cambiar los pensamientos que la sociedad te ha inculcado en función de tu género, pero también pueden servirte para reconducir la socialización que has recibido en función de cualquier otra identidad marginada o característica estigmatizada que tengas.

No quiero que te bases en mi trabajo para convertirte en otra persona. Mi deseo más profundo para ti es que utilices las herramientas que aprendiste en este libro para convertirte en más de lo que ya eres, porque quien eres ya es suficiente. Y cuando las mujeres creen que son suficientes, salen y cambian el mundo.

SUSCRÍBETE AL PÓDCAST *UNF*CK YOUR BRAIN*

Este libro surgió de mi pódcast, *Unf*ck Your Brain: Feminist Self-Help for Everyone* (Desj*dete el cerebro: autoayuda feminista para todas). Hay cientos de episodios disponibles que abordan todo tipo de desafío mental que se te puede ocurrir y que exploran todos los temas que afectan las mentes y vidas de las mujeres. El pódcast explora todos los temas aquí incluidos, pero profundiza en problemas que no cupieron en este libro, como la paternidad, amistades, ansiedad social, drama familiar, envejecimiento, historia feminista, perfeccionismo, complacer a los demás, síndrome del impostor, límites y muchos más. Y, por supuesto, es gratis.

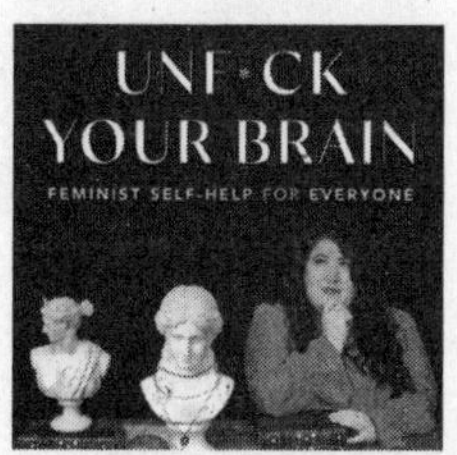

CONSULTAS DE LA PRENSA Y OPORTUNIDADES PARA EL DIÁLOGO

Para cualquier información sobre consultas de la prensa u oportunidades para conversar, por favor, envía un correo a inquiries@takebackyourbrainbook.com.

AGRADECIMIENTOS

Nada de lo que enseño en este libro —y nada en la vida que he construido utilizando sus enseñanzas— existiría sin Brooke Castillo, quien me enseñó a pensar con propósito. Esa habilidad cambió toda mi vida y también me ha permitido ayudar a muchas otras personas a cambiar las suyas.

Este libro no existiría sin el apoyo, los consejos y la sabiduría de muchas personas que ayudaron a engendrarlo. En primer lugar, quiero darle las gracias a Lynn Johnston, mi inigualable agente, que dirigió con confianza este barco a través de varias tormentas hasta llegar a todo el mundo, y a Nina Rodriguez-Marty, mi editora, que heredó este libro de su predecesor, pero lo amó y cuidó como si hubiera sido suyo. Todos sus colegas en la editorial hicieron de la versión en inglés de este libro la mejor y lo ayudaron a llegar al mayor número de personas posible: Margaux Wiseman vio la promesa inicial del libro y lo defendió en la subasta; Nayon Cho se adaptó amablemente a mis sensibilidades específicas en cuanto al diseño de la cubierta; Meg Leder y Brian Tart dirigieron todo el proceso, desde la adquisición hasta la publicación; la correctora Susan VanHecke ayudó a que el libro alcanzara su forma final perfecta, y Shelby Meizlik, Julia

Falkner, Raven Ross y Mary Stone ayudaron dar a conocer el libro y a que se vendiera por todas partes.

Además del equipo de Penguin, David Moldawer también aportó su valiosa perspectiva y apoyo en la primera versión de este proyecto, contribuyendo a formar el esqueleto del libro en que se convirtió. Sara Carder aportó sus profundos conocimientos para pulir el manuscrito, y Sophie Foggin se aseguró de que no dijera nada que no pudiera demostrar. Las doctoras Caroline Leaf y Maham Haq aportaron información científica crucial. Mackenzie Stone encontró bases para todo lo que yo recordaba, pero no podía ubicar, convirtiéndose en una experta en investigación de libros, además del resto de su trabajo en el proceso. Charlie Fusco y Brittney Lynn fueron los magos estratégicos detrás del telón que ayudaron a orquestar el debut de este libro y se aseguraron de que su agenda estuviera llena.

Mi equipo en The School of New Feminist Thought contribuye a llevar al mundo los principios que animan este libro para realizar nuestra misión, y su capacidad para mantener las cosas funcionando cuando estoy ocupada por otros motivos me dio la oportunidad de dedicar tanto tiempo y energía a escribir este libro y compartirlo con el mundo. Mis clientas y mis estudiantes me inspiran cada día con la forma en que aplican los conceptos que enseño y con la brillantez que crean cuando liberan sus mentes del patriarcado. Un agradecimiento especial a quienes han accedido a compartir sus historias en este libro para ayudar a otras mujeres a liberarse también.

Mis padres, Beth y Stephan (y mis abuelos, Doris, Howard, Lenora y Saul) hicieron posible que tuviera acceso a la educación y las experiencias que dieron forma a mi visión del mundo y siempre me animaron a creer que podía alcanzar cualquier meta que me propusiera. Quizás igualmente importante es el hecho de que procesaron la transición de mi vida académica de la Ivy League a *coach* de vida en línea con la mayor amabilidad que cualquier familia judía con grandes aspiraciones podría haber hecho. Aceptaron todas las sorpresas que les di, y aunque estoy segura de que no he terminado de sorprenderlos, les agradezco que siempre me animen, sea cual sea el rumbo que tome mi vida.

Mis hermanos, Nate y Jake, sobrevivieron a mi reinado del terror como hermana mayor y me perdonaron las atrocidades que les infligí en la infancia para convertirse en verdaderos amigos y confidentes durante nuestra madurez colectiva. Ada y Thom, mis hijos por elección, me abrieron todo un nuevo campo de gestión mental como madre a tiempo parcial, y me han enseñado cuánto amor caótico, alegría y aprendizaje hay al otro lado de la decisión de cambiar tus pensamientos sobre lo que quieres.

Gracias también a los amigos y colegas que me mantuvieron cuerda durante todo este proceso (¡y mucho antes de que empezara!). Stacey Smith, Corinne Crabtree, Tonya Leigh, Brenda Lomeli, Victoria Albina y Hillary Weiss son las mejores colegas y amigas que una *coach* podría desear. Sin su sabiduría y apoyo durante la mayor parte de la última década, no habría creado el corpus de trabajo que recoge este libro, ni el negocio que lo engendró. Rachel Hart, mi amiga hasta la muerte, respondió a innumerables mensajes de texto o notas de voz sobre este libro, entre otros miles de temas sobre los que le envío mensajes a diario, y se negó a tolerar cualquier tontería por mi parte sobre este proceso. A lo largo de la última década he tenido demasiados *coaches* como para contarlos o enumerarlos aquí, y cada uno de ellos ha contribuido a permitirme llegar a este punto y producir esta obra, al igual que mis amigos «civiles» de toda la vida (Julie Ehrlich, Brooke Kelly, Elise Chang, Ashby Lankford, Meg Gifford y Mary Taft-McPhee, por nombrar solo a algunos), que nunca se han inmutado ante mis sueños extravagantes y siempre me han animado a alcanzarlos.

Y, por último, llegamos al Caballero Consorte, alias mi marido, alias Matthew, alias D. Te nombro al final no porque seas el último o el menos importante, sino porque eres la base que sostiene todo lo demás.

Gracias por darme la familia que no sabía que quería, y el tipo de amor adorable e incondicional que ni siquiera sabía que existía. Gracias por jugar en equipo y gracias por estar siempre en el mío. Eres el tipo de compañero feminista que todas las mujeres merecen, y espero que todas las mujeres que lean este libro sepan que ellas también merecen a alguien como tú.

NOTAS

INTRODUCCIÓN

PATRIARCADO, FEMINISMO Y TU CEREBRO

[1] Mann, Adrienne, Ami N. Shah, Pari Shah Thibodeau *et al.*, «Online Well- Being Group *Coaching* Program for Women Physician Trainees: A Randomized Clinical Trial», *JAMA Network Open* 6, no. 10 (2023): e2335541, doi.org/10.1001/jamanetworkopen.2023.35541.

[2] Jones, Martha S., «The US Suffragette Movement Tried to Leave Out Black Women. They Showed Up Anyway», *Guardian*, 7 de julio de 2020, theguardian.com/us-news/2020/jul/07/us-suffragette-movement-black-women-19th-amendment.

[3] Crenshaw, Kimberlé, *On Intersectionality: Essential Writings*. Nueva York: New Press, 2016.

[4] Coaston, Jane «The Intersectionality Wars», *Vox*, 28 de mayo de 2019, vox.com/the-highlight/2019/5/20/18542843/intersectionality-conservatism-law-race-gender-discrimination.

[5] St. Julien, Jahdziah y Hallgren, Emily, «The Gaps of White Feminism and the Women of Color Who Fall Through», New America, 20 de julio de 2021, newamerica.org/the-thread/the-gaps-of-white-feminism-and-the-women-of-color-who-fall-through.

[6] Francis, Ellen; Cheung, Helier y Berger, Miriam, «How Does de U.S. Compare to Other Countries on Paid Parental Leave? Americans Get 0 Weeks. Estonians Get More than 80», *Washington Post*, 11 de noviembre de 2021. washingtonpost.com/world/2021/11/11/global-paid-parental-leave-us.

[7] MacDorman, Marian F.; Thoma, Marie; Declcerq, Eugene y Howell, Elizabeth A., «Racial and Ethnic Disparities in Maternal Morality in the United States Using Enhan-

ced Vital Records, 206-2017», *American Journal of Public Health*, no. 9, (2021): 1673-81, doi.org/10.2105/ajph.2021.306375.

[8] Carrazana, Chabeli y Mithani, Jasmine «Happy Equal Pay Day? Here Are 6 Charts Showing Why It's Not Much of a Celebration», *19th,* 14 de marzo de 2023, 19thnews.org/2023/03/equal-pay-day-2023-charts-gender-pay-gap.

[9] Kirkpatrick, David. D.; Eder, Steve; Barker, Kim y Tate, Julie, «Why Many Police Traffic Stops Turn Deady», *New York Times*, 31 de octubre de 2021, nytimes.com/2021/10/31/us/police-traffic-stops-killings.html.

[10] Alang, Sirry; McAlpine, Donna; McCreedy Ellen y Hardeman, Rachel, «Police Brutality and Black Health: Setting the Agenda for Public Health Scholars», *American Journal of Public Health*, 107, no. 5 (2017): 662-665, doi.org/10.2105/ajph.2017.303691.

[11] Mann *et al.*, «Online Well-Being Group».

CAPÍTULO 1
RECUPERA TU CEREBRO

[1] The Aesthetic Society, «New 2022 Data from the Aesthetic Society Reveals a Surge in Nonsurgical Procedures, Contributing to a 14% Overall Increase in Aesthetic Procedures», *PR Newswire*, 14 de agosto de 2023, prnewswire.com/news-releases/new-2022-data-from-the-aesthetic-society-in-nonsurgical-procedures-overall-in-aesthetic-procedures-301899135.html.

[2] Franzoi, Stephen L.; Vasquez, Kris, Sparapani; Erin; Frost, Katherine; Martin, Jessica y Aebly, Megan, «Exploring Body Comparison Tendencies: Women Are Self-Critical Whereas Men Are Self-Hopeful», *Psychology of Women Quarterly* 36, no 1. (2011), pp. 99-109, doi.org/10.1177/0361684311427028.

[3] Yarnell, Lisa M.; Stafford, Rose E.; Neff, Kristin D.; Reilly, Erin D.; Knox, Marissa C. y Mullarkey, Michael, «Meta-Analysis of Gender Differences in Self-Compassion», *Self and Identity* 14, no. 5 (2015): pp. 499-520, doi.org/10.1080/15298868.2015.1029966.

[4] Ring, Patrick; Neyse, Levent; David-Barret, Tamas y Schmidt, Ulrich, «Gender Differences in Performance Predictions: Evidence from the Cognitive Reflection Test», *Frontiers in Psychology* 7 (2016), doi.org/10.3389/fpsyg.2016.01680.

[5] Exley, Christine L. y Kessler, Judd B. «The Gender Gap in Self-Promotion», *Quarterly Journal of Economics* 137, no. 3 (2022), pp. 1345-1381, doi.org/10.1093/qje/qjac003.

[6] KPMG, *Advancing the Future of Women in Business: The 2020 KPMG Women's Leadership Summit Report* (KPMG: Nueva York, 2020).

[7] Sharma, Robin S., *The Greatness Guide: Powerful Secrets for Getting to World Class* (Nueva York: Harper Business, 2006).

[8] Rojas, Minami, «Dear Female Job Seeker: Apply for the Job, Ignore the "Qualifications"», *Fast Company*, 3 de agosto de 2021, fastcompany.com/90661349/dear-female-jobseeker-apply-for-the-job-ignore-the-qualifications.

[9] Outram, Dorinda, *Panorama of the Enlightenment* (Londres: Thames & Hudson, 2006), p. 52.

[10] Outram, *Panorama*, p. 85.

[11] Regehr, Cheryl, «Cognitive Behavioral Therapy», *Theoretical Perspectives for Direct Social Work Practice: A Generalist-Eclectic Approach*, editado por Nick Coady y Peter Lehmann, Springer, Nueva York, 2001, pp. 165-181.

[12] Cherry, Kendra, «What is Self-Concept?», Verywell Mind, 7 de noviembre de 2022. verywellmind.com/what-is-self-concept-795865.

[13] Huberman, Andrew, «Episode 53: The Science of Making & Breaking Habits», 3 de enero de 2022, Huberman Lab Podcast, YouTube video, 1:50:38, youtube.com/watch?v=Wcs2PFz5q6g.

[14] Cox, David, «How Genetics Determine Our Life Choices», BBC Future, 10 de mayo de 2023, bbc.com/future/article/20230509-how-genetics-determine-our-life-choices.

[15] Fainstad, Tyra *et. al.*, «Effect of a Novel Online Group-Coaching Program to Reduce Burnout in Female Resident Physicians: A Randomized Clinical Trial», JAMA Network Open 5, no. 5 (2022): e2210752, doi.org/10.1001/jamanetworkopen.2022.10752.

CAPÍTULO 2
RECUPERA TUS EMOCIONES

[1] Aristóteles, «Book the Ninth», *Aristotle's History of Animals In Ten Books*, traducido por Richard Cresswell, H. G. Bohn, Londres, 1878, p. 231.

[2] Clymer, Adam, «Book Says Nixon Considered a Woman for Supreme Court», *New York Times*, 27 de septiembre de 2001, nytimes.com/2001/09/27/us/book-says-nixon-considered-a-woman-for-supreme-court.html.

[3] Ashby Plant, E.; Shibley Hyde, Janet; Keltner, Dacher y Devine, Patricia G, «The Gender Stereotyping of Emotion», *Psychology of Women Quarterly* 24, no. 1, 2000, pp. 81-92, doi.org/10.1111/ j.1471402.2000.tb01024.x.

[4] Frasca, Teresa J.; Leskinen, Emily A. y Warner, Leah R., «Words Like Weapons: Labeling Women as Emotional during a Disagreement Negatively Affects the Perceived Legitimacy of Their Arguments», *Psychology of Women Quarterly* 46, no. 4. 2022, pp. 420-437, doi.org/10.1177/03616843221123745.

[5] Moore, Kate, «Declared Insane for Speaking Up: The Dark American History of Silencing Women through Psychiatry », *Time*, 22 de junio de 2021, time.com/6074783/psychiatry-history-women-mental-health.

[6] Prewitt, Taylor, «Take Some Pills for Your Hysteria, Lady: America's Long History of Drugging Women Up», *Vice*, 28 de abril de 2015, vice.com/en/article/gqmx9j/here-lady-take-some-pills-for-your-hysteria-253.

[7] Fernando, Anushka B.; Murray, Jennifer E. y Milton, Amy L., «The Amygdala: Securing Pleasure and Avoiding Pain», Frontiers in Behavioral Neuroscience 7, 2013, doi.org/10.3389/fnbeh.2013.00190.

[8] Leknes, Siri y Tracey, Irene, «A Common Neurobiology for Pain and Pleasure», *Nature Reviews Neuroscience*, no. 9, abril de 2008, pp. 314-320, https://doi.org/10.1038/nrn2333.

[9] Arnsten, Amy; Mazure, Carolyn M. y Sinha, Rajita, «This is Your Brain in Meltdown», *Scientific American* 306, no. 4, 2012, pp. 48-53, doi.org/10.1038/scientificamerican0412-48.

[10] Waters, Jamie, «Constant Craving: How Digital Media Turned Us All into Dopamine Addicts», *Guardian*, 22 de agosto de 2021, theguardian.com/global/2021/aug/22/how-digital-media-turned-us-all-into-dopamine-addicts-and-what-we-can-do-to-break-the-cycle.

[11] Jan, Muqaddas; Soomro, Soomro Anwwer y Ahmad, Nawaz, «Impact of Social Media on Self-Esteem», *European Scientific Journal* 13, no. 23, 2017, p. 329, doi.org/10.19044/esj.2017.vl3n23p329.

[12] Taylor, Bolte Jill, *Whole Brain Living: The Anatomy of Choice and the Four Characters That Drive Our Life*, Hay House, Carlsband, 2022.

[13] Smith, Andy, «How to Use Peripheral Vision in Therapy», Practical NLP Podcast, 11 de febrero de 2016, nlppod.com/how-to-use-peripheral-vision-in-therapy.

[14] Schwartz, Arielle, «The Vagus Nerve and Eye Movements: Tools for Trauma Recovery», Center for Resilience Informed Therapy, 16 de septiembre de 2021, drarielleschwartz.com/the-vagus-nerve-and-eye-movements-tools-for-trauma-recovery-dr-arielle-schwartz.

[15] Tappana, Jessica, «What Is Bilateral Stimulation and How Can It Be Used in EDMR Treatment?», Aspire Counseling, consultado el 19 de julio de 2023, aspirecounselingmo.com/blog/what-is-bilateral-stimulation-and-how-can-it-be-used-in-emdr-treatment.

[16] Koll, Eric, «EDMR Therapy», Keystone Mental Health, 31 de agosto de 2022, keystonementalhealth.com/emdr-therapy.

[17] Gotter, Ana, «Box Breathing» Healthline, actualizado el 17 de junio de 2020, healthline.com/health/box-breathing.

[18] Vinall, Marnie, «Can Shaking Your Body Help Heal Stress and Trauma? Some Experts Say Yes», *Healthline*, 5 de marzo de 2021, healthline.com/health/mental-health/can-shaking-your-body-heal-stress-and-trauma.

[19] Gordon, Alan, *The Way Out: A Revolutionary, Scientifically Proven Approach to Healing Chronic Pain*. Vermilion, Londres, 2021.

[20] Arnsten, Amy; Mazure, Carolyn M. y Sinha, Rajita, «Everyday Stress Can Shut Down the Brain's Chief Command Center», *Scientific American*, 1 de abril de 2012, scientificamerican.com/article/this-is-your-brain-in-meltdown.

CAPÍTULO 3
RECUPERA TUS PENSAMIENTOS

[1] Lawson, Karen, «What Are Thoughts & Emotions?», Earl E. Bakken Center for Spirituality & Healing, Universidad de Minnesota, consultado el 10 de julio de 2023, takingcharge.csh.umn.edu/what-are-thoughts-emotions.

[2] Ayan, Steve, «The Brain's Autopilot Mechanism Steers Consciousness», *Scientific American*, 19 de diciembre de 2018, scientificamerican.com/article/the-brains-autopilot-mechanism-steers-consciousness.

[3] Cognitive Behavioral Therapy Los Angeles, «Part 5: Identifying Automatic Thoughts in CBT», Libro de Trabajo Gratuito de Terapia Cognitivo-Conductual, cogbthe rapy.com/cbt-and-automatic-thoughts.

[4] Chiu, Allyson, «How to Make Self Affirmations Work, Based on Science» Washington Post, 2 de mayo de 2022, washingtonpost.com/wellness/2022/05/02/do-self-affirmations-work.

[5] Chiu, «How to Make».

CAPÍTULO 4
RECUPERA TU PODER

[1] Frankl, Viktor E., *Man's Search for Meaning*, Beacon Press, Boston, 2006.

[2] Frankl, *Man's Search*.

[3] Burghart, Tara, «Who's to Blame? "The Secret" Says You Are», Los Angeles Times, 25 de junio de 2007, latimes.com/archives/laxpm-007-un25etsecret25-story.html.

CAPÍTULO 5
RECUPERA TU IMAGEN CORPORAL

[1] «GIRLS AND BODY IMAGE Parent Tip Sheet», Common Sense Media, 2015, com monsensemedia.org/sites/default/files/uploads/pdfs/blog/parent-tip-sheet-girls-and-body-image-2015.pdf.

[2] Herbozo, Sylvia; Tantleff-Dunn, Stacey; Larose-Gokee, Jessica y Thompson, Kevin J., «Beauty and Thinness Messages in Children's Media: A Content Analysis», Eating Disorders 12, no.1, 2004, pp. 21-34, https://doi.org/10.1080/10640260490267742.

[3] Schwartz, Marlene B.; Vartanian, Lenny R.; Nosek, Brian A. y Brownell, Kelly D., «The Influence of One's Own Body Weight on Implicit and Explicit Anti-fat Bias», *Obesity* 14, no.3, 2006, pp. 440-447, doi.org/10.1038/oby.2006.58.

[4] The Aesthetic Society, «New 2022 Data from the Aesthetic Society Reveals a Surge in Nonsurgical Procedures, Contributing to a 14% Overall Increase in Aesthetic Procedures», PR Newswire, 14 de agosto de 2023, prnewswire.com/news-releases/new-022-data-from-the-aesthetic-society-reveals-a-surge-in-nonsurgical-procedures-contributing-to-a-14-overall-increase-in-aesthetic-procedures-01899135.html.

[5] Defino, Jessica, «Your Skin Doesn't Need Skin Care», *Slate*, 12 de enero de 2022, slate.com/technology/2022/01/skincare-science-cleansing-dermatology-truth.html.

[6] «The U.S. Weight Loss Market 2022: Market Up 24% in 2021», Business Wire, 18 de marzo de 2022, businesswire.com/news/home/20220318005208/en.

[7] Varagur, Krithika, «The Skincare Con», Outline, 30 de enero de 2018, theoutline.com/post/3151/the-skincare-on-glossier-drunk-elephant-biologique-recherche-p50.

[8] «Metabolic Syndrome», Clínica Mayo, consultado el 7 de julio de 2023, mayoclinic.org/diseases-conditions/metabolic-syndrome/symptoms-causes/syc-20351916.

[9] Fain, Jean, «A Neuroscientist Tackles "Why Diets Make Us Fat"», NPR, 7 de junio de 2016, npr.org/sections/thesalt/2016/06/07/481094825/a-neuroscientist-tackles-why-diets-make-us-fat.

[10] Fain, «Neuroscientist Tackles».

[11] Fothergill, Erin et al., «Persistent Metabolic Adaptations 6 Years after "The Biggest Loser" Competition», *Obesity* 24, no. 8, 2016, pp. 1612-1619, doi.org/10.1002/oby.21538.

[12] Bacon, Linda, *Health at Every Size: The Surprising Truth about Your Weight*, BenBella Books, Dallas, 2010.

[13] Barake, Maya, «The Changing Faces of Obesity: From Walth, to Beauty, to Disease», Federación Mundial de la Obesidad, consultado el 27 de septiembre de 2023, worldobesity.org/news/blog-the-changing-faces-of-obesity.

[14] Erdman Farrell, Amy, *Fat Shame: Stigma and the Fat Body in American Culture*, New York University Press, Nueva York, 2011.

[15] Strings, Sabrina, *Fearing the Black Body: The Racial Origins of Fat Phobia*, New York University Press, Nueva York, 2019.

[16] DeFino, Jessica, «How White Supremacy and Capitalism Influence Beauty Standards», *Teen Vogue*, 19 de octubre de 2020, teenvogue.com/story/standard-issues-white-supremacy-capitalism-influence-beauty.

[17] Lang, Cady, «Keeping Up with the Kardashians Is Ending. But Their Exploitation of Black Women's Aesthetics Continues», *Time*, 10 de junio 2021, time.com/6072750/kardashians-blackfishing-appropriation.

[18] Formica, Michael J., «Why We Care about What Other People Think of Us», *Psychology Today*, 31 de diciembre de 2014, psychologytoday.com/intl/blog/enligh tened-living/201412/why-we-care-about-what-other-people-think-us.

[19] David, Marc, *The Slow Down Diet: Eating for Pleasure, Energy, and Weight Loss*, Healing Arts Press, Rochester, 2015.

[20] Crum, Alia J. y Langer, Ellen J. «Mind-Set Matters: Exercise and the Placebo Effect», *Psychological Science* 18, no. 2, 18 de febrero de 2007, pp. 165-71, journals.sagepub.com/doi/10.1111/j.1467-9280.2007.01867.x.

CAPÍTULO 7

RECUPERA TU VIDA AMOROSA (¡Y SEXUAL!)

[1] Coontz, Stephanie, *Marriage: How Love Conquered Marriage*, Penguin Books, Nueva York, 2006.

[2] Bhattarai, Abha, «Smaller Cakes, Shorter Dresses, Bigger Diamonds: The Pandemic Is Shaking Up the $73 Billion Wedding Industry», *Washington Post*, 11 de febrero de 2021, washingtonpost.com/road-to-recovery/2021/02/11/zoom-weddings-covid-diamond-rings.

[3] Wolfers, Justin; Leonhardt, David y Quealy, Kevin, «1.5 Million Missing Black Men», New York Times, 20 de abril de 2015, nytimes.com/interactive/2015/04/20/upshot/missing-black-men.html.

[4] Blum, Linda y Deussen, Theresa, «Negotiating Independent Motherhood: Working-Class African American Women Talk about Marriage and Motherhood», *Gender & Society* 10, 1996, pp. 199-211, doi.org/10.1177/089124396010002007.

[5] «Marriage and Men's Health», Harvard Health Publishing, 5 de junio de 2019, health.harvard.edu/mens-health/marriage-and-mens-health.

[6] Elk, Kathleen, «Here's How Much More Money Married Men in America Are Making than Everyone Else» CNBC, 24 de septiembre de 2018, cnbc.com/2018/09/21/married-men-are-earning-much-more-money-than-everyone-else-in-america.html.

[7] «2010 Gender and Stress» American Psychological Association, 2010, apa.org/news/press/releases/stress/2010/gender-tress.

[8] Hinchliffe, Emma, «Married Women Do More Housework than Single Moms, Study Finds», *Fortune*, 8 de mayo de 2019, fortune.com/2019/05/08/married-single-moms-housework.

[9] Rendall, Michael S.; Weden, Margaret M.; Favreault, Melissa M. y Waldron, Hilary, «The Protective Effect of Marriage for Survival», *Demography* 48, no. 2, 2011, pp. 481-506, doi.org/10.1007/s13524-011-032-5.

[10] Hill, Amelia, «Men Become Richer after Divorce», *Guardian*, 24 de enero de 2009, theguardian.com/lifeandstyle/2009/jan/25/divorce-women-research.

[11] Wolfers, Leonhardt y Quealy, «1.5 Million Missing».

[12] Puhl, Rebecca M. y Heuner, Chelsea A., «The Stigma of Obesity: A Review and Update», *Obesity* 17, no. 5, 2009, pp. 941-964, doi.org/10.1038/oby.2008.636.

[13] «Magical Thinking», APA Dictionary of Psychology, consultado el 14 de agosto de 2023, dictionary.apa.org/magical-hinking.

[14] Denova, Rebecca, «The Christian Concept of Human Sexuality as Sin», World History Encyclopedia, World History Publishing, modificado por última vez el 27 de agosto de 2021, worldhistory.org/article/1815/the-christian-concept-of-human-sexua lity-as-sin.

[15] Denova, «Christian Concept».

[16] Asikainen, Susanna, «Chapter 2: Masculinities in the Ancient Greco-Roman World», Jesus and Other Men, Brill, Leiden, 2018, doi.org/10.1163/9789004361096_003.

[17] Denova, «Christian, Concept».

[18] Prekatsounaki, Sofia; Janssen, Erick y Enzlin Paul, «In Search of Desire: The Role of Intimacy, Celebrated Otherness, and Object-Of-Desire Affirmations in Sexual Desire», *Journal of Sex & Marital Therapy* 45, no. 5, 2019, doi.org/10.1080/0092623X.2018. 1549633.

[19] Gattino, Silvia *et al.*, «Self-Objectification and its Biological, Psychological and Social Predictors: A Cross-Cultural Study in Four European Countries and Iran», *Europe's Journal of Psychology* 19, no.1, 2023, pp. 27-47, doi.org/10.5964/ejop.6075.

[20] «Violence against Women», Organización Mundial de la Salud, 9 de marzo de 2021, who.int/news-room/fact-sheets/detail/violence-against-women.

[21] Barnhill, Elizabeth y Kennedy Bergen, Raquel, «Marital Rape: New Research and Directions» VAWnet.org, febrero de 2006, vawnet.org/material/marital-rape-new-research-and-directions.

CAPÍTULO 8
RECUPERA TU MENTALIDAD FINANCIERA

[1] McGee, Suzanne y Moore, Heidi, «Women's Rights and Their Money: A Timeline from Cleopatra to Lilly Ledbetter», *Guardian*, 11 de agosto de 2014, theguardian.com/money/us-money-blog/2014/aug/11/women-rights-money-timeline-history.

[2] Antognini, Albertina, «Nonmartial Coverture», *Boston University Law Review* 99, no. 2139, 9 de octubre de 2019, ssrn.com/abstract=3467027.

[3] Boomer, Lee, «Coverture», Women & The American Story, 4 de abril de 2023, wams.nyhistory.org/settler-colonialism-and-revolution/settler-colonialism/coverture.

[4] The Editors of Encyclopaedia Britannica, «Married Women's Property Acts», Encyclopedia Britannica, 8 de septiembre de 2010, britannica.com/event/Married-Womens-Property-Acts-United-States-1839.

[5] McGee y Moore, «Women's Rights».

[6] Heggness, Misty L.; Fields, Jason; García Trejo, Yazmin A. y Schulzetenberg, Anthony, «Tracking Job Losses for Mothers of School-Age Children during Health Crisis», Oficina del Censo de Estados Unidos, 3 de marzo de 2021, census.gov/library/stories/2021/03/moms-work-and-the-pandemic.html.

[7] Carranza, Chabeli y Mithani, Jasmine, «Happy Equal Pay Day? Here Are 6 Charts Showing Why It's Not Much of a Celebration», *19th*, 14 de marzo de 2023, 19thnews.org/2023/03/equal-pay-day-2023-charts-gender-pay-gap.

[8] Javaid, Sarah, «Because of the Wage Gap, Latinas Stand to lose More Than $1.2 Million Over a 40-Year Career», National Women's Law Center, septiembre de 2023, nwlc.org/wpcontent/uploads/2022/12/2023-Latina-EPD9.27.23v3.pdf.

[9] Weller, Christian E. y Roberts, Lily, «Elminating the Black-White Gap Is A Generational Challenge», Center for American Progress, 19 de marzo de 2021, americanpro gress.org/article/eliminating-black-white-wealth-gap-generational-challenge.

[10] Weller y Roberts, «Eliminating the Black-White».

[11] Taylor, Robert Joseph; Chatters, Linda M.; Toler Woodward, Amanda y Brown, Edna, «Racial and Ethnic Differences in Extended Family, Friendship, Fictive Kin, and Congregational Informal Support Networks», *Family Relations* 62, no. 4, 2013, pp. 609-624, doi.org/10.1111/fare.12030.

[12] Owyang, Michael T. y Vermann, E Katarina, «Worth Your Weight?: Re-Examining the Link between Obesity and Wages». *Regional Economist*, 1 de octubre de 2011, stlouisfed.org/publications/regional-economist/october-2011/worth-your-weight-reexamining-the-link-between-obesity-and-wages.

[13] Lindzon, Jared. «How Parents Talk about Money Differently to Their Sons and Daughters», *Fast Company*, 14 de junio de 2019, fastcompany.com/90283344/how-parents-talk-about-money-differently-to-their-sons-and-daughters.

[14] «#MakeMoneyEqual», Banco Starling, febrero de 2018, starlingbank.com/docs/reports-research/MakeMoneyEqual-Research.pdf.

[15] «#MakeMoenyEqual».

[16] Wong, Kristin, «The Myth of the Frivolous Female Spender», *New York Times*, 4 de octubre de 2019, nytimes.com/2019/10/04/us/myth-frivolous-female-spender.html.

[17] Allen, Jill y Gervais, Sarah J., «The Femininity-Money, Incongruity Hypothesis: Money and Femininity Reminders Undermine Women's Cognitive Performance», *Psychology of Women Quarterly* 41, no. 4, 2017, https://doi.org/10.1177/0361684317718505.

[18] Wong, «Myth of the Frivolous».

[19] Bailey, Grant, «Women Better with Money than Men, Study Claims», Independent, 23 de mayo de 2019, independent.co.uk/money/money-men-women-financial-responsibility-gender-budgeting-spending-habits-a8926671.html.

[20] Revenga, Ana y Shetty, Sudhir, «Empowering Women is Smart Economics». Fondo Monetario Internacional, marzo de 2012, imf.org/external/pubs/ft/fandd/2012/03/revenga.htm.

[21] «Fidelity Investments 2021 Women and Investing Study», Fidelity Investments, 2021, fidelity.com/bin-public/060_www_fidelity_com/documents/about-fidelity/FidelityInvestmentsWomen&InvestingStudy2021.pdf.

[22] Wedenoja, Leigh, «Defining the Care Workforce: A New Way to Think about Employment in Healthcare, Education, and Social Services», SUNY Rockefeller Institute of Government, noviembre de 2022, rockinst.org/wp-content/uploads/2022/11/Defining-Care-Workforce-01.pdf.

[23] Crockett, Emily, «Women Negotiate for Raises as Much as Men Do. They Just Don't Get Them», *Vox*, 29 de septiembre de 2016, vox.com/identities/2016/9/29/13096310/wage-gap-women-negotiate-leanin.

[24] Lebrón, Trudi, *The Antiracist Business Book: An Equity Centered Approach to Work, Wealth, and Leadership*, Row House Publishing, Nuevo Egipto, Nueva Jersey, 2022.

[25] Brescoll, Victoria L. y Uhlmann, Eric Luis, «Can an Angry Woman Get Ahead?: Status Conferral, Gender, and Expression of Emotion in the Workplace», *Psychological Science* 19, no. 3, 2008, pp. 268-275, doi.org/10.1111/j.1467-9280.2008.02079.x.

[26] «How Much is a Mom Really Worth? The Among May Surprise You», Salary.com, 5 de mayo de 2021, salary.com/articles/how-much-is-a-mom-really-worth-the-amount-may-surprise-you.

CAPÍTULO 9
RECUPERA TU TIEMPO

[1] Carmichael, Sarah Green, «Women Shouldn't Do Any More Housework This Year», *Bloomberg*, 24 de agosto de 2022, https://www.bloomberg.com/opinion/articles/2022-08-24/women-shouldn-t-do-any-more-housework-this-year.

[2] Picchi, Aimee, «Even "Breadwinner" Wives Do More Housework than Husbands», CBS News, 13 de abril de 2023, cbsnews.com/news/women-breadwinners-tripled-since-1970s-still-doing-more-unpaid-work.

[3] Lieberman, Charlotte, «Why You Procrastinate (It Has Nothing To Do With Self-Control)», *New York Times*, 25 de marzo de 2019, nytimes.com/2019/03/25/smarter-living/why-you-procrastinate-it-has-nothing-to-do-with-self-control.html.

[4] Pedersen, Traci, «Why Do I Feel Guilty When I Relax?», *Psych Central*, actualizado el 31 de agosto de 2022, psychcentral.com/blog/reducing-your-guilt-about-not-being-productive.

[5] «Matternity Leave by Country 2023», World Population Review, worldpopulationreview.com/country-rankings/maternity-leave-by-country.

[6] Howard, Jacqueline, «The Cost of Child Care Around the World», CNN Heatlh, 25 de abril de 2018, cnn.com/2018/04/25/health/child-care-parenting-explainer-intl/index.html.

[7] Carmichael, «Women Shouldn't Do».

[8] Heggeness, Misty L.; Fields, Jason; García Trejo, Yazmin A. y Schulzetenberg, Anthony, «Tracking Job Losses for Mothers of School-Age Children during a Health Crisis», Oficina del Censo de Estados Unidos, 3 de marzo de 2021, census.gov/library/stories/2021/03/moms-work-and-the-pandemic.html.

[9] Ferguson, Stephanie y Lucy, Isabella, «Data Deep Dive: A Decline of Women in the Workforce», Cámara de Comercio de Estados Unidos, 27 de abril de 2022, uschamber.com/workforce/data-deep-dive-a-decline-of-women-in-the-workforce.

[10] Fry, Richard, «Almost 1 in 5 Stay-at-Home Parents in the U.S. Are Dads», Pew Research Center, 3 de agosto de 2022, pewresearch.org/short-reads/2018/09/24/stay-at-home-moms-and-dads-account-for-about-one-in-five-u-s-parents.

[11] Davis, Shannon N.; Greenstein, Theodore N. y Gerteisen Marks, Jennifer P., «Effects of Union Type on Division of Household Labor: Do Cohabiting Men Really Perform More Housework?», *Journal of Family Issues* 28, no. 9, 2007. pp. 1246-1272, doi.org/10.1177/0192513X07300968.

[12] Gee, Madelyn; Goldberg, Eleanor; Roberts, Sami; Roxas, Karell; Valenski, Alicia y Corrielus, Sagine, «Weaponized Incompetence Is Real—Here's How To Deal With It», theSkimm, 7 de julio de 2022, theskimm.com/wellness/weaponized-incompetence.

[13] Cain Miller, Claire, «How Same-Sex Couples Divide Chores, and What It Reveals about Modern Parenting», *New York Times*, 16 de mayo de 2018, nytimes.com/2018/05/16/upshot/same-sex-couples-divide-chores-much-more-evenly-until-they-become-parents.html.

CAPÍTULO 10

RECUPERA EL MUNDO

[1] «Violence Against Women» Organización Mundial de la Salud, 9 de marzo de 2021, who.int/news-room/fact-sheets/detail/violence-against-women.

[2] «Is an End to Child Marriage within Reach?» Unicef, 5 de mayo de 2023, https://data.unicef.org/resources/is-an-end-to-child-marriage-within-reach.

[3] Bose, Dipan; Segui-Gomez, Maria y Crandall, Jeff R. «Vulnerability of Female Drivers Involved in Motor Vehicle Crashes: An Analysis of US population at Risk», *American Journal of Public Health* 101, no. 12, (2011): 2368-73, doi.org/10.2105/AJPH.2011.300275.

[4] Bleiweis, Robin; Boesch, Diana y Gaines, Alexandra Cawthorne, «The Basic Facts about Women in Poverty», Center for American Progress, 3 de agosto de 2020, americanprogress.org/article/basic-facts-women-poverty.

[5] «United States of America: Gender Data Gaps and Country Performance», ONU Mujeres, consultado el 20 de julio de 2023, data.unwomen.org/country/united-states-of-america.

[6] Leppert, Rebecca y DeSilver, Drew, «118th Congress Has a Record Number of Women», Centro de Investigación Pew, 3 de enero de 2023, pewresearch.org/short-reads/2023/01/03/118th-congress-has-a-record-number-of-women.

[7] Hinchliffe, Emma, «The Number of Women Running Fortune 500 Companies Reaches a Record High», *Fortune*, 23 de mayo de 2022, fortune.com/2022/05 /23/female-ceos-fortune-500-2022-women-record-high-karen-lynch-sarah-nash.

[8] «United States of America: Gender Data Gaps».

[9] «Gender Economic Inequality», Inequality.org, inequality.org/facts/gender-inequality.

[10] Carranza, Chabeli y Mithani Jasmine, «Happy Equal Pay Day? Here Are 6 Challenges Showing Why It's Not Much of a Celebration», 19th, 14 de marzo de 2023, 19thnews.org/2023/03/equal-pay-day-2023-charts-gender-pay-gap.

[11] Browne, Grace, «Did Invention Make Us Human?», Wired, 9 de abril de 2021, wired.co.uk/article/simon-baron-cohen-human-invention.

[12] Hutton, Belle, «"We Have to Talk About Liberating Minds": Angela Davis' Quotes on Freedom», *AnOther*, 19 de junio de 2020, anothermag.com/design-living/12607/angela-davis-quotes-on-freedom-juneteenth-black-lives-matter-movement.

[13] Taitz, Jenny, «Radical Acceptance Can Keep Emotional Pain from Turning into Suffering», *New York Times*, 22 de abril de 2021, nytimes.com/2021/04/22/well/mind/radical-acceptance-suffering.html.

[14] Collier, Lorna, «Growth after Trauma», Monitor on Psychology, 47, no. 10, noviembre de 2016, p. 48, apa.org/monitor/ 2016/11/growth-trauma.

[15] Krasner, Jonathan, «The Place of Tikkun Olam in American Jewish Life», Jewish Political Studies Review 25, no. 3-4, 1 de noviembre de 2014, jcpa.org/article/place-tikkun-olam-american-jewish-life1.

[16] Miller, Kenneth, «How Our Ancient Brains Are Coping in the Age of Digital Distraction», Discover, 20 de abril de 2020, discovermagazine.com/mind/how-our-ancient-brains-are-coping-in-the-age-of-digital-distraction.